铁血东线

THE EASTERN FRONT
OF THE SECOND WORLD WAR

徐 焰 ★著

辽宁人民出版社

图书在版编目（CIP）数据

铁血东线 / 徐焰著. —沈阳：辽宁人民出版社，
2021.5
ISBN 978-7-205-10176-3

Ⅰ.①铁… Ⅱ.①徐… Ⅲ.①第二次世界大战战役—
史料 Ⅳ.①E195.2

中国版本图书馆 CIP 数据核字（2021）第 046260 号

出版发行：辽宁人民出版社
　　　　　地址：沈阳市和平区十一纬路 25 号　邮编：110003
　　　　　http://www.lnpph.com.cn
印　　刷：北京长宁印刷有限公司天津分公司
幅面尺寸：168mm×235mm
印　　张：18.75
字　　数：240 千字
出版时间：2021 年 5 月第 1 版
印刷时间：2021 年 5 月第 1 次印刷
责任编辑：王　增　董　喃
封面设计：末末美书
版式设计：留白文化
责任校对：吴艳杰
书　　号：ISBN 978-7-205-10176-3
定　　价：69.00 元

序　言

　　每年5月9日，是苏联及其后继者俄罗斯最隆重的节日。在胜利日阅兵时的检阅惯例，都是由1945年插上德国国会大厦的那面红军第一五〇师的军旗为前导，接着是由身着当年红军服装的战士高举着战争结束时

10个方面军的旗帜，以从北至南的顺序标明着当年那几千公里的漫长战线——芬兰－卡累利阿方面军，列宁格勒方面军，第一波罗的海沿岸方面军……

　　击败德国法西斯，是苏联和俄罗斯人民几十年如一日最引为自豪的胜利，同时史学家们也承认："近现代史上没有一个国家为独立自由付出过如此重大的代价！"

　　苏德战争就其规模而言，

每次红场胜利日阅兵，都以卫国战争胜利时 10 个方面军的军旗为先导。

是迄今为止人类历史上最为激烈、人员伤亡最大的一场战争。在第二次世界大战中，苏德双方在交锋中伤亡军人便达 3000 多万，相当于美英法德在西线作战死伤总数的 10 倍。虽然几十年间西方一直抨击苏联并贬低其战绩，甚至把苏军与纳粹并列，然而正视历史的人都应承认苏联军民是战胜威胁全人类的最邪恶的法西斯势力主要的希望所在。苏联作为反法西斯的主力军击败了纳粹，也使人类免于进入德、日统治的黑暗时代，这一功绩始终值得世界上正义人士讴歌。尽管苏联因自身弊病在 1991 年解体，卫国战争的胜利日即每年的 5 月 9 日仍是俄罗斯最隆重的节日，中国人同样也承认这一天是值得纪念的重要日子。

胜利者虽不受审，却应正视自身损失

世人往往是以最后成败论英雄。1949 年 12 月毛泽东首次访苏与斯大林见面时就提起以往的历史旧怨。热情的主人只以一句话便终止了对过去是非的探讨——胜利者是不受审的，不能谴责胜利者，这是一般的公理。

斯大林说这句话自然有特殊的考虑，却反映出当年苏联历史研究中盛行的一种思维模式，即对复杂的事务只强调概念化的政治评定，重定性分析而不注重定量分析，以简单的宣传需要代替了科学研究。

在苏德战争中，苏联以死亡 2660 万人（俄罗斯《消息报》1998 年 6 月 25 日的数字）、负伤 2000 余万人的数字成为第二次世界大战中死伤人数最多的国家。

苏军的损失远大于对手，但这与苏联当年关于自身强大、指导英明的宣传不符，因而长期避而不谈或故意缩小数字。1946 年 1 月苏联在战后统计人口时因混乱的户籍还未整理，概略算出死亡 1500 万

✎ 斯大林在油画中的形象。

人，包括军人 750 万。同年，斯大林在莫斯科市选举时宣布战争中共死亡 700 万人。1956 年，赫鲁晓夫给瑞典首相埃尔塔的信中首次承认战时死亡 2000 万人。苏联解体前提倡"公开化"，通过详细查证档案进行统计，于 1991 年 6 月 22 日纪念战争 50 周年时由国防部长亚佐夫宣布了军人因战事死亡 688 万（加上被俘后遇害者共死亡 866 万人），再加上平民的牺牲，全国军民死亡共计 2700 万人的数字。

★链接

俄罗斯联邦经核查，于 1998 年宣布的损失数为苏军死亡、失踪共计 1194.413 万人，其中分类统计是：

作战死亡 688.5 万人（包括阵亡和伤、病亡）。

失踪 455.9 万人（其中 93.9 万逃跑人员后来找到，认定被俘为 362 万人）。

被俘人员后来被解救返回 183.6 万人，被俘后死亡 178.4 万人。

总计军人死亡 916.48 万人（其中现役人员死亡 866.48 万人，应征人员去前线途中死 50 万人）。

引自俄罗斯《消息报》1998 年 6 月 25 日

德国进攻苏联时，综合国力并不占优势，在西线同英国的战争还未结束。以德国二号人物戈林为首的一大批军政官员都建议在打败英国前不要再开辟东线战场，希特勒说服他们的一句名言却是："苏维埃政权不过是一个摇摇欲倒的破房子，只要向它的门上狠踢一脚，整个社会制度的房子就会倒下来。"

希特勒当政后的德国宣传画，公开表现出要扩展"生存空间"。

由于一些历史和政治方面的原因，导致了苏军虽然在士兵和武器数量上有优势，但是依然在战争初期节节败退，更严重的是有上百万身强力壮、拥有武器的军人举手向敌投降当俘虏。

幸好斯大林及时调整了内外政策，加上德国要奴役和消灭俄罗斯民族的暴行唤起苏联各族人民抛弃前嫌团结奋战的热情。苏联的全部人力和民力都动员起来，又得到美英的 100 亿美元援助（数量只占苏联战费的 6% 却有许多重要物资），还以大量鲜血作为学费掌握了战争技巧，最终打败了称为"世界头强"的德国陆军。

人们可以想象一下，若是纳粹对苏作战获胜，日本最精锐的关东军也能夺取远东再压向中国关内，英美只能向法西斯阵营妥协，整个世界可能进入不知多少年的黑暗时代。

罗斯福、丘吉尔正是看到这一点，才把意识形态上的敌手苏联当作盟友援助。

为填补巨额伤亡超量动员，名副其实达到全民族参战

在第二次世界大战中，苏德战场上的厮杀最为惨烈，重要原因又在于这不同于单纯的国家之间的交战，而是一个自称"优秀民族"的想消灭"劣等民族"的决战。希特勒对苏作战不单纯是要打败苏联政府，要推翻布尔什维克，而且要消灭他认为"劣等"的斯拉夫民族。苏联军民同纳粹德军的战斗关系到自己是否亡国灭种，许多不赞成斯大林的人也要同纳粹拼杀，名副其实是如苏联和后继者俄罗斯所说的那样，是一场"伟大的卫国战争"。

为了这场决定民族发展和生存之战，德国和苏联都进行了最大限度的国家动员并施行了彻底的全面战争。苏、德两军战役规模之大在人类战史上空前，如斯大林格勒会战、白俄罗斯会战、柏林之战的双方参战军人都超过300万。

除了殊死拼杀的军人血流成河，因战场大都在苏联境内，当地民众的死亡数超过1760万，这是由于自视为"最优秀民族"的德国人大肆杀戮无辜百姓，后撤时又实行"焦土政策"，奉命烧毁所有厂矿、房屋和枪决所有青壮年。战后西方人往往只指责党卫军犯下过罪行，其实在苏联的屠杀等暴行多数还是国防军所为（国防军数量也几乎是党卫军的10倍），因德国官兵普遍都受纳粹的种族观念驱使。

在苏军362万被俘人员中，有一半人被德军屠杀或虐待致

苏联根据女英雄卓娅的事迹创作的油画，反映了德军的屠杀暴行和苏联人的不屈精神。

苏联油画《我们还活着》表现了幸存者对牺牲战友的怀念。

死，尤其是不能走动的伤员一般都被德军当场杀掉，因为这些人被看成不能当奴隶劳工的"劣等民族的废物"。战后西方媒体常夸大渲染苏军反攻到德国时如何抢劫、强奸，这类报复事件从人道主义和政治原则看也实为不妥（这也种下了东欧特别是东德民众对苏联的长期积怨），不过苏联人仇恨的由来也不能不谈。那些家园被德军烧毁，亲人遭受屠杀的苏联各民族官兵打到敌人的国度，若是纪律约束不严，难道能指望他们善待德国居民？

苏军在东欧特别是打进德国后，军纪一度很糟糕，毕竟还难找到集体屠杀普通老百姓的事。按德国战后统计，普通民众在战时死亡数400多万人，这一数字远少于苏联，而且死者中大多死于逃难时的病饿以及盟军的轰炸。德国军人有250万被苏军俘虏，被俘后共死亡36万人（剩余者至1949年基本被遣返，战犯也在1955年全部被赦免遣返），这比苏军战俘有一半遭虐杀的比例不还是小得多吗？

看到苏联遭受如此惊人的损失，西方国家纷纷评论称"没有任何一个民族能经受这么惨重的损失"，希特勒也估计"他们的血快流干了"。苏联却能扭转战局转入反攻，当T-34坦克逼近柏林时，德国外长李宾特洛甫就叹息说："我们遇到了一个砍掉了脑袋还能长出来的九头怪兽！"

苏联是为民族免遭灭绝而战，因而能进行口号是"每个人都是战士"的动员，战时征兵年龄是17岁至55岁，男性30%参加了军队，还有80万青年妇女入伍。苏联战时的1.9亿人口中动员了2960万人入伍，因死亡、失踪、负伤残废减员共计1600万，为恢复建设复员200多万人，战争结束高奏凯歌时还剩下1136万名军人。战时劳动的主要担子，落到老人、女人和孩子身上。战争结束时，苏联青壮年男子有三分之一死亡，另有四分之一残废，一些村子里竟找不到可以同姑娘结婚的男青年。当年在《小路》和《喀秋莎》的旋律伴奏下，苏联各族儿女前仆后继地走向前方，民族坚韧性和爱国主义精神得到最充分的展现。

纳粹德国想毁灭其他民族，战局不利后为免遭惩罚，也进行了"超总体动员"。其战时有 7900 万人口（包括奥地利、苏台德区），共动员了 1700 万人入伍，男性征兵年龄是 16 岁至 60 岁，比例高达 40%，结果是除了工业和行政离不开的适龄男人其余都要入伍，其中还包括一些勉强能担负勤务的残疾人，国内劳役缺口靠抓捕奴隶劳工和战俘来弥补。德国战后统计，军民共死亡 980 多万人，其中军人死亡 540 万人（战时死亡 485 万人，当战俘后死亡 45.9 万人），其中死于对苏作战为 417 万。德军作战死亡者，有四分之三以上丧命于苏德战场，苏军名副其实是消灭纳粹德国的主力军。

苏军击败德国后，就能回头协助击败日本，中国革命能够胜利也正是得到这个外因条件。苏联当年充当反法西斯斗争头号主力这一历史功绩还是历史的主流。

苏联战胜纳粹造福人类，胜利却掩盖了体制弊病

苏德战争的胜利者是苏联，斯大林时代就以"一俊遮百丑"的方式大谈胜利辉煌。后来俄罗斯人也承认，实际这场战争是一次惨胜。据卫国战争中的第一副统帅朱可夫回忆，胜利时斯大林曾感叹说："在我们国内很难找到有哪一个家庭没有失去亲人！"

这位最高统帅本人失去了长子雅柯夫，最高苏维埃主席加里宁的儿子、政治局委员赫鲁晓夫的长子、寄居苏联的西班牙共产党领袖黎巴露丽的独生子等，都牺牲于惨烈的战争中。

卫国战争时苏联拥有进行正义战争的精神优势，在武器装备数量、

苏联油画《等待，1945》，表现了战争结束时一位妇女在车站等待着永远不会从前线回来的亲人。

质量上也不逊于敌人，战争初期却出现大败，这就不能不反思一下战争准备和指挥的失误。不过战后的苏联对卫国战争采取形而上学的片面总结，只言胜而忌言败，这也并不科学。

苏联曾长期以僵化的观念看待卫国战争，不相信能有持久和平，国家建设的目标不是追求努力改善民生而是准备打大仗，举国成了"大兵工厂"。这种畸形发展必然要以计划经济来保持，成本利润核算、节约资源、力求精巧等现代经济观念在苏联长期不存在，国家自然无法保持可持续发展，对传统痼疾也无法以改革来解

这幅苏联著名油画《投降》，表现的是柏林德军向苏军放下武器当俘虏的场面。

决，最终导致积重难返，国家无法以改革自我完善。在20世纪90年代初期人们对眼花缭乱的苏联局势意外突变而震惊，再回首卫国战争初期惊人的大败绩时，似乎也能从中找到某种内在的联系。

回顾苏德战争的历史时，同样要总结其中正反两方面的经验和教训，才能学到活的历史，有益的历史！

目录
Contents

目录
Contents

「卐」字旗同红星旗必然走向对决

希特勒于 1933 年上台后，在近代历史上以理性思维、科技严谨著称的德意志民族出现了众体性疯狂，不仅要为上次大战复仇，还要扩展面积，取得覆盖大半个欧洲的『生存空间』。纳粹的这一极端种族主义纲领，使德国对苏进行的一场总决战势在必行，此前签订的条约以及对波兰、对法兰西的作战都不过是对此所做的事先准备。

"卐"字旗同红星旗必然走向对决

1941 年纳粹德国对苏发动战争，从战术上看是突然袭击，从战略上看却早在世人预料之中。1923 年希特勒口述的纲领《我的奋斗》，就说明德国未来"开拓"领土"只有用牺牲苏联才能实现"。不过战争又让苏联感到突然，这是由于从常理出发，德国在未结束同英国的作战前不应该冒两线作战的风险。希特勒从上台后，面对周围的各个侵略目标一直采取各个击破，只是在进攻苏联前却被一系列冒险成功冲昏了头脑，结果不按常理出牌，使早有战争准备的苏联竟被打得措手不及。

纳粹利用经济危机上台，目标瞄向"东方生存空间"

进入 20 世纪后，有浓厚军国色彩的德国想重新瓜分世界，为此挑起第一次世界大战。这场大战拖垮了俄帝国并在十月革命后建立了苏维埃政权，德国也因力量耗尽而在 1918 年 11 月投降。

获胜的协约国对战败的德国只要求割地赔款，没有追究战犯，结果让其保留了军国主义基础。德国不少人宣称失败只是因国内革命在背后捅了一刀，叫嚣要清算共产党和社会民主党。按《凡尔赛和约》，德国只能保留 10 万人的陆军、1.5 万人的海军，其骨干力量——主要由容克地主贵族子弟组成的军官团——还保留下来，条顿骑士的野蛮征服精神

✎ 1924 年德国通货膨胀时印的 1000 亿面值的马克，当时经济危机使钞票等同废纸。

1919 年希特勒（前左四）利用战败后德国的复仇情绪组建纳粹党。

还与新兴的法西斯主义结合。1919 年春，《凡尔赛和约》割去德国八分之一的国土，瓜分其全部的殖民地，禁止德国拥有进攻性武器如飞机、坦克和潜艇等，还要其交纳巨额赔款。在一直自傲的许多日耳曼人看来，这种奇耻大辱必须用血和火来复仇，退伍军人为此还组织起 450 万人的"钢盔团"作为准军事组织。

第一次世界大战的这种结果，播下第二次世界大战的种子，后来一些历史学家认为纳粹主义不是由希特勒在慕尼黑培植起来，而是在凡尔赛滋生。法国军队统帅福熙元帅在战争结束时便预见道："我们没有赢得和平，只是获得了 20 年的休战。"

一战中打败德国的主要是英、法、美等西方国家，纳粹崛起后的主要打击目标却是被西方视为异类的苏维埃俄国，这是因为纳粹的野心远不只限于复仇而是想征服世界。

《凡尔赛和约》签订后，刚退伍的陆军下士阿道夫·希特勒便召集了一伙流氓、无赖汉和退伍军人建立了"民族社会主义德意志工人党"（按德文简称"纳粹党"），以代表社会下层的口号来争取民众。

出生于奥地利、早年学画又未能成名的希特勒，带有艺术家的浪漫狂想，在维也纳街头卖画和讲演时也练出了煽动的口才。1923 年他在慕尼黑"啤酒馆暴动"后被关进监狱约半年，在牢房里口授了《我的奋斗》，声称以日耳曼民族为主的雅利安人是世界上最优秀的民族，应该以条顿骑士的传统来扩展生存空间。由于西欧面积有限，未来德国应以波兰、俄国的土地为扩张方向。战败后的德国经济萧条，在 1923 年出现经

济危机时，马克贬值到形同废纸，纳粹党正好利用民间的不满，鼓吹以铁腕振兴德国，得到民间一些响应，以兴登堡元帅、鲁登道夫上将为首的旧德国军官团也对其表示支持。

★链接

兴登堡、鲁登道夫同希特勒的奇特关系

在一战中，德国威廉二世皇帝兼总司令，兴登堡元帅、鲁登道夫上将成为实际统帅。战败后德皇逃到中立国荷兰，战胜国要求追究战犯，兴登堡宣布自己愿代替皇帝出席审判，结果不了了之。这些老牌军国主义者一心想为战败复仇，却担心自己出面会引来国际干预，便暗中支持以民间组织出面的纳粹党。1923年"啤酒馆暴动"开始时，鲁登道夫公然到场支持。不过他得知几年前的那个传令兵希特勒竟自封为国家元首，只让自己当军队司令，气愤之下便不再参加其活动。1936年，病重的鲁登道夫被希特勒授予元帅军衔，却高傲地拒绝领元帅手杖。不久他便去世，其"总体战"思想却被纳粹奉为经典。

兴登堡起初不大看得起那个原来还不是德国公民的"波希米亚下士"，受各方压力才在1933年以总统身份任命希特勒为总理。这个全德尊崇的"军神"此时已86岁，他的独子因无本事只好当父亲的副官，军衔是上校。1934年兴登堡病危时，纳粹不仅许诺提升其子为将军，还赠给其子一座面积为2000公顷的庄园，结

果得到这个兴登堡上校交出的一份"遗嘱"，里面称其父将总统之位交希特勒继承。其实兴登堡一心想请威廉皇帝复位，弥留之际希特勒来看望时竟认错了人而称"陛下"，因此许多人认为"遗嘱"有假。希特勒却声称遵照兴登堡遗愿，将总统、总理两个职务合一而称"元首"。

有贵族传统的德国老派军人有点鄙视街头闹事起家的纳粹，不过希特勒表达出了他们的政治愿望，所以对军官团还是提供了支持，这也成为法西斯政权能建立的保障。

在20世纪20年代的德国，上层人物大多还想利用苏联帮助自己冲破《凡尔赛和约》限制。此时苏联受西方排斥又不受国际条约限制，这两个被称为"国际弃儿"的国家一拍即合，在1922年4月于意大利热那亚郊区拉巴洛签署了《德国和俄罗斯苏维埃联邦社会主义共和国间的协定》，也就是苏德长期合作的《拉巴洛条约》。条约规定双方在最惠国待遇原则下发展双边贸易和经济关系，这也为随后两国缔结秘密军事协定奠定了基础。

从1922年至1933年，德国以向苏联提供成套武器制造生产线，帮助苏联红军建立新式指挥和训练体制为代价，换得苏联对德开放基地和工厂，让德国能够在那里秘密训练装甲兵、飞行员、潜艇人员等军事人员。此时的苏联一片残破，过去又缺乏重工业和新式军工生产的基础，正好可以利用德国技术为本国强军，双方就此都收益不小。后来在苏德战场上拼死厮杀的双方指挥军官，很多都是同一军校的同学，双方交战的不少装备也是"师出同门"。

在德苏合作时，双方军官内心仍有很强的对立心理。日耳曼民族的祖先条顿骑士团，在13世纪后就同俄罗斯民族的先人为争取波罗的海沿岸争战不止，后来普鲁士也同沙俄多次开战，许多德国人都有着传统的仇俄心理。据古德里安等到过苏联的德国军官回忆，那时他们就对苏俄充满反感，并将其视为未来的敌人。

1929年西方经济危机冲击了德国，导致经济严重下滑和近一半人失业。共产国际曾满怀希望，认为德共有可能在危机成熟后夺取政权，事与愿违的是德国国内支持共产党的人虽增多，但支持纳粹党的人增加得更快。当时德国国内选民对参选的两大政党——民族社会主义德意志工人党（纳粹党）和共产党的投票数字分别如下：

年份	1928 年	1930 年	1932 年
德国共产党	326 万	459 万	600 万
德国纳粹党	81 万	640 万	1374 万

　　此时看到德国共产党力量有所增长，大财团感到"赤色革命"的威胁，转而支持纳粹。希特勒利用老百姓的不满，宣称种种困苦都是因为有《凡尔赛和约》束缚和善于经商的犹太人作祟，纳粹在 1932 年的选举中获得半数以上的选票，成为国会第一大党。1933 年 1 月，担任德国总统的兴登堡元帅授权希特勒担任总理，国防军也对其表示支持，纳粹从此执政。

　　纳粹由选举上台的可悲事实，证明普通民众在社会动荡时易于受到极端民族主义煽动，苏联那种模式又难以为西方多数人接受，结果德国多数人选择了希特勒。

　　法西斯主义的源头，是西方极端种族主义、扩张主义和弱肉强食的社会达尔文主义的结合。从 20 世纪 20 年代起，在世界范围出现了法西斯思潮，其主要特征是主张"优秀民族"应征服"劣等民族"，要夺取他国领土作为自己的"生存空间"，并对人民革命和自由民主极端仇视。在历史上以强悍著称的德国一旦被这种思想控制，自然会给世界带来大灾难。

　　希特勒上台后，马上实践《我的奋斗》中的宣言，于 1933 年夏天断绝对苏军事合作，标榜向东方夺取"生存空间"是主要目标。当然，

✍ 这幅《在兴登堡巨影下的希特勒》的绘画，说明了纳粹其实是在老牌军国主义者支持下上台的。

✍ 1933 年希特勒上台的宣传画，意思是要带领国家腾飞。

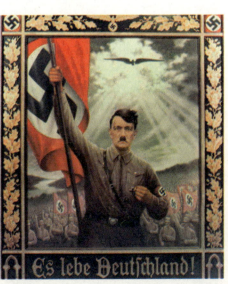

纳粹以反共反苏为标榜，也是让英国、法国、美国容忍其崛起，对突破《凡尔赛和约》的行为不加干涉。

纳粹竞选时利用了德国下层，其宣传部长戈培尔在讲演中曾叫嚷"贵族都应该被绞死"，他们当政后却保障了贵族豪门的利益，让民众把不满倾泻到犹太人和共产党身上，用对外扩张解决国内矛盾。靠着剥夺犹太人和国家统治经济，德国经济产值在5年内增长了102%，除犹太人以外的民众生活普遍大有改善，这也刺激了拥护纳粹的狂热情绪。有强烈复仇情绪的德国军官团又集体宣誓拥戴希特勒，并对扩充军备十分满意。1936年纳粹召开纽伦堡大会时，所唱的歌让外国人都感震惊——今天我们拥有的只是德国，明天将是整个世界。

德国位于欧洲中部的地理位置，决定了其想扩张就会四面受敌。纳粹上台前，德国国防军在20世纪20年代中期秘密制订的复仇战争计划就是"先西后东"。希特勒上台大肆叫嚣反对布尔什维克，同意大利、日本签订《反共产国际条约》，也是想利用他们"祸水东引"从而大力扩充军备，先解决捷克、波兰和法国，并争取同英国建立友好关系，再解决苏联。1936年10月，德国外交部长里宾特洛甫对意大利外长齐亚诺的谈话中曾说明："按照官方的说法，俄国是被当作敌人对待的，但是

刚上台的希特勒便同他的头号帮凶戈林（左二）等人商议如何对外征服。

事实上一切都是针对英国的。"

希特勒在叫嚷反苏时，就秘密安抚过苏联。他上台不久就接见了苏联驻德代表，表示"两国在反对《凡尔赛和约》的问题上有共同利益"。1937年11月5日，希特勒在柏林召开了军事首脑秘密会议，并发表了长达4小时的长篇讲话，阐述了他的战略目标有5个，其排名是：1.奥地利，2.捷克，3.波兰，4.法国，5.苏联。

希特勒一直不想同英国开战，其种族主义理论认为不列颠岛上的民族也是德意志民族的"北欧雅利安兄弟"。英法在1938年内曾容忍了德国吞并奥地利，并签订了出卖捷克的《慕尼黑协定》，不过当希特勒要对波兰下手时，英国、法国都同该国有着军事互助协定，攻波就很可能引发同英法的战争，德国对此也做好了准备，并将此战排在攻苏之前。为避免两线作战，希特勒决定利用苏联对英法绥靖政策的不满，主动向苏联表示要改善关系。

斯大林对德签约迫不得已，双方都想稳住对手争取时间

1939年8月，苏德签订互不侵犯条约时的照片，右起：莫洛托夫（苏外长）、斯大林、里宾特洛甫（德国外长）。

苏联是最早提出反法西斯的国家，自希特勒上台后就提出准备对德作战，1935年共产国际又通过了建立国际反法西斯统一战线的号召。纳粹党上台后迫害犹太人，也是同反共结合在一起。他们称犹太人马克思创立的共产主义理论是"犹太人理论"，苏联是由"布尔什维克—犹太人集团"统治。1939年3月德国占领捷克后，希特勒却一反常态地向苏联提出，把邻近苏联西部的他国领土划给其作为势力范围，以争取苏方在德国发动战争时保持中立。

此时英国和法国提出希望与苏联合作对德，同年8月派出军事

代表团在莫斯科举行了抗德谈判。从历史档案看，斯大林确实有与英法结成抗德联盟的愿望。英国和法国却要苏联做出单方面对德作战保证，却不愿相应派出军队进攻德国。谈判进行到 8 月 20 日，苏联终于彻底失望，几乎在一夜之间做出了"祸水西引"的决定。

1939 年 9 月，苏德两军官兵在波兰相逢。

1939 年 8 月 21 日，希特勒得知苏联转变态度，马上派外长里宾特洛甫飞到莫斯科，于 8 月 23 日签订了《苏德互不侵犯条约》。这个协定附有密约，划定了两国的势力范围，约定波兰东部以白俄罗斯和乌克兰居民为主的地区、波罗的海两国（后来加上立陶宛变成三国）、罗马尼亚的比萨拉比亚、芬兰为苏联势力范围，其他地方为德国势力范围。

《苏德互不侵犯条约》是引发历史争议最多的条约，苏联解释这是在英法不愿合作时的迫不得已之举，为对德作战争取了时间。这一条约造成的消极政治影响也是巨大的，众多国家的共产党人和进步人士因苏联同德国和解受到巨大冲击。苏联领导人只顾及眼前之利，后来为稳定日本又签订了《苏日中立条约》，这也一度削弱了国际反法西斯力量。

1939 年 9 月 1 日，德军对波兰发起"闪击战"，英国和法国虽根据对波承诺的保护义务于 9 月 3 日对德宣战，实际却是"宣而不战"，希望能看到东进的德军与苏军发生冲突。9 月 16 日，波兰政府离开首都逃向罗马尼亚，后又落脚英国变成流亡政权。同日，苏联与日本签订了在诺蒙坎停战的协定以稳定东方。9 月 17 日，苏军便以"波兰国家和政府实际上不再存在"为借口出兵波兰东部，打着保护西乌克兰人、西白俄罗斯人的旗号，只用几天便占领了《苏德互不侵犯条约》秘密附件中划给他们的原波兰东部地区。

苏军在波兰同德军相遇时，德方刻意表现出热烈欢迎的姿态，并拍下许多影像资料用于宣传所谓苏德友好。9 月 29 日，希特勒又派出外长里宾特洛甫赴莫斯科签订了《苏德友好边界条约》，双方在波兰土地上划定了分界线。

2009年波兰在遭德国进攻70周年时，指责《苏德互不侵犯条约》导致了第二次世界大战的爆发，苏联同德国负有同等责任。不过严格而论，战争毕竟是由希特勒发动，斯大林只是不再制止并乘机夺得战利品。何况此前英法与德国签订过类似条约，也牺牲过一些小国。俄罗斯领导人普京对此事的表态是，"《苏德互不侵犯条约》确实不光彩，但当时没有别的选择"。

斯大林很清楚希特勒这个死敌只想暂时稳住自己，他要争取时间向西扩展"安全空间"，并在德国同英法的战争中坐山观虎斗。出乎意料的是，1940年春天德国只用了一个半月便征服了法国等西欧国家。赫鲁晓夫在回忆录中记述说，当斯大林得知法国沦亡时气愤得大骂说："希特勒就要打破我们的脑袋了！"此时他又竭力要争取两年和平时间，用以增强军备。

希特勒却不想给斯大林时间，征服法国后便在1940年7月下令尽快将主力调到东线，并向英国提出了媾和建议。英国在丘吉尔领导下拒绝了这一建议，希特勒一度又想攻英。在8月间至10月的不列颠空战中，德国空军没有能夺取制空权，难以渡过宽度仅33公里的英吉利海峡。于是希特勒又决定回过头来先解决苏联。

20世纪30年代苏联表现建设重工业的油画《斯大林和基洛夫在沃尔霍夫水电站》。

此时的苏联也加紧进行战争准备，生产飞机、坦克和火炮的数量还多于德国。苏联自建国以来便感到受资本主义包围，为应付战争优先发展重工－军工业，口号便是"要么灭亡，要么赶上资本主义国家"。沙皇俄国总体上是一个落后的农业国，战前有80%的人口生活在农村。苏联当时的建设模式是压低轻工业生产和维持人民低水平生活，对农民采取集体化和高征购，以计划经济的统一调配方式集中力量发展钢铁、煤炭、石油和机械制造等重工业项目，这也是后来众多社会主义国家学习的建设模式。

苏联农业政策弊端极大，尤其是 1929 年至 1932 年以强迫命令和消灭富农的方式实行了集体化，出现了大饥荒和农村牲畜减少一半的悲剧。不过苏联重工业和武器装备发展的速度可谓世界无双。苏军由一支基本由步兵、骑兵构成的部队迅速发展为机械化水平较高的大军。苏联坦克数量在 1928 年至 1940 年间就由 100 多辆增至 2 万辆，超过世界其他国家坦克的总和。1929 年至 1938 年间苏联通过两个五年计划，工业产值已次于美国、德国居世界第三，从作为重工业主要指标的钢产量的增长就可看出这一点。

★链接

1913 年至 1940 年苏联（包括一战前的俄国）和其他列强钢产量比较（单位：万吨）					
年份	1913年	1920年	1930年	1938年	1940年
苏/俄	490	16	590	1800	1840
美国	3180	4230	4140	4880	6080
德国	1800	760	1150	2320	1900
英国	650	920	740	1050	1100
日本	25	84	350	580	750

在随后的"肃反"运动后，在红军最早的 5 个元帅中只剩下斯大林信任的"骑兵第一军"出身的伏罗希洛夫和布琼尼 2 人，大规模机械化战争理论的奠基者屠哈切夫斯基元帅以及叶戈罗夫、布留赫尔元帅（中国北伐战争期间有名的加伦将军）都被处决。两任空军司令员、两任海军人民委员被捕遇害。许多有能力的将领被杀害，严重影响了苏军的作战能力。

此前集体化、压迫部分少数民族的错误政策，也是部分军民（当然不是多数）在卫国战争初期向敌投降的原因，克里米亚鞑靼、车臣等族群还出现普遍性的附敌现象，这给苏

苏联政治保卫总局"格别乌"的"盾与剑"徽章，该局在"肃反"中成为恐怖的象征。

联又留下长久的后遗症。

希特勒在综合国力并不占优势时敢于进攻苏联，就是认为这个内部矛盾尖锐的国家遇到打击就会瓦解。希特勒没有想到的是，面对他的种族灭绝政策时，苏联多数人民倒是团结起来并浴血奋战，最终还能压倒了"优秀民族"的军事"精英"。

苏联向西扩展"安全边界"，吸取在芬兰的教训加紧整军

苏联在与德国签订《苏德互不侵犯条约》后，又大力将西部边界向外推以建立"安全纵深"，此举在后来也受到众多指责，因为本国的安全不能建筑在侵犯他国领土主权的基础上。

当时苏联还是有一些值得肯定且在国际上有重大贡献的行动。如1939年5月至9月，苏军由朱可夫指挥出动了8万多人的部队在哈拉哈河（诺蒙坎）同日本关东军交战，以坦克数量和质量的绝对优势击溃了以步兵为主的日军。此役苏军阵亡6472人，负伤1.5万人，失踪2000人（其中除100余人被俘外其余后或死亡或开小差）。日军死亡超过1.8万人，负伤者还有2万多人。此役使陆军机械化水平远低于苏军的日军产生了"恐苏症"，后来不敢配合德国在东方采取攻击行动，对中国抗战也有不小帮助。

诺蒙坎会战成为苏联装甲部队大规模作战的第一次实践，作战虽然获胜却暴露出步坦结合较差的弱点，只是因陶醉于大胜而对自己的短处

✍ 战前苏军装备了1万多辆T-26坦克，却有装甲薄、火力弱的缺陷。

卫国战争开始前夕的苏军服装（显著特点是只佩领章），最前立者为库立克元帅。

反映苏芬战争的绘画，画中的芬兰军人在冬季击败了苏军。

未很好总结。不过苏联坦克设计者却看到装备最多的 T-26 坦克装甲太薄，挡不住日本的 37 毫米口径战防炮远距射击，在随后设计 T-34 坦克时就特别注重了加厚装甲。

面对希特勒在欧洲扩张之势咄咄逼人，1939 年秋季苏军占领了原来波兰东部有 1200 万居民的地区，并强迫波罗的海国家爱沙尼亚、拉脱维亚、立陶宛同意苏军入境，翌年夏天又强迫其加入苏联。

因芬兰与德国关系密切，且与芬兰的"争议"边境距离列宁格勒过近，1939 年 11 月苏联主动发起进攻。苏军在芬兰境内遇到森林和湖泊密布、道路稀少和半年积雪的恶劣环境，沿着几条狭窄的林间道路呈一字长蛇推进的部队屡遭沉重打击。苏联面对这个人口不过 370 万的小国连连受挫，靠绝对优势的兵力火力才迫使芬兰于 1940 年 3 月割地求和。

对芬兰进行的这次"冬季战争"，使苏联付出战死、冻病死共 12.6 万人的代价（芬兰死亡仅 1.8 万人），苦涩的军事胜利带来的是心理上和国际政治上的严重失败。过去在国际上保持中立态度的芬兰就此投入德国怀抱，在随后的苏德战争中配合德军发起复仇之战。

1940 年 7 月，苏军开入罗马尼亚在 1918 年控制的原沙俄领土比萨拉比亚（当地居民却多是罗马尼亚人），也宣布将此地并入苏联，此举又使原先中立的罗马尼亚同德国结盟。

在德国进攻苏联前，苏军已经历了不少战争锻炼，包括参加西班牙内战、张鼓峰、诺蒙坎和芬兰作战的实战锻炼，暴露许多弱点。斯大林选拔了朱可夫等有才能的新将领，并催促加紧培训新一代军官。据在朱可夫之前担任总参谋长的梅列茨柯夫元帅回忆，斯大林在苏德战争爆发前一个月还认为战争最快会在1942年5月发生，军队虽有扩充却仍未做好战备。

★链接

苏联和德国在战前扩充军队的人数对比		
	苏军	德军
1932年	125万	11.5万
1938年	150万	150万
1940年	280万	436万
1941年5月	500万	723万

在斯大林看来，希特勒应该熟悉拿破仑的教训，那就是在未拿下英国前又回头进攻俄国，结果因两线作战而导致国家崩溃。没想到那个冒

苏联的这幅油画表现了卫国战争时军人前仆后继、英勇牺牲的场面。

险家却另有计算，那就是希特勒认为英国尚无力反攻欧陆，自己集中陆空军主力可以在两三个月内以"闪击战"打垮苏联，这仍是一线作战，迅速解决苏联后英国也会屈服。

1940 年 11 月，希特勒下令制订了"巴巴罗萨"计划，核心要求是速战速决。1941 年春天，德军备战迹象已瞒不过各国明眼人，除了苏、德两国外，欧美各国报纸大都在议论苏德战争何时开始。苏联情报机构以及包括延安和德国驻日本大使馆内的佐尔格都有事先警告。德国驻苏联大使舒伦堡因不满纳粹统治，也向苏联外长秘密通报"希特勒将进攻苏联"（不过他不知道具体时间）。根据苏联 1973 年的统计，至少有 84 份来自不同渠道的战争警报送交到苏联，结果都未被听信。

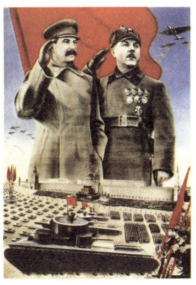

卫国战争时著名宣传画 ——"为了祖国母亲"，激励了无数人为国奋战牺牲。

苏联宣传画，左边为斯大林，右边为伏罗希洛夫。

朱可夫元帅在后来的回忆录中说，如果苏军在战前做好准备并进入战备状态，虽不足以抵挡德军突入国土，却肯定能在纵深几百公里内稳定住战线（后来苏军在损失惨重后仍能守住莫斯科、列宁格勒便是明证），军民牺牲量和沦陷的国土将会少得多。可惜，历史是不能假设的。

『巴巴罗萨』计划实施令苏军措手不及

1941年6月22日，纳粹德国对苏联发起突然袭击。因双方在签订《互不侵犯条约》时都明知是缓兵之计，『突然袭击』不过是行动的突然性。

德军能让苏联一时陷入危境，一是靠事先的战略欺骗，二是『闪击战』的新型作战方式为军事思想僵化的苏军所不适应。不过苏联广阔领土对

机械化突击力的消磨，以及苏军抵抗力之强，都远超过希特勒的预想。2015年纪念胜利日70周年时，俄罗斯总统普京同青年对话时曾这样

说：『如果在尼古拉二世（末代沙皇）时期，我们能赢得这场战争吗？显然是不可能的。』

"巴巴罗萨"计划实施令苏军措手不及

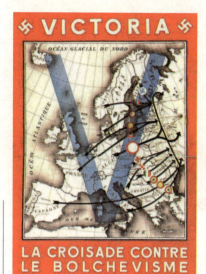

1941年夏天，德国宣传画《讨伐布尔什维克主义（犹太主义）的胜利》，表现出它与意、罗、匈、芬等仆从国一起进攻苏联。

从1941年5月25日起，20多天内德国本土向东方的铁路线上虽白天平静，每逢夜间都出现了川流不息的列车，这自然无法瞒过苏联情报人员。此时苏联国内还是一派和平景象，军队仍执行休假制度，6月中旬西部边境的各部队炮兵还集中到军区靶场打靶（这就使战争开始时前沿多数师、团没有炮兵）。苏联方面早知对德战争不可避免，却错误地认为只要不刺激希特勒便可赢得更多的时间，苏联官方在战前一再宣传苏德不会开战只是麻痹了本国军民。

开战前一天得知进攻在即，仓促进入战备已太晚

卫国战争开始时的苏联红军军服，左为戴苏联SSH36钢盔的步兵，中为女卫生员，右为水兵。

希特勒于1940年11月间下令制订了突袭苏联的"巴巴罗萨"计划后，又下令让其成为"历史上最大的欺骗行动"，对苏经贸活动一直正常进行。不过为征服庞大的苏联，德军开始了无法掩饰的最大的军事动员，几个月把军队增加了三分之一，至1941年春天达723万人（还有120万文职人员），陆军作战部队达230个师，有三分之二调到东线。自6月1日起，德军下令召回所有休假人员，

苏联驻德使馆也得知 6 月 22 日这个星期天就会开战。苏军西部边防部队每天都发现有不少德军侦察兵越境观测，并不断同其交火，夜间也听到坦克的隆隆马达声在逼近。

情报到手后，通常还需要分析真伪，但苏军情报部长戈利科夫在上报时说得到的开战在即的消息都是"英国为挑拨苏德关系制造的假情报"。

苏军一些高级将领却看到战争在即，总参谋长朱可夫大将于 5 月 15 日提议应先发制人向德军进攻，但是这个提议最终没有被接受。

开战时，苏军主力战机伊－16（前）在空中已不是德国梅塞施密特 109 战斗机（后）的对手。

考虑到战争终不可免，苏联方面还是做了一些准备。1941 年初红军扩编达到 420 万人，5 月又补充了 80 万预备役人员，一半以上部署在西部边境各军区。苏联工业从 1940 年 7 月起转入以军工为主，所产坦克总数达到 2.5 万辆，却多数是旧式的 T-26，新型的 T-34 和 KV 坦克只有 1800 辆。苏军飞机有 1.8 万架，九成是旧式战机，新型战机的性能也不如德军。

★链接

苏德战争爆发时双方军力对比

当时苏军主战武器数量多于德军，T-34和KV坦克的性能也占优势，飞机和无线电技术却逊于德国，机动车辆总数也远不如德军，步兵师、团的运力主要还靠马匹。

在西部3000公里的边境上，德军投入153个师，人员达430万人。另有仆从军（罗马尼亚、芬兰、匈牙利）37个师，总计有军队520万人、汽车60万辆、坦克（含强击炮）3400辆和作战飞机3000架。

苏军在西部5个军区有160个师（均不满编，平均每师8000人），连同海空军作战人员共280万人，装备汽车10万辆，坦克1万辆、飞机5000架。

苏军的装备状态，又有着计划经济模式下重数字、轻效益的弊病，热衷于增加武器数量却忽视技术训练。如苏军坦克手、飞行员的训练时间都只有德军的五分之一至十分之一。德军坦克单车都用无线电联络，苏军坦克大多还靠旗语指挥。

◎ 苏联卫国战争爆发前的两种主力坦克为BT-5（上、下）和T-26（中），都是装甲薄和火力弱。

◎ 德国描绘突破苏联边境的油画。

◎ 苏联画家普利斯金的油画《艰难时光》表现了开战时遭德军突袭的场面。

6月21日下午，一名德军司务长跑入苏境报告明天一早将开始进攻。傍晚，一名原为捷克共产党党员的德军士兵又游过界河报告同样的消息。入夜时，铁木辛哥、朱可夫向上报告，要求让边境部队进入一级战备。但苏联方面仍怀疑投诚者的报告是"德国将军的挑拨"，只下达了语气模棱两可的命令。这一命令指出德军可能"实施突然袭击"，又

要求苏军"不要受任何挑衅行动的影响，以免使问题复杂化"，明显还是想以忍让避免战争。

苏联方面的犹豫不决拖延了发令时间，命令下达到西部各军区时已是6月22日1时至2时，前线各军、各师和各空军基地在天亮前还大都没有得到逐级传达。除海军及时迎战外，第一线的陆军、空军都是从德军炸弹、炮弹爆炸声和枪声中得知战争开始。

6月22日凌晨3时7分，克里米亚的塞瓦斯托波尔海军基地首先报告遇到德机空袭，斯大林随后就被朱可夫打电话叫醒。这位领袖不肯下令还击，只是派人向德国大使馆打电话询问。后来得到了外交人民委员莫洛托夫"德国政府已向我国宣战"的报告。朱可夫后来回忆："斯大林是一个意志坚强的人，绝不是所谓的胆小怕事。只有一次我见他有点泄气。这就是1941年6月22日凌晨，因为他对战争可以避免的信念破灭了。"

机遇总是留给有准备的人，灾难往往会降临在无准备或盲目自信的人身上。这次战略判断失误的严重性就在于苏联仓促无备时被打了个措手不及。

✎ "斯图卡"俯攻轰炸机充当了德军空中突袭的先锋。

✎ 表现德军突袭苏联时的绘画，显示夺下的桥梁完整且抓到不少俘虏。

遭突袭后苏联西部空军瘫痪，统帅部也不知前线情况

德军突袭苏联的首要任务是掌握制空权，这是装甲摩托化部队大纵深突破的前提。6月22日是星期天，苏军在头一天晚间按惯例放假。天色微微破晓时，上千架德国飞机越过边界，向苏联西部各机场发起空袭，当天便有1200架苏联飞机被摧毁，其中绝大多数未及起飞便被炸毁在停机坪上。少量起飞的苏联战斗机也不是德机的对手，大批被击落。

"巴巴罗萨"计划实施令苏军措手不及

开战的黎明时分，德军第一轮炮火就摧毁了苏军大部分边防哨所，坦克开过桥梁或通过没有任何障碍的边防线冲向苏联纵深。德军尤其兴奋的是，他们第一天夺取的每座桥梁都是完整无损的。德军无线电监听员收到的苏军告急电大都是："我们受到了射击，我们怎么办？"可见苏军慌乱到不知所措，备战情况可想而知。

此时德军因集中兵力而掌握了数量优势，特别是其掌握了依靠机械化部队实施大纵深突袭的"闪击战"方式。苏军作战思想还基本停留在一战和国内战争时期，拥有的坦克虽多却不了解机械化战争，德军将领称其"制造出那么好的坦克却不知如何使用它"。

德军攻苏的3个集团军群以中央集团军群兵力为最多，白俄罗斯是突击重点。苏联白俄罗斯军区司令员巴甫洛夫大将（随即改称西方面军司令员）在战前得到边界报警，却始终不肯下令戒备。6月22日凌晨他得知战事开始，打了多次电话给部队却发现联络大都中断（线路已遭德军事先安排的潜伏小组破坏），就匆忙赶到前线部队了解情况。此人的思维还停留在一战时期，认为先有前沿交战，对方才会投入主力，根本未料到德军开战后便马上冲入自己的纵深。

巴甫洛夫这时离开岗位，使最重要的西部方向无人指挥，统帅部也不知当地情况。

白俄罗斯与德占波兰交界处的布列斯特要塞，是苏军在边境西部头等重要的据点，由一个边防总队即相当于团级单位驻守。22日凌晨4时，爆炸声把官兵们震醒，多年来的思维方式还使他们第一声发问是："是不是破坏分子炸毁了军火库？"

哨兵却报告："不是破坏，是战争，对面德国人进攻了！"

要塞的政委和总队长临时组织起几百名赤着脚、只穿衬衣的战士投入战斗。他们实施了顽强抵抗，使德军古德里安坦克集群在战争第一天只好绕城而过，留下一个奥地利人组成的步兵师围攻布列斯特。6月29日，德军攻下要塞核心阵地，一些地下掩体内的苏军仍在战斗。直至7月下旬，这个落在敌后600公里的要塞内的抵抗才停止。布列斯特保卫者的英勇业绩，在苏联卫国战争史上写下了光辉的第一页，至今仍被树为俄罗斯军人的楷模。

苏军波罗的海沿岸军区（西北方面军）有25个师，战前分散在有强烈反苏情绪的爱沙尼亚、拉脱维亚和立陶宛这三个刚并入苏联的加盟

共和国内。开战第一天，德军便冲进立陶宛纵深，当地苏军陷入混乱后自行后退。德军4天内推进300多公里，由操俄语并穿苏联军装的特别分队以突袭夺取了西德维纳河大桥，装甲纵队随之过桥向列宁格勒冲去，至7月8日，北方的德军已前进了600公里，冲到了距离列宁格勒只有100多公里的卢加河边。

在西德维纳河这条自然屏障的另一个渡口上，苏军一辆KV-2重型坦克依靠敌炮无法打穿的厚装甲顽强奋战，曾在河边顽强战斗阻击了德军一个师达两天之久，最后才被88毫米高炮打坏，创造了战史上一个奇迹。由此也让人想到，如果苏军能以众多坦克事先设防，德军根本不可能那样快地攻入苏联纵深。

按照"巴巴罗萨"计划的设想，德军应用6个星期时间便攻占莫斯科，3个月结束在苏联欧洲部分的战事。6月22日当天，德军总参谋长凯特尔元帅见突袭成功，便在日记中这样写道："苏联的军队将在六个星期以内完全被击溃。"至7月4日，德国中央集团军群向莫斯科

"巴巴罗萨"计划实施令苏军措手不及　023

的突击推进了 500 公里，还剩 400 公里路程。一向以稳健著称的德国陆军总参谋长哈尔德当天在日记中也写道："如果我说对苏战争在两个星期内就获胜，也不算夸大。"

随后的事实却证明，德军遇到的抵抗与日俱增，战争并未"获胜"而是刚刚开始。

不明敌情仓促反攻，将大批部队送入虎口

苏联毕竟是有着世界上最大战略纵深的幅员辽阔之国，德军"闪击"只能打击其边境地区，苏军若在内地展开梯次抵抗，肯定能减缓德军进攻速度。但此时苏联方面却在 6 月 22 日下午根据战前确定的"在敌人领土上消灭敌人"的战略思想，要求马上转入反攻推进到敌方境内，这样不科学的命令只能使混乱的前线部队陷入更大灾难。

西方面军接到反攻命令时，下属的 3 个集团军中的第三、第十集团军已失去联络，只好调动纵深内的第十三集团军向前线进发，等于送进了德军已经张开的大口。在后方的白俄罗斯首府明斯克城，苏军只留下后勤部门及未动员好的 4 个师，正好使德军完成合围。

西方面军仓促实施反攻后，坦克部队没有空中掩护又得不到友邻配

开战后德军便掌握制空权，画中的容克 88 轰炸机在攻击没有防空能力的 T-34 坦克。

合，很快就被陆空协同良好的德军击溃。6月25日，西方面军司令员巴甫洛夫发现德军第二、第四坦克集群在南、北两翼已深入苏境内纵深150公里至200公里，自己的方面军已三面被围，才匆忙下令撤退。此时德军坦克已赶到后撤苏军的前头，于6月28日攻占了明斯克，并将西方面军多数部队合围在一个长达200公里的大包围圈内，只有巴甫洛夫大将率指挥所幸运地撤到了圈外。

★链接

巴甫洛夫大将被处决是否冤枉?

德军在白俄罗斯对苏军西方面军实施了第一个围歼战，被包围在明斯克以西大包围圈内有24个师。苏军除了少数人分成小股突围或躲入森林外，至7月8日被德军歼灭。德国宣布共俘虏28万苏军官兵，击毁坦克2500辆，苏联后来承认这些数字基本属实。

在这场大败之后，巴甫洛夫大将等5位西方面军的将军被逮捕处决，并通告全军说明"我们对打败仗的人是不留情的"。

1956年苏联纠正冤假错案时，此案也被复查。当年军事法庭按照荒唐的惯例加给巴甫洛夫等人的"有意破坏""向敌人投降"等诬蔑性的不实之词，大家都同意推倒，但对缺乏警惕和指挥不当该不该惩罚却引发争议。

巴甫洛夫大将。

朱可夫针对此事提出："每个犯了错误的军事首长，都无权逃避责任而把责任推给上级。"赫鲁晓夫同意为这些人平反，不过恢复名誉的决定中也写明：不否认他们在动员军区备战方面的许多重大失误。

担任苏军总参谋长的朱可夫，在开战后的6月24日至29日赶到西南方面军，指挥尚未准备好的5个机械化军向德国第一坦克集群反击。这次会战是苏德战争中第一次大规模坦克交战，600辆德国坦克和1000多辆苏联坦克在西南边境的原野上展开了一场钢铁怪物大拼杀。

参战苏军装备的坦克多数是过时的10.3吨重的T 26轻型坦克，挡

不住德军火炮甚至是大口径机枪的攻击，只有新型的 45 吨重的 KV 坦克
出场使德国军人大吃一惊。德国只装配 50 毫米炮和 4 号坦克的短管 75
毫米炮无法打穿 KV 坦克厚达 105 毫米的前装甲，一时被驱得四散奔逃。
德军马上调来 88 毫米高炮，有效地打击脱离了后面步兵支援的 KV 坦
克。苏军坦克又没有空中掩护，德国飞机如老鹰捉小鸡般的在头顶上猎
杀涂着红星的战车。

　　此时的朱可夫也机械地执行高层的命令，固执地坚持反攻，战斗到
第六天，参战坦克已损失大半，油料和弹药也所剩无几，他才下令部队
和剩余的坦克撤出战斗。苏军撤退途中由于油料不足和发动机故障，车
辆大都被迫自行炸毁，机械化军实际上变成步兵部队。

　　西南方面军部队后退时，仓促间无法守住纵深防线，德军 10 天内
前进了 300 余公里，于 7 月 8 日逼近乌克兰首府基辅西部几十公里处。
不过苏军西南军还基本保持了部队建制后撤，随即展开反击，遏制了德
军在这一方向的推进。

　　开战后两个星期内，德军在北方、西方、西南方都有重大进展，推
进了 300 公里至 600 公里。在开战头几天得知突袭获胜时，希特勒身边
的人回忆元首兴奋得脸都发红了，这种情绪却很快有了变化。

　　7 月 16 日，希特勒来到中央集团军群司令部，当听到苏军坦克部
队数量众多和坦克性能优异时，他便对古德里安等将领忧心忡忡地懊悔
说："假如我知道苏联有这样强大的坦克部队，恐怕就不会下令发动这场
战争了。"

　　纳粹进攻苏联并非希特勒的心血来潮，是出于德国统治集团征服世
界的既定方针，不过这一野心与实力并不相符。纳粹二号人物、空军司
令戈林元帅在日记中就写下了"我一开始就不赞成对苏战争"，外长里

宾特洛甫则派人找到准备撤退回国的苏联外交官试探能否再谈判。希特勒此时却投入了一场最大的豪赌，已经用德国和自己的命运下注就不能收手。

"俄罗斯西部门户"斯摩棱斯克挡住德军两个月

德军"巴巴罗萨"计划的最重要目标是攻下莫斯科，为此必须拿下斯摩棱斯克。这座背靠第聂伯的古城在 300 年前就被称为"莫斯科公国的门户"。苏联决心坚守斯摩棱斯克，却根据战前的军事思想只强调进攻，不重视研究如何防守。

★链接

卫国战争初期苏德双方的指挥系统

1941 年 6 月 30 日，斯大林兼任国防人民委员（相当国防部长），10 天后又设立三个战略方向的总司令职务，分别由三个老元帅担任。

苏军北方总司令——伏罗希洛夫元帅（1935 年首批授衔的第一名元帅）；

苏军西方总司令——铁木辛哥元帅（1940 年第二批授衔的元帅）；

苏军南方总司令——布琼尼元帅（1935 年首批授衔元帅）。

德国方面由希特勒指挥全军，陆军司令布劳奇希元帅只是他的助手，其三个方向的指挥官分别是三个老资格的元帅。

德军北方集团军群司令——勒布元帅；

德军中央集团军群司令——博克元帅；

德军南方集团军群司令——龙德施泰特元帅。

铁木辛哥担任西方总司令时，又兼西方面军司令员，内地调来的 5 个集团军共 40 余个师全部拨给他，使该方面军兵力达到 58 万人。铁木辛哥起初的任务，是在斯摩棱斯克以西 200 公里的别烈津河一线挡住德军。

德国中央集团军群此时下辖 60 个师，兵力达 130 万人，其前锋是号称德国"坦克兵之父"的古德里安率领的第二坦克集群。他所率坦

克部队乘苏军来不及炸桥，于 7 月 1 日从别烈津河大桥上一冲而过，扑向斯摩棱斯克的道路上已是一马平川。

7 月 3 日，古德里安发现苏军的 100 余辆坦克迎面冲来，德军 3 号坦克和 4 号坦克首次遇到了克星。德制 37 毫米反坦克炮和 50 毫米坦克炮打过去，马上会在对方装甲上被弹回来，这些德军未见未闻的强大战车就是苏军的 KV 坦克和 T-34 坦克。

德军坦克此时被迫后撤，唯一能有效地对抗苏军坦克的武器又是 88 毫米高射炮。苏军此时没有以坦克火力交叉相互掩护并与步兵很好配合，T-34 装甲薄弱的侧后部很容易被击穿，它首次登场就因指挥和组织不善打了个败仗。

★ 链接

苏德战争初期双方主战坦克性能对比			
	吨位	口径	装甲
KV	45	76/152毫米	正面105毫米、侧后70毫米
T-34	26.5	76毫米	正面55毫米、侧后35毫米
T-26	9	45毫米	正面16毫米、侧后6至8毫米
3号坦克	20	50毫米	正面30毫米、侧后20毫米
4号坦克	22	75毫米（短身管）	正面30毫米、侧后20毫米

古德里安看到被摧毁的 T-34 坦克，马上为过去一向藐视的俄国人能制造出这些世界上最先进的坦克而震惊。此刻他明白，德国在坦克上不仅没有数量优势，质量上的优势也已失去。

德军短时间受阻后，又以平均每天 20 公里的速度推进。7 月 11 日，斯大林长子雅柯夫所在的第十四坦克师投入作战，当天便全师溃散，作为大尉连长的雅柯夫也当了俘虏。

出乎德军预料的是，7月13日苏军一个军在夜间抢渡第聂伯河，向德军侧翼突击并收复日洛宾这座名城。7月14日，在奥尔沙地区前进的德军突然遭到意外炮击，一分钟内密集队形就被巨大火舌吞没。原来，这是苏联的一个M-13火箭炮连进行的齐射。这种武器给德军带来严重的精神威胁。苏军则将其亲切地称为"喀秋莎"。

尽管遭受意外抵抗，7月15日德军冲到斯摩棱斯克城下并发起强攻。城内守军和民警、机关干部都起来战斗，却因缺乏组织，抵抗了一昼夜后城市陷落。到此，德军只用22天便前进了600公里，距离莫斯科只有300公里。

苏联方面在得知斯摩棱斯克失陷后，马上准备反击，将预备队20个师调给西方面军，使其连同原有兵力达70个师。最高统帅要求铁木辛哥立即将城市夺回，而这次是仓促出击，又背水作战，不仅未获成功还使大批部队陷入包围。至8月4日和8月5日，苏军打开一个突破口救出了部分骨干，德军则宣称合围中俘虏苏军约30万人。

尽管苏军损失惨重，德国陆军总参谋长哈尔德上将在8月8日所写的日记中也感叹说："我们

✎
1941年下半年德军进攻苏联时感到3号坦克火炮威力不足，此图表现的是其随后装配了长身管50毫米口径炮的情景。

✎
1941年在斯摩棱斯克战役被德军俘虏的苏军雅柯夫·朱加什维利大尉，他是斯大林的长子。德军将此照片大量印发以进行宣传。

✎
苏联的M-13火箭炮（人称"喀秋莎"），在1941年7月首次使用便震撼了德军。

号称"德国装甲兵之父"的古德里安上将，他率第二装甲集群在突击白俄罗斯和迂回基辅时发挥了关键作用。

打掉他们多少个师，他们就补上多少个师。俄国人之所以争取到时间是由于他们能就近解决自己的兵源问题，而我们离自己的兵源却越来越远。"

8月上旬，连续进攻一个半月的德军已疲惫不堪，多数将领主张短期休整再进攻莫斯科。希特勒却调古德里安集群南下迂回基辅，中央集团军群转入守势。从8月下旬起，苏军又向斯摩棱斯克反攻，9月上旬预备队方面军还在司令员朱可夫指挥下夺回耶尔尼亚，取得了卫国战争开始后第一次反击战役的胜利。不过苏军伤亡也很大，被迫在9月11日转入守势。

斯摩棱斯克会战，苏德双方都将其称为自己的胜利，各有其道理。苏联认为这一仗使敌人遭受了25万人伤亡（这基本属实），德军对莫斯科的进攻被迫推迟两个多月。德国吹嘘斯摩棱斯克一仗获胜，依据的是攻下这座"俄罗斯门户"，不过耽误了宝贵的时间却是事实。

从俄罗斯档案看，会战两个月内苏军阵亡、失踪48.6万人，负伤、患病减员27.3万人，又是相当惨重的一次损失。此时苏军缺乏防御和反突击经验，又没有制空权，自然难逃失败的命运。

法西斯主义是邪恶的。德国军队此时的作战思想却是高明的。苏军出现一次次几十万人落入"口袋"的大败，除士气问题外关键是军事思想落后，这比装备技术的落后更可怕。

有剽悍善战传统且精于机械运转的德军对苏军的闪电式打击，堪称战术成功的典型，却犯下巨大的战略错误，苏联的超强动员能力显示出德国无法速胜。此时德军的230个师中有153个师投入东线，在西线为防范英国留下 49 个师，在非洲的隆美尔军团有 4 个师，后方已没有多少预备队。德国人口为 7900 万，苏联的人口为 1.9 亿，开战后两个月间苏军就动员了近 600 万青壮年入伍。此时苏军兵力超过 1000 万，虽多数素质不高，却能使抵抗力增强。

希特勒未解决英国就对苏开辟东线战场，而苏联辽阔的领土绝不可能一鼓而下，这一战略上的失算造成的致命结果，是不可能以战术成功来弥补的。

附图解说：

苏德战争初期苏军步兵标准武器配备：前右和后左一手持托加列夫半自动步枪（该枪在初期装备后未再生产），后左三为连队指挥员手持 T-33 手枪，后左二手拿波波莎 -41 冲锋枪（装 71 发弹盘），后左四端德普 1927 式轻机枪，后左五、左六和前左手持莫辛 - 纳干步枪，前面还放着一挺马克沁重机枪（后期大部被郭留诺夫 -43 式重机枪替代）。

🖊 苏德战争初期，苏军步兵标准武器配备。

列宁格勒、基辅的防御战都出现悲剧

德国进攻苏联的目标，除了夺取第一大城莫斯科，作为第二、第三大城的列宁格勒、基辅也被列为其次的进攻对象。苏联军民以超强的坚忍意志守住了波罗的海边的俄罗斯第二大城，然而在第二次世界大战的城市保卫战中，列宁格勒保卫战又堪称死亡人数最多的城市保卫战。本应放弃的基辅被不适当地坚守，结果又出现了希特勒所说的「战史上最大的合围战」，成为苏军的一场空前大灾难。

列宁格勒、基辅的防御战都出现悲剧

德军根据"巴巴罗萨"计划发起突袭后，北方集团军群冲向列宁格勒，南方集团军群则对基辅展开包围之势。苏军却以呆板的方式采取了线式防御，结果防卫基辅的西南方面军被敌包抄后路而覆没，列宁格勒遭受了长期围困。生长于列宁格勒的俄罗斯总统普京回忆道，当年他爷爷在克里姆林宫给斯大林当厨师，父亲在兵工厂工作。战争爆发后，本可免征的父亲主动报名入伍，参加突击队在陆上袭击德军时负伤。普京的父亲被送到伤兵医院后，因省下面包送给家中缺粮的儿子而饿昏，一次拄着拐杖回家时看到妻子因病饿交加昏厥而被抬上运尸车，马上拦住才救下一命。普京的哥哥却因患病不治，不久便死去了。列宁格勒、基辅这两场灾难使苏联卫国战争一时进入最危险的时刻，也给俄罗斯留下永久的教训和伤痛。

列宁格勒保卫战全景画。

德军两星期便张开包围圈，列宁格勒面临危局

波罗的海东端涅瓦河畔的列宁格勒，战前人口近300万，是仅次于

莫斯科的第二大城和第二个工业中心。这座城市始建于 18 世纪初，最初的名字为圣彼得堡。1914 年第一次世界大战爆发后俄国为了同交战的德国划清界限，将有德语印记的"堡"改为俄文的城市一词——格勒。1924 年列宁去世后，为纪念他将城市改名为列宁格勒。

1941 年 6 月之前，苏联根据击敌于境外的战略思想，对列宁格勒一直没有守城准备。开战 4 天后，苏联高层才命令市委书记日丹诺夫将列宁格勒的地下铁道工程停工，施工机械调往卢加河一线，会同 20 万城市居民一起修筑防线。

6 月 26 日，在列宁格勒北方蓄意复仇的芬兰政府对苏联宣战，接着联合进驻其北部的德国第二十集团军沿着城市北方 1000 多公里的边界线发起进攻。一年多以前苏联发起对芬兰的战争，这又使苏联在对德战争最危险的时刻尝到当初酿成的苦果。

芬兰人在本国土地上擅长防御，缺乏进攻经验，其重装备不多，在两个月内又伤亡了 7 万多人，作为一个小国无法持久作战，很快停止进攻而把不少士兵复员回乡去收割庄稼。

在北极圈地区，骄狂万分的德军官兵进入了沼泽湖泊遍地的坎坷荒野林区，马上遇到成灾的蚊虫和令人望而生畏的林海，公路两旁又时常射出狙击手的枪弹。一些德军指挥官不禁感叹，他们当初耻笑进攻芬兰的苏军无能，此刻自己也陷入差不多同样的尴尬处境。列宁格勒以北漫

战争初期的苏联红军抗击德军的场面，画中还绘有一辆被击毁的德国 2 号坦克。

长战线上不久就陷入僵持，不过德芬军也从那个方向封锁了城市。

对列宁格勒最大的威胁，来自波罗的海沿岸地区。开战后仅一周，苏军西北方面军便从占领仅一年多的立陶宛、拉脱维亚境内败退了300公里。德军悍将曼斯坦却抓住苏军混乱而无法组织新防线之机，于7月6日率部在拉脱维亚同俄罗斯交界处的苏联旧国境线上突破"斯大林防线"，而且在这条10年前苏联修筑的旧筑垒阵地上几乎未遇到抵抗。

穿过这一防线的德军发现，"斯大林防线"只是由连绵的稀稀落落的小型混凝土永备火力点构成，工事外壁的混凝土厚达两米，重型榴弹炮直射也无法击穿。不过这条防线的设计思想很陈旧，没有纵深配置。如果有部队在此据守，在现代立体攻击下也很难长期坚持。

苏军西北方面军因撤退迅速未落入合围，混乱中却有不少官兵离散，多数师的兵员只有编制的三分之一。被切断而退到波罗的海沿岸港口的部队，只是靠海军舰艇的接运并突破敌机和水雷封锁才撤到列宁格勒。

战争开始时，列宁格勒距离德国边境有700多公里，仅仅两星期后德军前锋已经推进到距这座苏联第二大城只有100多公里处，芬兰军队推进到城北仅40公里处，可怕的包围圈顿时从两面张开并有收紧之势。

德国统帅部感到马上要拿下列宁格勒，并印发了请柬："将于7月21日在圣彼得堡城内原德国大使馆右侧的阿斯托里亚饭店举行庆祝占领俄国故都的宴会。"

德国开战突击苏联的情景，画中所绘的是德军所用的捷克斯科达工厂所产LT-35轻型坦克实施突击，左后为"黄鼠狼"强击炮，右为被击毁的苏联坦克。

列宁格勒被围困，唯一的粮库又因空袭被烧

列宁格勒面临危局后，苏联方面在城内和外围临时动员起几十万人入伍，并把过去的"第一元帅"伏罗希洛夫派到列宁格勒，指挥北方、西北两个方面军（后改称列宁格勒方面军）。

7月10日当天，德军先锋抵达卢加河防线时，坦克在布满地雷和鹿砦的滩头前受阻。满怀保卫城市热情的民兵队伍大批开到河畔，同苏军一起投入防御战斗中。城中基洛夫工厂的生产线上直接开出的KV重型坦克又倚仗德国坦克炮无法射穿的装甲，成功发起了反冲击。德军在遇到阻击时后勤供应又未跟上，在卢加河畔停顿了一个月。

伏罗希洛夫是国内战争中的老将，却缺乏现代战争经验。他组织防御的方式就是建立线式防线，结果德军通过试探性攻击摸清了虚实后，就能以打入"楔子"的方式接连突破。在8月8日以后的一个月间，苏军在列宁格勒城南出现了一次次设防—被突破—再设防—再被突破的情况。

8月25日，德军切断了列宁格勒与莫斯科的主要交通线十月铁路，9月8日冲到拉多加湖边达成对列宁格勒陆地合围。那位苏军的"第一元帅"被斯大林气愤地称为"撤退专家"，后来联共（布）政治局在1942年4月1日通过的决定中又指出"伏罗希洛夫同志对委托的工作不能胜任，不善于组织列宁格勒的防卫"。

反映苏军KV-1坦克在卢加河防线向德军反击的画面，当时德军除以88毫米炮平射外缺少对付手段。

战前的"苏联第一元帅"伏罗希洛夫，保卫列宁格勒初期的失利证明他不善于指挥现代战争，随即被朱可夫接替。

列宁格勒基洛夫工厂所产苏联 KV-1 坦克在列宁格勒附近抗击德国坦克。

祸不单行，列宁格勒被围后马上出现 300 万军民要断粮的大危险。开战后政府本应将老弱妇孺疏散到内地，这样可大大减轻负担，城防领导者却担心疏散会造成人心恐慌而行动迟缓，两个多月里列宁格勒只撤出一些重要工厂及其工人，如生产 KV 坦克的基洛夫工厂多数设备迁往乌拉尔以东的车里雅宾斯克。此时城外又有难民拥入，城内总人口并未减少。

从 7 月起，列宁格勒市委一再提出增加粮食储备，苏联全国却缺少存粮。因过去农业政策的错误，战争爆发时全国仓库只有粮食 640 万吨，多数集中于乌克兰地区，战争初期或落入敌手或自己烧毁。临时筹粮已来不及，随后城内粮库又被烧毁。

★链接

巴达耶夫粮库被烧导致列宁格勒几十万人饿死

列宁格勒被围前，城内储备粮大致够军民两个月食用，领导人沿袭高度集中统一管理的模式将其大都存放在巴达耶夫粮库内。这座木质结构的大粮仓系沙俄时期所建，因当年根本没有空军而未考虑防空。德军故意选在对城市封锁完成的 9 月 8 日当天对粮库实施空袭，在夜间向巴达耶夫粮库投掷密集的燃烧弹。苏军以几百门高炮对空射击，在暗夜中却很难命中，燃烧弹在粮库引起冲天大火。2500 吨食糖在烈火高温中熔化渗入地下，以致在后来饥饿时有些人出高价购买巴达耶夫粮库周围的土熬水喝。

9 月 9 日，列宁格勒苏维埃用绝密电码向上报告："被围困的列宁格勒只剩下六七天的存粮……"（事后普查还够用一个月）。粮库存粮被烧当天晚间，斯大林将预备队方面军司令员朱可夫召到克里姆林宫。战后朱可夫对苏联作家西蒙诺夫回忆，斯大林当时说了一句话，在《回忆与思考》这本书发表时因政治考虑而被删掉——"列宁格勒的形势是灾难性的。"

　　朱可夫马上
说："那里的事情
还不至于那样没
指望。"

　　斯大林听到
这话，马上提笔给
伏罗希洛夫写了一
张便条："请把方
面军交给朱可夫指
挥，并乘原机返回
莫斯科。"

　　此时，斯大林希望朱可夫能挽救列宁格勒，事实证明他还真没有看错人。

苏联的错误决策让德军的基辅包围战得逞

　　列宁格勒危急时，德军暂时面向莫斯科方向取守势，将主攻矛头指向乌克兰首府基辅。尽管古德里安等将
领要求直取苏联首都，希特勒却认为必须先消除右翼威胁。此时由南方总司令、骑兵英雄布琼尼指挥下的近70万人的苏联西南方面军，是苏军战斗力最强的部队，两个月内挡住德国南方集团军群对基辅的正面进攻。德国南方集团军群司令龙德施泰特元帅是以谨慎著称的老元帅，他发出的命令也强调："要想进攻莫斯科，必须先击败布琼尼！"

　　坐落于宽约600米的第聂伯河畔的基辅，是斯拉夫民族最早建立的基辅罗斯大公国的首都，被称为"俄罗斯城市

之母"。从7月下旬至8月上旬，基辅市内军民投入了城市保卫战，由于原有部队不足，苏军将两个宝贵的空降军也当作步兵投入了战斗。德军看见头戴飞行帽的对方士兵冲来，开始还兴奋地喊道：

"哈！俄国人已经没有部队了，他们把飞行员都拿来冲锋了！"

经苏军顽强防御，德军正面进攻基辅受阻，朱可夫却看到西南方面军有两翼被合围的危险，于7月29日建议将部队撤过第聂伯河，但是因为这项计划会放弃基辅而没有被采纳。他本人也因为坚持这一计划而被解除了他总参谋长的职务，转任预备队方面军司令员。

在朱可夫被解职之后，前一年因身体不能坚持工作而离职的沙波什尼科夫元帅被召回，重新任总参谋长。在沙俄时就是上校、战前长期任苏军总参谋长的沙波什尼科夫了解情况后，私下也认为基辅应放弃，但是却依然执行了错误的命令。

8月3日，德军在基辅南面合围了苏军第六、第十二集团军，经一周战斗后将这支有18个师的苏军全歼，宣称抓住了10.3万名俘虏，包括两个集团军的司令员。接着，德军于8月中旬进抵第聂伯河右岸，苏军西南方面军据守的阵地已经形成一个以基辅为尖端、直线长550公里的几乎等边的三角地带，这对擅长包围的德军将帅无疑会形成吸引力。

希特勒命令手下两员最凶悍的坦克集群司令——古德里安上将和冯·克莱斯特元帅分别率领装甲大军从这个三角地带的根部对向突击，收拢铁钳以实施合围。

1942年苏联画家所绘的油画《叶廖缅科上将》，苏军几位元帅却认为此人言过其实。

8月下旬，古德里安率德国第二坦克集群开始南下。当时苏军在这一方向组建了布良斯克方面军，其司令员是叶廖缅科中将，战时任总参谋长时间最长的华西列夫斯基元帅在回忆录中公开称他"溜须拍马的功夫很深"。这个新任司令员一度保证："在最近几天将有绝对把握粉碎古德里安！"

但朱可夫和沙波什尼科夫都不相信叶廖缅科的话，认为他在吹牛，不久叶廖缅科刚上任指挥布良斯克方面军，就被炸负伤送后方医院，也免除了被追究的责任。后来斯大林还让他担任斯大林格勒方面军司令员，同政委赫鲁晓夫一同守城。

9月上旬，古德里安的坦克集群如狂涛般突破了布良斯克方面军的防线，快速南下200多公里。克莱斯特元帅指挥的第一坦克集群则向第聂伯河登陆场集结准备北上，明显要将合围苏军的铁钳合拢。

西南方面军司令员基尔波诺斯上将看到两翼的危险，于9月11日同领导集体一起向莫斯科大本营提议撤退，布琼尼元帅也建议放弃基辅。

此时，苏联方面已经没有足够的军队来守卫基辅，只向西南方面军调去一个步兵师和一个骑兵军（编制仅1万多人），真是杯水车薪。1941年9月13日，南北对进的德军相距已不过40公里，布琼尼再次发电要求放弃

辅，并不客气地说若不撤退，"统帅部就要对成百万人的死亡负责"。随后这位国内战争的骑兵老将被铁木辛哥接替了南方总司令的职位。

9月14日下午，在基辅后方200多公里处的一条小河旁，用白漆涂着代表古德里安名字第一个字母"G"的德军坦克看见对面尘土飞起，经仔细辨认看清了由南开来的坦克上涂有代表克莱斯特的字母"K"，德军第一、第二坦克集群在此会合，封闭了基辅合围圈。苏军西南方面军司令部及第四个集团军的全部、2个集团军的一部共52万人陷入了包围。

落入基辅包围圈中的苏军，3天时间内还待在原地，对新任南方总司令铁木辛哥派人传达的突围命令不敢执行。直至9月17日晚间，苏联方面才相信西南方面军的形势不可挽回，由总参谋长下了突围的命令。

西南方面军此时如组织有力，还有突围成功的希望。可惜的是，苏军战前没有反合围作战训练，被合围的几十万大军很快陷入指挥大多中断的混乱。9月18日开始突围时，公路上到处是拥挤的车辆和军民混杂的人群，方面军司令部只能指挥机关的3000人。天亮后司令部电台被炸毁，与下属5个集团军的联系全都中断。9月20日拂晓，西南方面军司令部纵队被德军拦截，军官们用轻武器与敌军搏斗，司令员基尔波诺斯上将等主要将领阵亡。

9月19日，守卫基辅的第三十七集团军放弃城市，向第聂伯河以

东突围。司令员弗拉索夫（后来最有名的叛徒）丢掉部队，化装跑回后方。突围的官兵和随军行动的民工、家属到处乱跑，许多汽车和装备自行点燃或炸毁。第二十六集团军司令员科斯坚科中将是骑兵老战士，他下令烧毁车辆，与骑兵集群一起乘马突围，率4000人突出了包围。

陷在包围圈内的几十万苏军下级军官和士兵，多数在混乱和茫然中失去了抵抗意志而当了俘虏。9月25日，基辅以东长达200公里的战场上基本平静。两天后德国

驾驶"宝马"牌摩托的德军摩托兵成为突击先锋。

苏联反映基辅之战的著名油画《来日方长——1941年9月19日放弃基辅》。

统帅部发布新闻称"歼灭了苏联5个集团军"，希特勒还宣布这是"战史上最大规模的合围战"。

★链接

基辅会战中苏德双方各损失了多少军人？

德军在基辅会战后宣布"俘敌66.5万人"，西方国家便通常引用德国战报。苏联解体前夕解密的档案证明，西南方面军的总人数在9月初有67万人，至9月底已有15万人在包围圈外。加上后来有一些人零散突围，最后的统计是包围圈中共有45.2万人未能撤出，这些失踪人员中有35万人以上成为俘虏。德军宣布的俘虏数，可能是把俘获的大批民工和战地青壮年也包括在内。

如果统计从7月至9月的基辅保卫战期间的总损失，苏军共有61.6万人阵亡和失踪，8.4万人负伤后撤。据德国的档案材料证实，德军在基辅会战中伤亡约10万人。

苏联不少将领和史学家称基辅会战是卫国战争中最大的一场悲剧，是仅有的一次损失了整个方面军的败绩。德国方面却对此战产生了争论，一些原德军将领和联邦德国史学家认为，此役使德军进攻莫斯科推迟了一个多月而遇到可怕的冬季——基辅虽然被攻占了，莫斯科却永远无法到达！

苏联将领的态度是，这种说法是德国把进攻莫斯科失败推给气候原因的遁词。朱可夫就认为，如果德军先集中力量进攻莫斯科，其中央集团军群几百公里的右翼将暴露在苏军西南方面军的打击下，先攻基辅是法西斯统帅部高明的一着。

苏军进行基辅保卫战有两个主要目的：一是维护国内外影响，二是掩护苏联最大的重工业基地顿巴斯。结果苏联丧失了基辅，西南方面军的覆没又使保卫顿巴斯的计划被迫放弃。若西南方面军保全主力并在基辅以东抵抗，肯定可以阻止敌人前进到顿巴斯。

在基辅合围战中，希特勒所采纳的古德里安的装甲战理论又一次显示了威力，说明"大纵深作战"是机械化战争中最有效的攻击形式。苏军最早的五元帅之一屠哈切夫斯基曾很早提出这一概念，但是因为种种原因没有贯彻到一线作战部队。苏联领导人又不能正确对待保守地方和

基辅会战结束后，德军俘虏大批苏军的照片。

基辅北边的"死亡谷",德国在此残杀10万人,包括犹太人、战俘和怀疑为敌对分子者。

保存有生力量的关系,落得个"保地失人,人地皆失"的结果。

朱可夫作为"救火队员",组织列宁格勒守城成功

1941年9月9日,朱可夫飞抵前一天被完全封锁的列宁格勒。下飞机后,他直奔方面军司令部所在地斯莫尔尼宫,发现里面正在讨论如何在市内重要目标埋雷,并彻底炸毁波罗的海舰队的军舰!

朱可夫立即拿出斯大林的便条说:"我是方面军司令员,我禁止你们这样做。第一,请你们排雷,以免军舰被炸毁。第二,把军舰调到离城市较近的地方,使之能用全部舰炮射击。"

这位方面军新司令员上任时,德军已进抵距离列宁格勒城南6公里处。朱可夫马上口授了0064号命令,战争的残酷也使这道命令显得严酷:"在没有接到方面军和集团军军事委员会书面命令的情况下放弃指定地区的一切指挥员、政工人员和战士立即枪决。"

朱可夫通过了解前一段战况,认为失利的重要原因是处处兼顾、平分兵力,为此改变了兵力部署。朱可夫从防御芬兰方向比较平静的第二十三集团军抽调兵力,又把水兵、防空部队和内务部队编成新的师、旅,组成机动预备队,防御力量迅速得到增强。

根据朱可夫的要求,波罗的海舰队的两艘战列舰都驶往近岸,用

305 毫米口径巨炮猛轰前沿德军。据观察人员报告，进入巨炮射程内的
德军部队大都很快撤到射程之外。当时德军集中 20 个师兵力持续对城
南猛攻半个月，不仅没有进展，还遭受苏军反击后撤了几公里。9 月下
旬，德国北方集团军群又奉命派第四坦克集群南下进攻莫斯科，希特勒
便在 9 月 22 日下令："决定用封锁和不停的空袭和炮击将列宁格勒夷为
平地，投降的要求将予以拒绝。"

　　这道充满种族灭绝特色的可怕命令，决定了列宁格勒人只剩下一条
路就是死守到底。

　　朱可夫于 10 月 7 日飞回莫斯科后，城市又面临断粮和寒冷威胁。
此时列宁格勒与内地唯一的联系就是通过拉多加湖的水运和极有限的空
运。列宁格勒市委为尽量多维持一点时间，在 11 月 20 日之前的一个月
内对居民的定量连续五次进行削减，最后的标准是工作人员每天 250 克
面包，其余的人一律 125 克！市委书记日丹诺夫听到这个标准后只说了

1941 年 9 月，德军
飞机在列宁格勒附近
海岸猛烈轰炸苏联波
罗的海舰队的战列舰。

扎果洛琴·米京于
1942 年创作的这幅
油画，表现了列宁格
勒涅瓦河上的苏联军
舰以火力支援守城。

油画《列宁格勒妇女》
表现了被围期间苏联
人民的艰苦生活。城
内冬天没有煤炭供
应，只能到户外拖木
头烧火。

苏联著名油画《列宁格勒围困战》。

一句："这对许多人来说，只意味着死亡！"

★ 链接

列宁格勒的"饥饿之冬"死去多少人？

从 1941 年 11 月中旬起的两个月，列宁格勒变成可怕的"死亡之城"。煤炭供应断绝，在零下 30℃ 的天气里居民挤在没有灯光、没有供暖的房屋里，靠烧院内木栅栏或自家的家具烤火。他们除了排队领食品外都尽量减少走动，很多居民整户死光后全都冻僵在屋里。有的家死了人许多天，家属还把冰冷的尸体留在室内，以其名义继续领食品券挽救活人。还有一些坏人被称为"像狼一样"，专偷别家的食品券，这等于偷人的命。

苏联通过拉多加湖向列宁格勒运输物资并运出居民的画面。

在那个终日近乎北极长夜的城市里，街上行人大都像幽灵似的顺着房子边移动，不时有人滑倒下去就再也爬不起来。春天雪化前市委为防瘟疫组织全城清除尸体，冻僵的死难者被送到城郊一个墓场集中埋葬，据统计里面有 47 万人长眠。

为挽救列宁格勒，苏军从 9 月下旬起直至 1942 年初以列宁格勒、沃尔霍夫这两个方面军东西对进，发动了一系列解围战斗，却始终无法突破德军纵深仅 10 公里的最后封锁线。

1941 年 12 月上旬，拉多加湖完全封冻，苏军在冰面上开辟了著名的"生命之路"。湖冰上裂缝众多，车轮很容易陷入，加上受德军火力截击，运输时汽车损失很大，苏军却摸索出提高运量的经验。12 月 24 日，在市内居民只剩两天供应量的千钧一发关头，冰上汽车队完成了保障市民最低标准的运输。12 月 25 日当天，列宁格勒市委宣布给每人提高配给量 50 克至 100 克，这马上给人们带来了希望。

苏军通过冰上"生命之路"，向列宁格勒运来 36 万吨物资，还把 50 万饥饿的非生产急需人员疏散出去。至 1942 年春天，除了方面军 40 余万人的部队外，市内只剩下 60 多万居民，供求关系达到了基本平衡。

除了饥寒牺牲者外，两年多持续的轰炸炮击也造成了几万居民死亡。当时在城南一些敌炮射程之内的街区，人们往往没听到任何警报，就被突然袭来的炮弹夺去生命。

1942 年 4 月，拉多加湖解冻，列宁格勒以水路保障了供应。希特勒看到封锁无法扼杀这座城市，德国的第十六、第十八集团军 30 多个师还被牵制在城下，又想发起攻城。7 月上旬德军第十一集团军在曼斯坦因指挥下攻下黑海边的塞瓦斯托波尔，希特勒马上将这个下辖 11 个师的集团军调到列宁格勒城下。8 月 22 日，苏军两个方面军抢先发起解围攻势，经一个月激战虽未获进展，却使德军消耗很大，被迫取消对列宁格勒的进攻计划。

这幅苏联的著名油画表现的是 1942 年被围困的列宁格勒仍举行音乐会。

苏军在斯大林格勒反攻后，德国第十一集团军调往南线。1943年1月初，朱可夫再度飞入围城，协调列宁格勒方面军和沃尔霍夫方面军发起东西对进攻击，经10天激战于1月18日城市封锁解除。

此次解围战中，苏军只打通一条沿拉多加湖的狭窄通道，德军前沿距列宁格勒市区仍只有20公里。直至1944年1月，苏军才彻底将城下的德军打退，为时900天的保卫战到此结束。在列宁格勒保卫战中，苏联统计的死亡数字达64万人，若加上其他未列入统计的死者，估计牺牲80万人以上。后人评说这场空前悲壮的守城战，当然要谴责纳粹德军围城时的残暴毒辣，另外也要看到苏联统帅部和守城领导决策失误的教训。

英国的《旗帜晚报》曾这样称颂："列宁格勒的抵抗乃是人类在经受不可思议的考验中取得辉煌胜利的一个榜样。在世界历史上也许再也不能找到某种类似列宁格勒的抵抗。"战后几十年间，苏联和俄罗斯人一看到胸前佩戴"保卫列宁格勒"纪念章的人，都会油然而生敬意，这意味着他是从死亡线上挺过来的。众多死亡乃至尸山堆积，都不能改变防卫者的意志，俄罗斯民族的坚韧性正是在列宁格勒保卫战中得到最充分的体现。

✏ 2015年胜利日莫斯科20万人"不朽军团"游行中，走在第一排的普京手中举的是自己父亲身穿海军服的照片。

成为『港口舰队』的苏联红海军

苏德战争的陆战规模之大也为世界之最，海战却很少且都属零星交锋。从地理条件看，苏德两国海军交锋的波罗的海、黑海都属封闭的内海，双方舰艇都不便展开，德国海军主要用于对英美作战，没有在东线投入多少力量。战时苏联海军作战指导思想又是保卫主要港口，结果让本应在海战中发挥威力的舰只成了海岸边的浮动炮台，这种对制海权的消极态度，虽保存了大舰却在战争后期失去了很多歼敌机会。

成为"港口舰队"的苏联红海军

研究第二次世界大战战史的人，对苏联海军的评价都不高，因为它在战争中都未作为战略力量使用，只是作为陆军的帮手。苏联特定的地理条件使其舰队被隔在相隔甚远的四个海域，战争初期又丧失大批军港，舰艇和水兵大都用于保卫剩下的列宁格勒、塞瓦斯托波尔等港口。德国起初想以陆军、空军消灭苏联海军，到战争后期却较多地利用舰艇支援岸上作战，因对手未积极出击倒是维持了海运，苏军一直未能击沉过任何德军大中型军舰。

苏联海军建设计划过大，开战时新建大舰都成废品

俄罗斯虽原是内陆国家却也长期重视海军，17世纪末彼得大帝打通波罗的海出海口时建立了海军，后来多位沙皇都力求使俄国成为海上强国。不过由于科技落后和指导思想等原因，俄国海军只是在对瑞典、土耳其作战中有过胜仗，在克里木战争和日俄战争中都遭受到灾难性惨败，在一次大战中又退守港口，水兵值得宣扬的战绩多是拿着步枪保卫要塞。

德国海军比俄国起步更晚，发展却很快，实力在第一次世界大战前仅次于英国。1918年德国战败投降后，只允许保留10万吨军舰，1933年希特勒上台后重振军备又以陆军、空军为重点，海军投入不足，设想开战后主要以战列舰、潜艇破坏英国的海运，没有以苏联为主要对手，因为他认为占领了陆地港口就可以消灭东线的海上对手。

近现代海军舰艇是一个国家金钱和工业科技的堆积，沙俄海军的建设就因科技落后而逊于其他列强。苏维埃政权之初国家一片残破，在20世纪20年代只能修缮沙俄留下的旧舰维持海军，再吸收德国技术建造些小艇和潜艇。苏联海军主力舰，还只有沙俄留下的4艘2.3万吨标准排水量的"甘古特"级战列舰，而且要将其中1艘的零件拆掉维修另外3艘。

苏联战时的 3 艘战列舰之一 "十月革命" 号，是沙俄时建造的 "甘古特" 级。它在保卫列宁格勒时多次被炸伤。

随着苏联工业化的发展，海军在 1936 年提出了一个建设大规划，斯大林马上批准并加码，要求建成世界上吨位最大、排水量达 5.9 万吨的 "苏维埃" 级战列舰，第一批就要建成 3 艘。此时苏联刚在建造最大排水量仅过 9000 吨的 "基洛夫" 级巡洋舰，其汽轮机还靠从意大利进口，缺乏造大舰的众多基本条件。斯大林为此向一向重利轻义的法西斯意大利购买了建舰资料，还请来专家帮助设计，同时又向美国罗斯福总统提出愿出 1 亿美元购买一艘美国战列舰（这是当时两艘战列舰的价格），又向英国订购舰用发动机，结果都未能如愿。

尽管大舰所用钢材、动力系统、舰载侦察机和雷达等诸多问题都未解决，苏联依然在 1938 年开始建造大舰队，3 艘战列舰、2 艘重巡洋舰和 10 艘轻巡洋舰在船台上开始铺设龙骨。一款世界上吨位最大的航空母舰也设计出来，排水量预计为 7.4 万吨，上面还要配备 9 门 406 毫米口径的舰炮，是战列舰与航母混合体，这种不伦不类的舰只因通不过论证难以开工。此外，开战前升任海军总司令的库兹涅佐夫表示，一时造这么多大舰也没有足够的经费，得到的回答却是 "就是一戈比一戈比攒

苏联战前开工的 5.9 万吨排水量的战列舰 "苏维埃" 级的侧图，结果 3 艘都未建成。

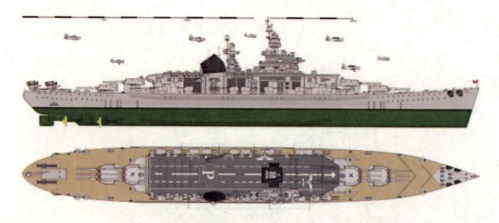

苏联 7.4 万吨级航空母舰设计图，上有飞行甲板，前后还有三联 406 毫米主炮。

也要造"。

这种好大喜功的造舰计划开始后，很快陷入困境，在列宁格勒、尼古拉耶夫和北冰洋畔的北德文斯克开建的 3 艘战列舰在两年间仅造好舰壳，就感到许多技术问题解决不了而停顿。开战后其中一艘落入德军之手，另两艘停在船坞中无法完工，战后因再造无意义而拆毁。

1939 年秋欧洲大战开始，德国海军自身严重缺乏大型战舰，却将一艘排水量 1.4 万吨、名为"吕措夫"号的半成品重型巡洋舰卖给苏联，并愿提供设备以完成建造。苏联方面认为这既能得到新型战舰，又能学到新技术。不过直至战争结束这艘舰仍停在船坞里不能完工，战后因其性能早已落后只好拆毁当成废钢铁回炉。

★链接

希特勒为何愿意售给苏联巡洋舰？

对希特勒这个潜在敌人愿意卖给苏联一条先进的重巡洋舰的"慷慨"之举，苏联一些领导干部也感到奇怪。1940 年初，这艘重巡洋舰拖往列宁格勒进行最后组装施工，德国专家组起初表现积极，到秋季之后便开始拖延，供货又总不到位。进入 6 月上旬之后，德国专家组借口"休假"回国，6 月 22 日"闪电战"便爆发。苏联高层领导人这时才明白了希特勒的用意，原来他

1940 年苏联从纳粹德国购买的"吕措夫号"重巡洋舰未成舰体被拖往列宁格勒的照片，可看出舰桥部分都未建好。该舰同"欧根亲王"属同级舰。

算好了时间——要在"吕措夫"号造好前就消灭苏联，这艘大舰仍然是他的。

　　战后苏联有些将领和史学研究者感叹，战前若是量力而行多造些中小型舰艇，战争爆发前还能服役，海军参战的力量就大不相同。当时造一艘战列舰的费用又能装备10个步兵师，大舰计划未完成浪费了不少军费，还使海军在开战前又正好处在一种"高不成，低不就"的状态，即大舰未造好，建造中小舰只又投入不够。

　　卫国战争前，苏联在潜艇数量上发展却很快，总数超过了200艘，居于世界第一位。不过这种水下兵器的性能还停留在德国专家在20世纪20年代提供的水平上，作战效能很差。

　　战前苏联海军最严重的问题，又在于官兵的作战经验和训练水平一直不高。1937年至1938年的"大清洗"，造成两任海军司令和大多数舰长被捕遇害，新委任的指挥官普遍不能胜任。培养舰艇指挥操作人才又是周期非常长的任务，短时期内难以完成。

　　从总体上，苏军海军在战前的规模还不算小，有将近600艘战舰，包括3艘旧式战列舰、7艘巡洋舰、59艘驱逐舰、218艘潜艇、269艘鱼雷艇和2500多架飞机，实力在美、英、日、法、德、意之后居世界第7位。纳粹德国的海军技术水平要高于苏联，吨位和数量并不占优势，不过他们在东线主要想依靠陆军和空军来消灭海上对手。

✎ 表现斯大林同海军总司令库兹涅佐夫（左）、空军总司令诺维科夫在一起的画像。

陷入危境后苏军舰队以火炮支援陆上主卫

　　1941年6月德国对苏开战时，海军在那个灾难日内却没有损失一艘舰艇。时任海军总司令库兹涅佐夫上将有着很高的警惕性和主动性，战前几天便下令备战。6月22日凌晨3时，德国飞机突袭塞瓦斯托波尔港时，黑海舰队马上对空射击，打响了苏军卫国战争的第一炮。

　　此时苏联海军三个舰队中最大的舰队，是波罗的海舰队，拥有2艘战列舰、2艘巡洋舰、21艘驱逐舰和 69 艘潜艇，多数驻在刚并入苏联的立陶宛和爱沙尼亚的港中。开战后，德国陆军以"闪击"之势逼近，苏军急于搬迁基地，仓库中许多宝贵的鱼雷和器材因无法运走都只好炸毁。7 月至 8 月间，波罗的海舰队退到最后的基地列宁格勒及其旁边的喀琅施塔得，途中遇空袭和水雷损失舰只不少，但保留了主力舰只。不过从战略态势看，苏联最大的舰队和多数舰艇已经退到一个"死胡同"的顶部，德军在 9 月初已包围了列宁格勒并冲到郊区，希特勒认为马上就能对苏联的舰艇来个瓮中捉鳖。

波罗的海舰队在此危急时刻，曾在各舰装上炸药准备自爆，其原因之一还是英国首相丘吉尔担心这一舰队落入德国之手，向苏联提议最好凿沉这支舰队，英国在战后可给予适当补偿。此刻就任列宁格勒方面军司令员的朱可夫感到花费大量财力建立的海军不战自沉太可惜，马上说："怎么能想象在军舰上布雷呢？军舰可能被毁，然而只应该在战斗中被击毁。"

根据朱可夫的命令，军舰立即排雷，有 40 个弹药基数储备的舰队马上参加城市防卫战，各艘战列舰、巡洋舰在列宁格勒保卫战中担当了海岸浮动炮台的角色。

★链接

卫国战争时苏联的战列舰性能数据

战列舰"甘古特"级（3 艘，1909 年至 1914 年建造），20 世纪 30 年代中期改装。

标准排水量 2.34 万吨

满载排水量 2.58 万吨

舰长 184.5 米、宽 32.5 米、吃水 9.6 米

最大航速 23.5 节

装甲：侧面 50-75 毫米，甲板 20 毫米，炮塔 75 毫米

舰载武器：12 门 305 毫米炮，16 门 120 毫米炮，6 门 76.2 毫米炮

舰员 1546 人

波罗的海舰队的战列舰"马拉"号、"十月革命"号都是沙俄时造的"甘古特"级，虽舰体老迈却火力强劲。两艘都驶近岸边，用舰上的305 毫米口径巨炮猛轰逼近列宁格勒的敌军。每枚重 400 公斤的炮弹落

下后，都能造成100多米的杀伤半径，给德军以强烈震慑并振奋了苏军的士气。

德军马上将苏军两艘战列舰视为大患，标定为轰炸和炮击的重点。9月21日，德国空军以俯攻轰炸机投弹命中了"马拉"号，使其一度搁浅。"十月革命"号连连中炮后，又被J-87俯冲轰炸机投下的几枚炸弹命中，驶入列宁格勒船厂修理后又连遭轰炸，在1942年4月又中了4枚炸弹。进至1944年秋天，这艘恢复了沙俄时"甘古特"号旧舰名的战列舰才修好出海，却已没有机会再参加作战。

在保卫敖德萨和克里米亚的战斗中，苏联大型战舰作为浮动炮台支援守军，德国飞机又是其最大威胁。

★链接

德国空军王牌鲁德尔击沉了"马拉"号战列舰吗？

"马拉"号战列舰，在沙俄时的旧名为"彼得罗巴甫洛夫斯克"号。1941年9月21日，"马拉"号被德国传奇轰炸机飞行员鲁德尔低空投下的一枚800公斤炸弹命中弹药库引发爆炸，西方不少战史书长期沿用德国说法称其沉没（甚至说"炸成两截"）。苏联的战史却证明，"马拉"号因舰桥和锅炉被毁在岸边搁浅，却并未沉没。苏军看到舰上9门巨炮还完好，只对该舰进行了堵漏和简单维修，未修复动力系统便由拖轮牵引在岸边巡弋，成了"战列浮动炮台"。

1944年苏军在粉碎列宁格勒城下德军以及向芬兰发动攻势时，这艘恢复了旧俄"彼得罗巴甫洛夫斯克"号舰名的老舰被拖到海面，以巨炮支援地面进攻。战后该舰改名"沃尔霍夫"号作为训练舰，1955年才被拆解。

苏联红海军的名舰"马拉"号照片，该舰于1941年9月在轰炸中受重创，修理后坚持用巨炮作战到战争结束。

波罗的海舰队仓促撤退时，以潜艇对德国沿海的舰船实施了一些出击作战。不过波罗的海非常

苏联海军潜艇出航时的画面，德军空袭是其最大危险。

狭窄，水又比较浅，很不利于潜艇作战。该舰队的潜艇在 1941 年内的战绩只是击沉了德国一艘"贝特兰"号运输船，自身却因遭击沉和自沉损失了 25 艘。这种糟糕的战绩，说明苏联潜艇武器装备、水声设备、电子设备以及动力装置上都存在弱项，官兵技术水平也差。1942 年上半年，苏军潜艇提高了出动率，击沉了十几艘德国、荷兰的船只，德、芬两国随后在芬兰湾的狭窄处建成一道百公里长的防潜网，将苏联潜艇堵在列宁格勒附近的海域难以西驶。

黑海舰队担负海上运输以保卫要塞

卫国战争期间苏联海军的第二大舰队为黑海舰队，开战时拥有 1 艘战列舰（"巴黎公社"号）、4 艘巡洋舰、10 艘驱逐舰、1 艘驱逐领舰、29 艘潜艇。这个舰队的活动范围同样是在一个封闭的海域内，却没有遇到强大的海上对手，最大的威胁是来自德军的空袭。

德军实施"闪击战"后，黑海边的尼古拉耶夫造船基地（系苏联第二大造船基地）于 1941 年 8 月间被攻占，船坞中还未竣工的 1 艘战列舰、1 艘重巡洋舰和 8 艘驱逐舰无法驶离，也难以拖走，只好在重要部位装上炸药自毁。黑海舰队主力撤到新罗西斯克，主要任务是调动战舰支援陆军保卫敖德萨和塞瓦斯托波尔港口。

黑海边的重要港口敖德萨在陆路被切断后，由黑海舰队担负起海上运输任务，顽强坚守了 70 天。10 月中旬因克里米亚半岛危急，黑海舰队又把 6 万守军从敖德萨成功撤运到塞瓦斯托波尔，成为坚守 8 个多月的骨干力量。

此时德国在黑海没有多少舰只，便将意大利海军一些小型鱼雷艇和快艇调来，并以飞机不断轰炸黑海舰队。苏联黑海舰队因缺乏空中掩护，不少舰艇被炸沉炸伤。舰队内唯一的战列舰"巴黎公社"号在 1942 年初中了几枚小炸弹后，随后就开到靠近土耳其的黑海南端的波堤，虽躲过轰炸却也未能再发挥作用，对塞瓦斯托波尔守军海上供应线的基本中断也导致要塞失守。

1942 年 9 月，黑海舰队最后一个主要军港新罗西斯克陷落，舰队退往缺乏维护设备的南部小港波堤。1943 年 10 月苏军夺回新罗西斯克，并向克里米亚半岛反攻，黑海舰队又奉命担负火力掩护和运送部队登陆。10 月 6 日凌晨，3 艘奉命向雅尔塔实施炮击的驱逐舰因受德军鱼雷艇袭击而延误了返航时间，天亮后遭德机轰炸而沉没。海军总司令库兹涅佐夫遭到了严厉斥责，结果此后苏联海军只是以潜艇、飞机攻击敌舰船。

1944 年 4 月中旬到 5 月初，德、罗军从克里米亚半岛乘船后撤，黑海舰队只以潜艇、飞机拦截，约有逃敌 2 万人溺死海中。后来军事评论家指出，此时德国在克里米亚已没有多少空中力量，潜艇数量也很少，黑海舰队的大舰若出动即有可能全歼逃敌。此时苏联仍不愿动用大型军舰，表现出同日俄战争和第一次世界大战中的俄国统帅一样的作战思维，即力求保舰（尤其是大型舰只）而不是争夺制海权。从深层次看，俄罗斯民族的内陆习性往往沿用到海上，其海军往往只为保全海口而不是积极投入争夺制海权的战斗。

战争结束前苏军潜艇创造了一项纪录

　　1944年9月，德军从波罗的海沿岸败退，芬兰与苏联媾和并将自己的港口供红海军使用，并拆除了防潜网。此时波罗的海舰队以所剩不多的完好潜艇终于向西出击，袭击德国东部沿海的运输舰船。

德国"欧根亲王"号重巡洋舰在1944年冬季主要以舰炮火力支援岸上作战。

　　此时苏军已有空中优势，水面舰只却未能积极出击，一方面是顾虑海域狭小，大舰可能会触雷或遭受德国潜艇攻击，另一方面是因陆战中消耗了许多熟练水手，导致舰员缺乏。德军此时还保留了许多舰艇操作骨干，在1944年秋天至1945年春将剩余的"欧根亲王"号重巡洋舰等大型舰只调到波罗的海边，以舰炮支援陆军。苏军主要以飞机和火炮向其攻击，曾击伤过"欧根亲王"号。

　　苏军在战争末期切断了库尔兰和东普鲁士的德军，德国军民从那里向后方撤退就只有依靠海运。苏联除了以飞机对其进行轰炸外，又以潜艇进行拦截。1945年1月30日，苏军C-13号潜艇击沉德国2.4万吨的潜艇训练舰"古斯塔夫"号，创造了二战史上也是世界海战史上单船死亡人数的最高纪录。

　　C-13是苏联二战前夕设计并大量建造的C级中型潜艇，艇长78

米，水上排水量 780 吨，有
6 个 533 毫米鱼雷发射管。
与同时代其他国家的潜艇相
比性能属中下等水平。在波
罗的海狭窄的水域中，苏
军难以实施德军在大西洋的
"狼群"潜艇攻击，只实施单
艇袭击。艇长亚历山大少校
指挥 C-13 号潜艇沿着海岸
线航行，在波兰格丁尼亚港

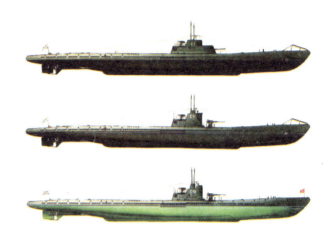

苏联的 C 级潜艇，主
要借鉴德国 20 世纪
20 年代的技术建造，
卫国战争时已落后。

（当时已并入德国的但泽市）外发现了一艘准备利用夜暗返回德国基尔
港的大型船，马上发射鱼雷将其击中。

　　"古斯塔夫"号原本是标准载员 1800 人的邮船，开战后即被德军征
用，成为德国海军的训练舰。从当时登记情况看，这艘轮船上竟然搭载
了 10582 人，超载达 5 倍，船沉时只有 1239 人脱险。

表现苏军潜艇击沉
"古斯塔夫"号的油
画，此举创造了海难
死亡人数的最高纪录。

★链接

第二次世界大战中死亡人数最多的沉船统计

第一，1945 年 1 月 30 日，德国潜艇训练船"古斯塔夫"号被苏联

潜艇击沉，死亡9343人。

第二，1945年4月16日，德国客轮"哥雅"号被苏联潜艇击沉，死亡约7000人。

第三，1944年9月18日，日本客轮"隼鹰丸"在苏门答腊外海被英国潜艇击沉，死亡5620人。

第四，1941年11月7日，苏联运输船"亚美尼亚"号被德国鱼雷机击沉，死亡5500多人。

第五，1945年5月3日，德国客轮"开普艾柯纳"号被英国皇家空军用炸弹击沉，死亡约5000人。

还有未列入排名的一个沉船惨案，是1938年日本战机击沉一艘从武汉上溯撤退的轮船，有几千人遇难，不过详细数字未统计清。

描绘德国难民登上"古斯塔夫"号的油画，其实这是一条军用舰。

战后一段时间内，苏联和英美等国出于种种原因很少提起这次击沉德船。一些德国人后来炒作此事，认为死难者中绝大多数是妇女和儿

童，苏联人犯下了滥杀无辜的"罪行"。2002年，随着德国诺贝尔文学奖获得者格拉斯以该事件为背景的小说《蟹行》广为流传，这次大海难更在世界上出名，不过其用意是丑化苏联。

苏联和后来俄罗斯的一些学者对此指出，开战后波罗的海为战区，德国战舰对海面上的任何敌国目标都开火射击，苏军理所当然地可以攻击海上任何德国船只。何况"古斯塔夫"号并非民船而是德军训练船，上面还载有1000多名军人（多数还是训练好的潜艇艇员）。

苏联潜艇虽创造过击沉舰只后死亡数的最高和第二位纪录，总体战绩却不佳。战时苏军损失了80艘潜水艇，只击沉了33艘小型军舰（护卫舰8艘、潜艇2艘）和157艘运输船，总吨位46万吨，其作战效益是二战中各海军大国中比较低的。

德国海军在对苏作战时，鉴于战区狭窄和苏方出航舰船少，也很少

使用己方潜艇。德军为截断盟国援助苏联的北方航线，曾先后出动过几十艘潜艇进入北冰洋，在重点攻击英美舰只时也打击苏联船。据苏联称只击沉过在那里活动的 2 艘德国潜艇。不过苏方在此活动的舰船不多，德国潜艇的战果也有限。

战时苏联珍惜大舰，对造价低廉的鱼雷快艇却经常使用，经常协同猎潜艇、炮艇与德军小型舰艇战斗，并执行突袭德军港口、侦察和秘密运送突击队等任务。1941 年 9 月 27 日，波罗的海舰队的 4 艘鱼雷艇袭击德军舰船时，以齐射鱼雷击沉由商船改装的辅助巡洋舰 1 艘、驱逐舰 2 艘，还重创驱逐舰 1 艘。战争后期苏联得到美国援助的一批鱼雷艇，在波罗的海出击次数更多。据苏联统计，其鱼雷艇共击沉德军舰船约 100 艘，却主要是小型舰船。

战时苏联曾争取到美国、英国的租借物资，其中舰船援助却很少，因为海上强国美英不愿培植一个战后的新对手。1943 年 9 月意大利投降时，苏联根据此前同英美已经达成的协议，要求投降国舰艇应由三国平分，而且盯上了新型的"维内托"级战列舰。此时掌握了意军投降舰艇的英国借口意舰缺乏配件不宜远航，用本国一战中的旧战列舰"君主号"来"调包"顶替。该舰老迈只能用于北极航道的护航，战后苏联索性将它还给英国。斯大林针对此事向苏联海军总司令库兹涅佐夫说："不要指望从英美那里得到先进舰艇。"

苏联想分到意大利的"维内托"级新型战列舰，却未到手。

果然，1949年英国处理意大利赔偿时，又将停在北非的意大利"恺撒"号战列舰交给苏联，却也是一战中下水的旧舰。该舰交黑海舰队后，在1955年一次莫名其妙的船底爆炸中沉没。

苏军海军在战时未能积极进行海战，另一个重要原因是舰上的水兵大量用于陆战。在列宁格勒、塞瓦斯托波尔保卫战期间，苏军兵力不够而急调了不少水兵。1941年10月18日，苏联国防委员会下令组建25个

苏联所绘的表现海军英勇作战的油画，德军将其称为"黑色的魔鬼"，可惜这些水兵实际已当成步兵使用。

扎瓦利获是黑海舰队陆战队的一名团长，参加解放克里米亚，德军称其为"黑死神夫人"。这张照片中的男性官兵是她的下属。

扎瓦利获获得海军上校军衔的照片，这也是苏联女性在战时获得的最高军衔。

扎瓦利获上校在几十年后仍被俄罗斯海军尊为典型，这是她应邀出席纪念日的照片，身穿红军女兵军装的小姑娘向英雄老奶奶献花。

海军步兵旅，各舰队马上抽调 4 万人建立 12 个海军步兵旅，成为保卫莫斯科的重要力量之一。将有过长期海上专业训练的人员当成陆地步兵使用，实在是一种人才资源浪费，可是在国家生死存亡之际却顾不得这么多。这些海军旅的人员有严重损耗时，又只能用陆上人员补充，结果后来的"海军旅"的成员大都是没有见过海的步兵。

★链接

苏联海军出现了战史上首位女性陆战队团长

苏军海军陆战部队因男性人力不足，也补充了少数女兵，却都担负卫生、通信和后勤线。黑海舰队有一位姓扎瓦利获的海军上尉坚决要求到第一线作战，在岸边的初战中就因表现出色受到大家钦佩。在 1944 年登陆解放克里米亚半岛时，扎瓦利获升任海军陆战队的团长，成功地指挥了部属进行两栖作战并率部参加了解放塞瓦斯托波尔的战斗，因而被授予上校军衔，这在世界海军史上也是一个奇观。

当苏德战争结束时，苏联宣布，红海军完成了自己的任务，就掩护港口和支援陆军而言确是如此。苏联海军并非缺乏英勇精神（在陆战中水兵倒有不少辉煌战绩），却也要承认其指导思想和装备技术水平存在很大缺陷。战后苏联又提出建立"大舰队"计划并开始建造大批的重巡洋舰并准备建造航空母舰，赫鲁晓夫上台后认为在导弹时代水面大舰将是"浮动棺材"，又强调以潜艇为中心，苏联海军建设又在曲折中蹒跚而行。

Нас вырастил Сталин—на верность народу!

苏联表现斯大林关心
海军的宣传画。

莫斯科会战成为卫国战争首座胜利里程碑

1941年秋冬之际，苏军进行了莫斯科会战，先败而后胜。保卫首都的成功，具有难以估量的战略意义。斯大林曾对美国来访者说，如果莫斯科失守，苏联会迁都乌拉尔继续抗战，却也无力反攻了。德国进攻莫斯科失败是致命的战略灾难，这意味着失去了战胜苏联的机会，随后就将面临苏美英三国联合进攻。战时一直任德军总参谋长的凯特尔元帅在纽伦堡法庭受审时被问道：「你何时意识到『巴巴罗萨』计划失败啦？」他只回答说：「莫斯科。」

莫斯科会战成为卫国战争首座胜利里程碑

　　1941 年 10 月中旬，是苏联卫国战争最危急的时刻。10 月 12 日，德国宣传机构发布了一条惊人消息——德军在维亚兹马和布良斯克的合围战已经结束，共俘虏苏军 67.3 万人。此时德军进抵到距苏联首都 60 公里处，纳粹宣传部长戈培尔要求柏林各大报纸预留下版面刊登占领莫斯科的消息。出乎世界多数媒体预料的是，横扫欧洲无敌的纳粹军队在苏联首都城下第一次受挫。后来德国及其他西方的一些战史评论家将进攻失败归咎于严寒，显然是避重就轻，因为气候对参战双方都是一样公平。德军在莫斯科败退的根本原因，还是因苏联军民的英勇奋战，加上自身攻苏时就铸下的战略失误。

✎ 苏联的《莫斯科保卫战》全景画（局部）。

✎ 指挥进攻莫斯科的德军中央集团军群司令博克元帅，这是美国《时代》周刊封面上的此人油画像。

德军调动空前雄厚兵力，准备以"台风"席卷莫斯科

　　1941 年 9 月基辅会战失败后，苏军正遇上一个"青黄不接"时期。战争爆发后 4 个月内，苏联动员了 600 万新兵并组建了 300 个师，却多在后方训练。战前训练好的 200 个师大都投入第一线，却有近三分之二被成建制歼灭，兵员损失超过 300 万人。此时前线只剩下 250 个师、202 万人，且多数是新兵，其中许多人刚学会放枪并有"恐德症"，不少师上前线后逃兵都数以千计。

此时德军东线部队有 340 万人，第一线兵力达 160 个师约 250 万人。苏联的西部企业又在向东部拆迁状态中，武器产量急剧下降，过去坦克、飞机的数量优势也已丧失，前线深感弹药缺乏。苏军因前一段损失了大量老骨干，军官严重不足，只好减少指挥层次，取消了军一级建制，规定集团军直辖 6 个师，而实际上所辖部队数量不等。

这幅油画表现的是莫斯科工人组织民兵保卫首都。

★ 链接

从开战至 1941 年 9 月底苏德双方的损失数字

根据俄罗斯解密档案和德国统一后 1999 年重新计算的数字，至 1941 年 9 月底的 3 个多月里，德军伤亡并非是过去公布的 53 万人，实际达 75 万人（其中死亡 18.5 万人），远超过横扫欧洲其他国家时 30 万人的伤亡数。同期苏军死亡达 42 万人，负伤超过 100 万人，还有 169.9 万人失踪（其中绝大多数被俘），损失的这些人多是战前训练好的官兵，这导致新建的部队素质已大不如前。

进入 9 月下旬，苏联方面已知道敌人下一个目标是首都，却认为德军久战后会有一段较长的休整时间。据战争末期的苏联名帅、保卫莫斯科初期时任西方面军上将司令员的科涅夫回忆，德军进攻前几天高层曾约见他，谈论的还是怎样发勋章激励部队。未料到的是，刚在列宁格勒和基辅激战时的德军未做多少休整，就马上向莫斯科扑来。

莫斯科是苏联政治经济中心和交通枢纽，战前人口有 400 多万，城内工业产品占全国的 20%，如多数冲锋枪都由莫斯科生产。苏军为保卫首都，在 9 月末部署了 3 个方面

1941 年 10 月上中旬德军向莫斯科进攻的画面，当时苏联进入最危险的时刻。

军，即西方面军、预备队方面军、布良斯克方面军，下辖 15 个集团军、75 个师，有 80 万作战部队，其战役后方又有防空、后勤等支援人员，保卫莫斯科的兵力共 125 万人，有坦克 780 辆。此时战场靠近莫斯科各机场，空中支援条件改善，苏军在防空战中占了优势。

但是苏联方面对屡遭德军合围的失误仍不能做很好总结，在莫斯科西部防御的部队，仍然摆成线式阵地且只有两条，纵深不足 100 公里，后方又缺少预备队。苏军还坚持要点守备，把海军一些重炮拆下运到维亚济马镇内的工事中，仍是沿用第一次世界大战的老思路。

进攻莫斯科的德国中央集团军群，此时集中了德军多数的坦克和摩托化步兵，兵力达 180 万

苏军在莫斯科保卫战中首次获得空中优势，这幅苏联油画描绘的是被击落的德军飞行员从空中栽下。

人，包括 3 个坦克集群、1500 辆坦克，官兵气焰正盛。希特勒因自认为必胜，对这次德国战史上出动兵力最多的攻势以"台风"作为代号。

苏军在维亚济马又陷合围，莫斯科几乎门户洞开

1941 年 9 月 30 日，德军"台风"行动开始。古德里安指挥德军第二坦克集群向只有一线防御的苏军布良斯克方面军冲去，达成突破后，沿森林间的公路 3 天内就前进了 150 公里，冲进苏联原先的坦克制造中心之一奥廖尔市。德国坦克驶入城内时，街上电车仍在行驶，车内乘客还误以为是己方战车而向其招手。

奥廖尔突然失守，使兵力近 20 万人的布良斯克方面军被截成两段，部队大多徒步横穿林区公路实施突围。德军统计俘虏了布良斯克方面军 5 万人，其他多数人还是冲回后方，只是突围部队重装备几乎全部丢弃，逃散的官兵也未聚拢。

在莫斯科正面，德军于 10 月 2 日向维亚济马防线发起猛攻，突破口指向依托临时修筑的稀稀拉拉的土木质火力点成一线防御的两翼。苏军第一线防御当天就被突破，德军坦克向纵深迅猛穿插，100 公里外的

二线部队刚展开就被冲散。

当时任西方面军司令员的科涅夫在1965年2月回忆，1941年10月4日拂晓他用高频电话报告说，德军坦克集群已突入后方，应马上后撤，还没等到回复的时候，电话就突然中断。

科涅夫不敢擅自后撤，耽误了3天时间，10月7日南北对进的德军在维亚济马以东会合，将苏联西方面军和预备队方面军几十万人装进包围圈。

这次合围战，被德军称为"教科书式的战役"，封闭包围后迅速分割，并重点堵住向东突围的道路。苏军被围部队战斗到10月中旬，牵制了德军28个师，各集团军、各师一开始就被打乱，多数未经训练的新兵失去指挥员和政工干部的率领后陷入茫然。苏军档案证明，10月7日第四十三集团军就向方面军报告说："我们的部队已经完全无法战斗，因为剩下的人都已经惊魂失魄。"

在强敌前"惊魂失魄"的官兵，弃械就俘便不可避免。统帅部命令战争初期表现很突出的第十六集团军司令员卢金指挥被围部队，他却掌握不了被围的其他集团军，自己率部战斗了两周时间，因腿被炸断而在昏迷中当了俘虏。

战争结束时，从德国战俘营中被解救出来的卢金回国，虽不再受重用，但还是恢复了他的中将军衔待遇。

斯大林去世后苏联重新讨论历史问题，伏龙芝军事学院曾开会讨论维亚济马会战，到会者纷纷指责卢金，质问他为何不迅速把部队撤出。卢金辩解说，没有接到撤退命令，同时认为迅速撤退会让德军在行进间把红军歼灭，所以想采用节节阻击以逐步撤退，结果因部队陷入混乱未能实现设想。

德军在维亚济马合围战中俘虏大批苏军的照片，可看出其中包括不少医护人员和随军员工、家属等。

防御莫斯科的苏联负责人，中为西方面军司令员科涅夫上将，左为负责城内警卫的内务人民委员贝利亚，右为调来的海军指挥员。科涅夫因前期失败差点被送军事法庭。

★链接

维亚济马战役成为苏军被俘最多的战役之一

德国宣传机构所称维亚济马、布良斯克双重合围战的战果是俘67.3万人（后来又有65万的说法）。这一数字后来长期被西方书籍引用，苏联对此避而不谈。20世纪90年代俄罗斯解密的档案证明，同年10月1日至12月5日苏军在莫斯科方向的全部阵亡失踪者为51万人，扣除其中的阵亡外，全部被俘者不会超过40万人，不过这一损失数字也可同基辅之战并列。另外，此役苏军还有14万人负伤和患病减员。德国公布的俘虏数字，可能把抓获的修筑阵地的大量民工也包括在内。

10月7日，德军的包围圈合拢后，据说希特勒兴奋得脸都发了光。他甚至下令："即使莫斯科提出投降，也不能予以接受。"希特勒还狂妄地宣布，将在11月8日那个"啤酒馆暴动"纪念日在莫斯科红场检阅德军。

斯大林在维亚济马惨败时，因通信不灵还不知前方的情况。10月8日，号称"救火队员"的朱可夫大将被叫到莫斯科，受命接任西方面军司令员。据回忆，当时有人提议审判科涅夫，给予他严厉惩罚。朱可夫却举出开战初期处决了巴甫洛夫大将一事说："这能解决什么问题？只能使部队感到精神压抑。"接着，他提出留下科涅夫当自己的副司令员。

在被问到"你为什么为科涅夫说话？他是你的朋友？"的时候，朱可夫回答说："我们在白俄罗斯军区认识，只是同事，从来不是朋友。"这话确属实情，二人多年不和，苏军上层两次批判朱可夫时科涅夫都打了先锋。朱可夫出于公心，说这个人"是聪明人，他还有用"。科涅夫后来表现不错，证明朱可夫没有看走眼。

朱可夫前往前线后只收拢起9万人的部队，只能用这点兵力节节抵抗，还把包括军校生在内的不少后方人员也投入前线，在莫斯科以西30公里处建立起新防线。

此时苏联唯一尚存的训练有素的后备战略集团，就是远东军，有40多个师共超过100万人。这些部队齐装满员并受过冬季训练，许多人还有同日军作战的经验。不过他们对面有100万日军（关东军、朝鲜军和北方岛屿上的部队），一时不敢调动。值此关键时刻，在东京的苏军情报总局所属的佐尔格情报组报告，日本准备南下进攻英美，中共所属的中西功情报组也证实了这一战略情报。

这一次，苏联方面终于相信了情报，在10月7日这个关键的日子下令调远东军的20个师保卫莫斯科。10月下旬，身穿毛质厚冬装的增援部队到达莫斯科附近的雪原时，同身着夏装的纳粹军队交锋时正好显出自己的优长。

远东援军调到莫斯科之前的10月中旬，是首都最危险的时刻，15日当天城内一度出现了大混乱，上百万市民向东逃难，红场上列宁陵墓中的水晶棺也被搬出运往东部乌拉尔地区。值此千钧一发之刻，斯大林不肯登上为他准备的撤退专列，在手头还没有多少部队时仍决定留下坚守首都。据当事者回忆，10月16日晚间他提出要回郊外孔沃策别墅看一下，负责全国保卫工作的内务人民委员贝利亚在身边用家乡的格鲁吉亚语低声说，那里已经埋了地雷。斯大林当即大声用周边的人都能听懂的俄语喊："马上排雷！"

✎
表现德军进军莫斯科时在10月下旬因道路泥泞陷入困境的绘画。

✎
这幅油画表现出当时莫斯科妇女成为构筑防御工事的主要人力。

历史证明，这是一个正确判断形势并扭转了此后战局的关键性决策。德军逼近莫斯科时已连续几个月作战未经休整，深秋季节多数人还穿着夏装，不仅油料不足，古德里安还抱怨"人和枪炮都饿着肚子"。10月中旬起秋雨连绵，当时苏联公路大都是没有柏油面的土路，德军车轮又陷入泥淖中，坦克也因连续奔驰上千公里未能维修出现大量故障，除少数集中保障的分队外都不能再推进。

此时莫斯科的城郊和街道上已修筑了反坦克工事，城市居民组成的15个民兵师也开上前线。苏军 T-34 坦克乘机出击，在图拉方面击毁近百辆德国坦克，古德里安的装甲铁骑遭遇到第一次重创而不得不停顿下来。10月25日，希特勒下令德军转入休整，等待路面冻硬再进攻，莫斯科得到了20天宝贵喘息期。

斯大林下令红场阅兵，危难中军民看到希望

1941 年 11 月 7 日红场阅兵，过去的骑兵英雄布琼尼元帅担任指挥，他在简短讲话中号召官兵英勇作战。

1941 年 11 月 7 日红场阅兵的历史照片，因临时调集人员并缺乏训练，队列不算很整齐，却充满战斗精神。

1941 年 11 月 7 日，是十月革命节即苏联 24 周年国庆日。此刻莫斯科距离前线最近处只有 30 公里，斯大林仍决定按照惯例举行十月革命节的阅兵仪式。这位意志坚定的统帅事先下令，阅兵时如遇德国飞机轰炸，从他本人到任何士兵"都不许离开红场，要迅速清除死者和伤员，阅兵必须进行到底"。

11 月 7 日清早莫斯科下了小雪，德国空军见天气恶劣，又想不到苏军还会阅兵，没有起飞空袭。为严格保密，加上环境险恶，当天到红场接受检阅的 1 万余名官兵都是临时奉命前往，每人身上都带着实弹却没

苏联画家费奥多罗维奇的油画《精神支柱》，表现了1941年11月7日红场阅兵的情形。

有出现任何问题，部队受阅后直接开赴前线。由于强调封锁消息，事先还忘记告诉电影制片厂，摄影师在城内得知阅兵已在进行才赶到红场，只拍到受阅队伍的尾部。由于需要斯大林讲话的镜头，摄影师只好让他在一个开了窗户能显出冒冷气的房子里补拍。

在红场阅兵式上，斯大林在讲话中列举了俄罗斯历史上一批批杰出人物，鼓励军民发扬民族自豪感。各地心情沉重的苏军官兵，突然听到莫斯科红场仍在阅兵，随后又看到纪录片，都受到极大鼓舞，这对振奋精神起到不可估量的作用。

莫斯科保持了稳定，又赖于苏联防空部队的出色表现。10月至11月间德国空军空袭莫斯科共72次，出动了4000架次飞机，在苏军战机、高炮拦击下只有100架闯入市内，又基本上是在夜间盲目投弹，市内重要目标基本完好。

11月中旬冬季降临，从15日开始德国坦克碾轧着冻硬的路面向近在咫尺的莫斯科扑去，这一次却遇到前所未有的顽强抵抗。防御的苏军兵力

这幅苏联油画表现了莫斯科保卫战时红场上空也飘着拦阻防空气球。

还少于德军，却得到数量众多的民兵支援。前一段的恐慌情绪已克服，军民的口号是："俄罗斯虽大，却已无处可退，因为我们身后就是莫斯科！"

11月16日，苏军刚从哈萨克调来的第三一六师在师长潘菲洛夫指挥下抗击了德军主要正面的攻击，有28名勇士同50辆坦克搏斗到最后全部牺牲，却迟滞了敌军一天时间。两天后，潘菲洛夫少将也在战斗中阵亡，集团军司令员罗科索夫斯基正准备向师长授勋时却得知他已牺牲。随后国防委员会决定，授予第三一六师以"近卫红旗潘菲洛夫师"的称号，这个师及其28位勇士也成为全苏的英雄榜样。

🖉 苏联油画《潘菲洛夫近卫师的功勋》，歌颂了有28名勇士的这个英雄师。

🖉 苏联油画《潘菲洛夫师长》，该师在莫斯科保卫战中因建功卓著并出现过28名勇士而闻名，这位少将师长也在保卫战中牺牲。

德军后方的苏联游击队，这时也开始袭击供应线。如苏联卫国战争中最知名的女英雄卓娅，这时就参加潜入敌后的纵火队，用燃烧瓶焚烧德军住处，被抓住后受尽折磨而不屈，最后被德军绞死。这位年轻姑娘没有消灭一名德军，却以英勇精神被树立为英勇精神的榜样。

对德军威胁最大的袭击，还是苏联远东军那些有全套白色伪装服的滑雪队。他们灵活出击，使那些手脚冻得麻木的德国兵穷于应付。苏军的第二骑兵军又冲入德军纵深分散机动攻击，破坏了许多后勤兵站，导致供应经常中断。

12月2日早晨，德军一个侦察营冲进了莫斯科西北郊的希姆基镇，仅几小时后几辆苏联坦克掩护一批武装工人赶到，将德军赶出该镇。后来有人说德军在此处第一次也是最后一次用望远镜看到克里姆林宫塔尖的红星，当属于形容情况危急之词。后来有人专门到当地观测，发现站到这里的房顶还看不到克里姆林宫。

此刻，莫斯科南面设有重要兵工厂的图拉城再度危急，古德里安的坦克部队几乎包围了该城，守军却顽强抵抗，西伯利亚的援军也已到达。

据后来德国统计，10 月至 11 月向莫斯科的进攻中死亡 5 万多人，20 多万人负伤和患病减员。德军不仅冻伤严重，寒流袭来又使坦克和汽车发动机不经生火在下面预热就无法开动，瞄准手在光学窥镜上看到的往往是白茫茫一片，火炮和机枪上的润滑油也被冻得凝固住。12 月 5 日，德国中央集团军群用完了最后一个营的预备队，古德里安在设于列夫·托尔斯泰故居中的指挥所中报告：“对莫斯科的进攻已经失败。”当天陆军司令部下令全线转入防御，待补充后再进攻。

德军出现的窘境，是希特勒狂妄的冒险主义军事政策的必然结果。法西斯军队此前实施“闪击战”能轻易获胜，使德国军方感到现有装备和兵力已够用，不急于扩大军工生产也未准备预备队。1941 年最后一个季度，德军首次出现军工生产无法弥补损耗的情况，又缺乏增援部队，只好在莫斯科城下停顿下来。

苏联油画《女游击队员卓娅》，表现了这位女英雄临刑时的场面。

描绘德国“坦克之父”古德里安的漫画。在进攻莫斯科时，这个德意志军国主义的代表人物又打了先锋。不过进攻失败后他就被希特勒免除了指挥权。

★链接

德军对过冬虽有准备却估算错误

战后许多人认为，德军在莫斯科败北是忽视了过冬准备，其实早在这一年秋季德国参谋总部就下令尽快运输准备换装的冬衣。不过德军事先认为严冬前能结束战争，只需要三分之一部队在苏联留守，仅准备了 60 个师使用的抵御严寒的皮衣，其余是普通棉衣。德国当局又未有效修复和保护铁路，后方运输只能完成中央集团军群的一半需要，导致许多官兵只能穿着薄棉衣和抢来的衣服。直至从莫斯科败退后，东线德军才全部换上适用的冬装。

表现 1941 年入冬后德军因缺乏御寒衣出现狼狈相的绘画。

苏军在莫斯科反攻打退德军，世界战略形势为之一变

出乎德军预料的是，对莫斯科停止进攻的第二天，即 1941 年 12 月 6 日，朱可夫指挥下的 100 个师便在首都西面展开反击。这时苏军各师大都缺编，一线兵力为 76 万人，加上后方支援人员只有 102 万，还少于当面德军三分之一。苏军只有 600 辆坦克，火炮数量也少于德军，却首次夺取了局部空中优势。

入冬之后，德军野战机场上出现了许多未遇的保障难题，苏军却利用莫斯科机场群原有良好保障条件和飞机数量优势，在战机性能不如敌时有效出击，以猛烈的轰炸扫射击毁了上万辆的德军车辆。

反攻的苏军经 10 天激战，突破了德军防线，向纵深推进的能力却很差，强固据点都难以攻克，只能采取切断守敌后路的方式。此刻德军官兵大都想后撤休整，一旦遭到苏军迂回包抄便且战且撤。苏军突击能力差，重要原因是缺乏弹药。此时苏联向东搬迁的工厂大多未投产，前线的一门火炮平均每天只能得到 1~2 发炮弹，缺乏火力掩护和战斗经验的步兵在进攻时伤亡非常大。

1941 年 12 月 13 日，苏联情报总局宣布，德军进攻莫斯科的计划已被红军彻底粉碎。《真理报》头版登出有功将领照片，朱可夫的照片排在版面中间。

此时苏军展开反攻的目的，是想消灭莫斯科城下之敌。反攻从 1941 年 12 月 6 日持续到 1942 年 1 月 7 日，据俄罗斯档案中记载的数据，苏军共伤、亡、病和失踪 37 万人，德军的战斗损失则不到 10 万人。从战

苏军利用莫斯科地区有利的机场条件，在 1941 年末掌握了局部制空权，从空中有力打击了德军地面部队。

油画《朱可夫大将在莫斯科保卫战中》。

役规划和战术水平看，苏军显得呆板和落伍，攻击往往以密集队形平推，一些骑兵和滑雪小队插入敌军后面虽能迫使德军后撤，却无法成建制歼敌，部队在战术技巧堪称世界头强的德国老兵面前还伤亡枕藉。不过苏军毕竟把德军驱赶到距离莫斯科 120 公里处。

苏军在莫斯科反攻前，西南方面军利用德军孤军冒进罗斯托夫而侧翼暴露，向刚占领该城的德军后方包抄。希特勒认为罗斯托夫是"高加索门户"不能放弃，南方集团军群司令官龙德施泰特元帅却看到粮、弹供应若被切断就会全军覆没，于 11 月 25 日下令撤退，事后还因此事被撤职。

在北方的列宁格勒方向，苏军自 11 月下旬也转入进攻，目标是夺回 11 月 8 日失守的列宁格勒东部重镇、苏联的铝都提赫文。当时陷入饥饿之中的列宁格勒军民已濒临死亡，迅速收复这一运输枢纽才能挽救那座苏联第二大城市。苏军第七集团军司令员梅列茨科夫大将发挥主动精神，将提赫文城外被打散的苏军组织起来反攻，使孤军深入的 4 个德军师陷入了包围。德军在冰雪中得不到援兵，被迫于 12 月 8 日放弃了卡住列宁格勒咽喉的城市提赫文向西逃窜，许多人在途中冻死，撤回来的一个师战斗兵不到 1000 人。苏军虽未能全歼逃敌，却推进到距列宁格勒外围阵地不过 10 余公里处，能保障开辟冰上"生命之路"。

德军利用苏联村落防御，还是遏制住了苏军的冬季攻势，画中的 MG34 通用机枪是德国步兵火力的骨干。

苏军的冬季反攻在北、中、南三个方向取得重大进展，宣告了德军"不可战胜"的神话破灭。此前狂热崇拜希特勒的德国人，自进攻莫斯科失败起终于知道元首也有失算，同时感到过去蔑视的俄国人并不好对付。一些德国军政要人认识到本国无力同时对付美英苏三个强国，对战争开始产生怀疑和动摇。

　　苏军保卫莫斯科的胜利，对世界战略局势也产生了重大影响。原想趁苏联失败而趁火打劫的日本、土耳其不得不收手，美国、英国看到苏联真正有力量抵挡纳粹而加大了援助。纳粹德军在莫斯科城下的败退，也使亿万受法西斯铁蹄蹂躏的人民看到了解放的希望。1942年1月，美国、英国与苏联结成了有26国（包括当时的中国）参加的反法西斯联盟，人力不足、资源有限的德国同这样一个联盟长期作战，注定要耗得灯枯油尽。

表现莫斯科保卫战胜利的苏联油画《首都安全了》。

莫斯科保卫战经历了由惨败、救急、稳住阵地到反攻的惊险过程，斯大林的坚强意志和朱可夫等将领的沉着起到了扭转局势的作用。后来朱可夫回忆说，多年间每当有人问他参加的哪一仗最复杂、最紧张时，自己的回答都是"莫斯科会战"。

1942年春夏苏军又出现新败退

莫斯科保卫战获胜后，苏联人大多认为德军很快会如同拿破仑军队那样败退出境，未承想1942年春季至秋季苏军又遇到第二个灾难性时刻。

德军在克里米亚、哈尔科夫等地又对苏军形成合围歼灭战，还攻到高加索山麓和斯大林格勒，证明此刻苏军指挥能力和官兵军事素质还大大落后于德军。这一年苏军在战场上的伤亡还超过上一年，却在血流成河的失败中学会了如何战斗。

1942年春夏苏军又出现新败退

1942 年春天到来后，苏联一些将领形容德军"像一条冬眠的毒蛇又苏醒过来"，这说明德国军力强于苏联的形势还没有根本改变。但苏联方面却因战果不大的初胜，又犯了主观唯意志论的毛病，从过于乐观的估计出发强令进攻，导致重大损耗，开春后又出现了新败退。希特勒此时也犯了一个致命的战略错误，就是心存侥幸地要把已经不可能获胜的战争再打下去，拒绝了外交部长里宾特洛甫等人的主张与苏媾和的建议。他纵然再取得一些战役胜利，也不可能扭转战略上四面受敌而必然失败的境遇。

反攻规划超出实际能力，苏军伤亡重大进展有限

苏军在莫斯科城下的胜利，给了刚经历过大灾难的苏联高层调整作战计划的信心。据朱可夫回忆，1942 年 1 月 5 日他被召回莫斯科参加会议，总参谋长沙波什尼科夫元帅宣读了全线反攻计划，要求同时打垮德国 3 个集团军群主力。

听到了这样不切实际的进攻计划后，朱可夫提出反对，他表示以现有兵力和火力反攻难以奏效，国家计划委员会主席沃兹涅克斯基也说："我们现在还没有掌握足以保障各方面军同时进攻的物资。"但是这些反对意见都没有改变"一鼓作气把敌人赶回西方"，"在 1942 年彻底击溃希特勒军队"的最后命令。

此时苏军前线部队数量经补充已略多于敌军，新兵却占很大比例。转移到东方的兵工厂产量还很低，盟国对苏联的援助也不多。至 1941 年底，美国援苏物资只有 204 架飞机、182 辆坦克；英国援苏的武器也只有 669 架飞机，487 辆坦克。

面对苏军反攻，一些德军老派将领建议退到苏波边界取守势过冬，春天再进攻。熟读历史的希特勒却害怕德军会像拿破仑远征军那样一退不可收，又算定苏军在前一段惨重损失后不会有太大力量，下令不许撤退。德军将领事后对这位大独裁者的坚守决定大多表示佩服，认为是唯

一正确的对策。由于西线无战事，德军从法国等地调来 40 个新锐师到东线，在 1942 年 1 月以后又巩固了战线。

★ 链接

德军采取 "刺猬" 和 "木箱" 战术顶住苏军冬季攻势

面对苏军第一个冬季的反攻，缺乏防寒准备的德军将前沿一些团级、师级部队在可御寒取暖的村镇集中起来，构成一个环形防御圈。这些称为 "刺猬" 和 "木箱" 的据点，主要依靠容克—52 轻型运输机补给。苏军因火炮和坦克不足，又缺乏弹药，虽经常以步兵在德军的 "刺猬" 之间完成突破，却难以消灭这些据点。

苏军在兵力和物资不足的情况下反攻，本应集中力量，但是刚组建成的 9 个集团军预备队却最终被分散派往三个战略方向。1942 年 1 月初，苏军在莫斯科以西的维亚兹马一度包抄到德国第四、第九集团军后方，后续部队却增援不上来，德军反而将苏军插到自己后方的第二十二集团军包围起来。1 月下旬苏军实施了大规模空降战役，将第四空降军 1 万余人投到维亚兹马敌后，仍不能扭转局势。被围部队最后分散突围。

据战后解密的档案，苏军在勒热夫—维亚济马方向三个半月的进攻战役中付出 77 万人伤亡、失踪的惊人代价，兵力大量消耗后马上补充新兵再战，最终杀伤德军不足 20 万。在列宁格勒方向，苏军解围战斗没有成功，深入敌纵深的第二突击集团军反陷入被半包围状态。南线为收复顿巴斯、哈尔科夫而发起的攻势，苏军最远只推进了几十公里便受阻。

1942 年 3 月，苏联大地冰雪融化，双方车辆都陷入泥泞之中。希特勒将陆军总司令、老派军人布劳希奇元帅解职，自己兼任此职，还罢免了龙德施泰特、博克、勒布这三个担任集团军群司令的元帅以及古德里安上将。朱可夫后来回忆，希特勒亲自指挥作战后，德军灵活机动性随之减少，反而有利于苏军。

德军矛头目标指向南方，斯大林把防御重点放在中央

在 1941 年的作战中，德军没有师以上建制的部队被歼，虽死亡了

30万官兵并有20万人因伤重致残不可归队，这在为数达730万人的总兵力中比例并不大，保留着战斗骨干的部队尽管一时"瘦身"却能在补充后很快"康复"。1942年春东线德军兵力又达到430万，加上仆从军总计近600万人，一线作战兵力近400万人。绝大多数德军官兵对冬季失利只归咎于天气，胜利的信心还没有动摇。

✏️ 1942年春季德军又向苏军发起攻势，画中是此时德军装甲兵主力IV号坦克，装配长身管的75毫米炮。

苏军在1941年的净减员超过400万人，经补充后总数达到1070万，其中在远东保持了100多万人的部队防备日本，后方又正在训练新军，对德一线作战的兵力有560万人。由于战前的精锐部队大都被歼，前线多是新部队，装备和兵员素质上同德军的差距比开战时还要更大一些。

苏联在开战后的几个月，就丧失了过去有40%人口的重要工农业区。尤其是有"欧洲粮仓"之称的乌克兰和最重要的工业基地顿巴斯落到德军之手，使经济指标在1942年内有了灾难性下降。

★链接

	钢产量	煤产量	粮食产量
1942年苏联的经济指标较战前出现的严重下降			
1940年	1800万吨	1.7亿吨	9500万吨
1942年	880万吨	7700万吨	2900万吨

这一年苏联人均粮食收获不到战前的40%，根本不能保证果腹，只好发动城乡居民都种易于播种和收获的土豆，估计产量超过2000万吨，许多人后来回忆说："能熬过战争全靠土豆。"

自1941年12月进攻莫斯科失败和美国参战后，德国军政界和外交部门一些高官也表露出担忧，提议应对苏谈判议和。德国的盟友日本也向希特勒建议，应该对苏媾和以集中力量对付英美，还表示自己愿出面调解。希特勒却认为1942年还有打败苏联的机会，因为美国主要力量被日本牵制在太平洋，英国尚无力反攻欧陆，解决东线后再回头对付

英美便容易得多。他还
算定此时德国对苏联的
优势比开战时更大，如
1942 年德国及其占领区
钢产量有 3400 万吨，苏
联却因钢铁基地顿巴斯
失陷导致钢产量下降到
880 万吨。

德国的经济优势，
却没有能转化为武器产量的优势。希特勒为维持国内高生活水平以保
障士气，1942 年内消费品产量只比战前下降了 3%，军工业并未大力扩
充。这一年德国只生产了 6500 辆坦克和强击炮，苏联的坦克产量却达
2.4 万辆。

在人力资源上，德国更不如对手。苏联控制区此时还保有 1.3 亿人
（另有 6000 万人留在沦陷区），德国人口为 7900 万人，德军后备人力资
源少于苏军，还要两线对敌。虽然德军从仆从国搜罗来 52 个师，其战
斗力却大都很弱。

德国进行机械化战争，缺少石油又是最大的软肋。此时德国每年保
障工业和部队运转需要 1200 万吨石油，罗马尼亚和匈牙利油田以及国
内人造石油工厂只能保障要求的三分之二，德国坦克、飞机产量不高的
部分原因也在于缺乏"油老虎"的口粮。希特勒决定以苏联南部为主攻
方向，想夺占交通枢纽斯大林格勒和盛产石油的高加索，目的也是解决
油源，并让苏联出现工业贫血症。

看到德军准备再次进攻，苏军统帅部确定的 1942 年春季作战部署
却显得自相矛盾——判断敌人会以莫斯科为主攻方向（事后证明一判断
并不正确），在这里配置了最多兵力，让兵力相对薄弱的南方战场转入
进攻却不给大本营预备队，这就酿下了南方进攻失利时缺少部队救援的
灾难。

苏军部署上的矛盾，反映了高层战略决心的举棋不定——看到敌人
实力还强而部分同意积极防御，内心却仍想发起战略进攻以争取年内获
得战争胜利。这一部署的结果，使苏军在进攻和防御方向兵力失衡，攻
守都未成功。

在 1942 年的进攻
中，T-34 成为突击
主力，却因步坦配合
不好和没有制空权，
战果很有限。

1942年夏天，德军容克-88轰炸机在东线轰炸中仍起到主要作用，克里米亚的作战中，德机起到压制苏军的关键作用。

外行控制内行打仗，造成克里米亚方面军崩溃

1942年苏军的第一场灾难，就发生在位于黑海边的克里米亚半岛。这个半岛在1941年11月被德军突入，苏军退到南端的塞瓦斯托波尔要塞坚守。12月间，苏军发起了卫国战争期间规模最大的登陆战——刻赤登陆战。苏军收复了克里米亚半岛东端的刻赤半岛，德国第十一集团军司令曼斯坦因上将不得不抽调主力对付登陆苏军组成的克里米亚方面军。

在克里米亚半岛上的德军有10个师、20万人，另外辖罗马尼亚军6个师、8万人。苏军克里米亚方面军（刻赤方向）有3个集团军，有21个师、29万人，守卫苏军塞瓦斯托波尔要塞6个师、8.6万人。尽管当地苏军兵力占优势，却只有保卫塞瓦斯托波尔的部队经过敖德萨要塞保卫战的锻炼有较强的战斗力。刻赤半岛上的部队都是战争爆发后刚组建，多数官兵未参加过实战，又由高加索多民族士兵组成，语言、风俗和习惯各异，组织指挥和协调都存在不少困难。

苏军总参谋部了解这些弱点，建议在刻赤方向转为防御，斯大林派到克里米亚方面军的代表、总政治部主任梅赫利斯却表示反对。梅赫利斯只从纸面上计算了一下兵力就要求进攻，并最终强迫使司令员科兹洛夫接受他不切实际的作战计划。

★链接

苏联著名作家西蒙诺夫对克里米亚半岛东端防御阵地的描绘

梅赫利斯这个对军事一窍不通的门外汉，完全不信任几位集团军司令员和方面军司令员……他禁止挖战壕，说这是为了不破坏士兵的进攻精神。他把重炮兵和集团军司令部开到最前沿，如此等等。统共16公里的正面放了三个集团军，一个师的正面只有600~700米，后来我在任何地方都从未见过如此密集的兵力部署。

这一切的结果就是血流成河，许多人跳海，无数人牺牲，一切的一

切只是因为指挥方面军作战的不是一员统帅，而是一个白痴！

在苏军多次进攻受挫而疲惫时，1942年5月9日德军突然向刻赤半岛发起进攻，当天便突破了苏军第一道防线，高速向纵深突击，克里米亚方面军陷入全面混乱。5月15日，斯大林直接向科兹洛夫发电报强调："不准放弃刻赤，应组织塞瓦斯托波尔式的防御战。"此时刻赤城内却没有战斗部队，德军摩托车兵已冲进城，科兹洛夫和梅赫利斯等人只好跑上船撤退回后方塔曼半岛。

刻赤城这个克里米亚方面军唯一的港口失守，其西部十几公里的海滩成为撤退地段，大批官兵在混乱中跑向那里找船，德国飞机不停地在头顶投弹扫射。黑海舰队以小艇接运了12.1万人经海路撤到塔曼半岛，坦克、汽车、火炮等重装备因无法装载都丢弃在滩头上，甚至来不及破坏。5月下旬战斗结束时，德国宣布这一仗自己只损失了7500人，却抓到17万名俘虏。据苏联战后档案看，战役中有17.6万人未能撤走，其中有数万人牺牲，其余的人才是俘虏。

德军向苏军散发的宣传画称："放弃克里米亚吧！再抵抗没有任何意义！"画中德军从南到北的三个箭头分别指向克里米亚、顿巴斯和哈尔科夫。

苏军出现刻赤惨败，正是外行领导内行，无视军事科学规律所遭受的惩罚。斯大林随后将梅赫利斯做了撤职处理，司令员科兹洛夫也被降了一级。

为什么梅赫利斯这类受许多干部憎恶的人长期受到重用？其实这是社会条件使然。在下积怨甚深之人，往往最愿意对上效忠和谄媚，在缺乏民主监督机制的情况下小人得宠的情况便不可免。刻赤惨败后，斯大林虽然继续派一些监军、"钦差大臣"式的政治代表到前线，却不许他们

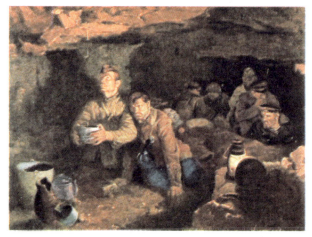

这幅画表现了克里米亚方面军败退时被困在刻赤半岛上洞穴内的情景。

干预指挥，也算吸取了教训。

哈尔科夫反攻时进攻部队落入敌人"口袋"

得知克里米亚方面军危急，苏联高层急切要求乌克兰东部的西南方面军"应该坚决转入进攻"！苏军的哈尔科夫进攻战役，便在5月12日仓促开始。

苏军西南方面军以700辆坦克为先导发起进攻时，当面的罗马尼亚军队一战即溃，两翼德军却未做出反应。时任西南方面军政委的赫鲁晓夫后来回忆，他和参谋长巴格拉米扬都感到异常，并认为"敌人没有集结部队来抵挡我们。我们好像面临一条没有阻碍的大路，一直深入敌军占领的地区。这是令人不安的。这意味着我们已经走入了敌人的圈套"。

时任西南方面军司令员的铁木辛哥也感到情况不妙，下令停止进攻，5月18日苏联高层却下令继续进攻。此前一天德军第一坦克集团军、第六集团军已经对苏军侧后开始进攻，5月23日收拢了包围圈，将20万苏联官兵装入"口袋"。

上一年屡遭包围的苏军，此时仍缺乏反合围作战经验，部队被截断后路便由混乱产生崩溃。包围圈中的高级首长们如西南方面军副司令员科斯坚科等人都战斗到最后牺牲，许多官兵却在心理上缺乏应付突变的能力，在惊慌失措中大批地被俘。苏军两个集团军被围后抵抗仅一个星期，除2万多人突围外全部被歼。

✎ 表现1942年夏季艰难时刻苏军官兵奋战的画面。

✎ 苏军在哈尔科夫进攻战失败时被俘20万人，德军经常不给俘虏食物和水，这是周围的居民给他们送水喝的照片。

苏军的炊事车在艰难时刻起了集合队伍的作用。

西南方面军进攻哈尔科夫惨败后，德军转入进攻，苏军组织了沃罗涅日－伏罗希洛夫格勒防御战役，部队又连连败退。据档案数字，苏军26 天内减员 56.8 万人，其中失踪高达 37 万人。德军的统计是抓到 8 万俘虏，可见多数人跑散。

西南方面军政委赫鲁晓夫后来回忆说："部队已被敌人击溃。"司令员铁木辛哥则说："集合部队的唯一办法是设立流动厨房，希望他们在饥饿时能够回来。"这位国内战争时的老将运用当年经验还颇为灵验，剩余部队又迅速组织起来。

残酷的战争史证明，往往不是胜利而是失败才使人空前清醒。哈尔科夫包围圈内的悲剧还在上演时，斯大林于 5 月 27 日就向铁木辛哥、赫鲁晓夫和巴格拉米扬这三位西南方面军首长发了一封电报，特别指出："难道现在不是你们学会像德国人那样以少量的血的代价进行战斗的时候吗？作战应该不是依靠数量，而是依靠本领……"此时斯大林强调"要向德国人学习"，正是思想解放的表现。

★链接

铁木辛哥在哈尔科夫失利后一直受冷落

1942 年夏季以后，斯大林感到内战时的老将已难堪重任，加之要找人为失败负责任，对开战后表现最好的元帅铁木辛哥也免去指挥权，只让他当"统帅部代表"去做些视察。战后，铁木辛哥的女儿同斯大林的小儿子结婚，他本人却受冷落只被安排当一个军区的司令员。后来苏联批判斯大林时，有人又将铁木辛哥当成军事思想落伍导致战争初期失利的典型予以抨击，还说他讨好巴结斯大林。朱可夫在公开讲话中为自己

过去那位老上级打了抱不平："由于斯大林对他在哈尔科夫的失败耿耿于怀，这就使他失去了战争中显露自己才能的机会。铁木辛哥性格十分坚强，他从未对斯大林阿谀奉承过。如果他是这样的人的话，他不会落到今天这个地步。"

斯大林对铁木辛哥虽有不公道之处，不过他大力提升新一代将领并让他们担负重任，还是提升了苏军后来的指挥水平。

✎ 1942年初苏联宣传画中的铁木辛哥元帅，同年5月哈尔科夫一战大败后，斯大林便再也不让他到前线指挥。不过战后二人还曾结成儿女亲家。

顽强坚守的象征塞瓦斯托波尔，经激战陷于德军之手

刻赤、哈尔科夫两役德军获胜后，就能向苏军坚守的要塞式港口城市塞瓦斯托波尔猛攻。该城在历史上是有重大战略意义的要塞，掌握它等于控制了黑海，俄国人就曾有几次顽强坚守的记录，苏军自1941年11月以后在此城也组织了顽强防御。德军自同年12月起向塞瓦斯托波尔发起猛攻，却在守军阵地上伤亡重大而未进展。

德军粉碎苏军克里米亚方面军后，又在第十一集团军司令曼斯坦因上将指挥下再攻塞瓦斯托波尔。10个师德军作为主攻部队，总兵力约20.4万人，后面有6个罗马尼亚师做掩护。德军集结的炮兵群有670门大中口径火炮、655门反坦克炮、450辆坦克和强击炮。

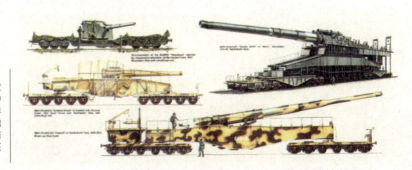

✎ 德国攻克塞瓦斯托波尔要塞时调动的各种巨炮，右上为世界上口径最大的火炮（800毫米）"古斯塔夫"，又称"多拉"巨炮。

为攻下坚城，德军调来了 280 毫米的要塞炮、615 毫米的重型"卡尔"臼炮，以及人类战史上最大的火炮——口径 800 毫米的"古斯塔夫"（还有一称"多拉"）巨炮。此种大炮原为进攻马其诺防线设计，炮重1300 吨，一发混凝土破坏炮弹重达 7 吨，射程可达 47 公里。如此庞然大物只有装在专门为之制造的铁道炮车上才能运动，还要配备 3000 人进行操作和警卫。

德军轰击塞瓦斯托波尔所用世界最大口径的"卡尔"迫击炮，口径为 615 毫米。

南线德国空军的主力，此时也调到克里米亚半岛，有 700 架作战飞机，完全掌握了制空权。意大利海军也调舰艇参加对海上封锁，使德意海军在当地共拥有 30 艘护卫舰和 8 艘反潜舰、6 艘潜艇，严重阻碍了苏联黑海舰队的运输。

苏军防御塞瓦斯托波尔虽有百年间建筑的坚固工事，却是背水作战，存在着海路运送兵员和物资困难的致命弱点。6 月初，要塞的防守部队共有 10.6 万人，拥有 600 门火炮和迫击炮、38 辆坦克，机场内只有 53 架完好的飞机。

1942 年 6 月 7 日起，德军对要塞发起总攻，一个月间共发射了 4.6万吨炮弹，投掷了 2 万吨航空炸弹，创造了单位火力密度的最高纪录。德军飞机平均出动 1000 架次左右，最多一天出动 2000 架次，二十四小时连续不断实施轰炸，一个机群返航时另一个机群又来接替，如同传送带不断向要塞投放炸弹。世界上口径最大的"古斯塔夫"（"多拉"）巨炮发射了 48 发炮弹。据后来解密的俄罗斯档案记载，德国巨炮对突破防御发挥的作用并不大，反而是普通火炮持续射击、飞机轰炸和步兵分队的反复冲击，导致要塞防御的"壳"被一层层敲碎。

面对德意军队的空中轰炸和海上拦截，苏联黑海舰队在 6 月间还向塞瓦斯托波尔运送了 2.35 万援兵，并运回 2.5 万伤员和重要人员。至 6

月下旬，大船损失严重已难以运输，只能以潜艇运送少量弹药和粮食。守军得到的弹药不及所需量的三分之一。守城战转化为肉搏，苏军只能以微弱的机枪火力和手榴弹对敌人进行反攻，堡垒一个个落入敌手。

堪守要塞的基本规律是，即使有坚固工事和顽强抵抗精神，若是失去外部增援和有效反突击，面对强敌持续攻击仍不可能守住。当年俄军在旅顺口的防御失败同样证明这一点，而列宁格勒、斯大林格勒的防御成功都赖于外部的不断增援和持续的反突击。其他国家的近现代防御战，也都证明了这一点。尽管苏军中有不少英勇奋战的事例，却不能挽回要塞日趋危急的大局。

1942年6月20日，即塞瓦斯托波尔危急时，米哈伊尔·佳科基泽少尉被授予苏联英雄，这是他以缴获的机枪扫射敌人的画面。战后他回到家乡格鲁吉亚。

这张女狙击手柳德米拉·帕夫里琴科的照片，在1942年传遍苏联，几乎成为塞瓦斯托波尔保卫战的象征，她309个的狙杀战绩在盟国报刊上也广为传扬。

柳德米拉·帕夫里琴科伤愈后到美国做外交宣传活动，受到罗斯福总统接见。第一夫人埃莉诺·罗斯福（右）还陪她巡游各地演讲。

柳德米拉在战后调到海军岸勤单位，获少将军衔，是苏联仅有的女将军。她于1974年逝世，年仅58岁。

★链接

要塞防卫中的苏联头号女狙击英雄

战前参加过基辅射击俱乐部的柳德米拉·帕夫里琴科，战争开始后主动要求当狙击手，在保卫敖德萨和塞瓦斯托波尔的近一年时间内杀敌纪录为309个，自己也4次受伤。1942年6月，要塞保卫战进入最后阶段时，她被迫击炮炸伤昏厥，斯大林下令将这个全国闻名的女英雄以潜艇送出危城。神经系统已受伤的柳德米拉·帕夫里琴科伤愈后未返前线，而是受命到美国、英国宣传苏联抗德战绩并争取援助，美国总统

　　6 月 29 日，德军推进到塞瓦斯托波尔市区，次日苏军统帅部下令撤退，却只能用潜艇和鱼雷快艇在港外海滩边接运少数人员（主要是指挥员和技术人才）。7 月 4 日，德军全部粉碎了炮阵地下面的坑道和岩洞中的抵抗，不过零星战斗持续到 7 月 7 日。苏军并没有大部队集体放下武器的情况，却有许多失去指挥的官兵在无粮无弹的混乱中就俘，一些人突围冲到山区进行游击战。

　　德军声称最后攻击塞瓦斯托波尔的损失为 2.4 万人，这一数字明显有缩小。作战期间曼斯坦因称许多连队只剩 8 人至 9 人，连续从希特勒那里要到多个补充团。据一些战史专家根据战损和补充分析，德军战斗伤亡约有 7 万人。

　　苏军参加塞瓦斯托波尔保卫战最后阶段作战的兵力近 13 万人（包括补充兵），10.4 万人未能撤出，其中有数千人在陆上突围。按后来苏联档案估算，有 3 万多健全的苏军被俘（德国战报和曼斯坦因的回忆录都说俘虏 9 万人，这包括抓捕的城内平民），还有 2 万多名不能行动的伤员落入敌手，有 4 万多守军牺牲。

　　曼斯坦因在此役中立功，被希特勒授予元帅军衔。这个所谓德国陆

描绘德军攻克塞瓦斯托波尔要塞的油画。

这幅画名为"曼斯坦因与塞瓦斯托波尔",表现此人(左一)指挥攻下苏军这一要塞。

1942年7月,塞瓦斯托波尔陷落时德军所拍的照片表现了苏军炮台被毁情况。

1942年夏季是卫国战争又一个艰难时刻,画中表现的是苏军战士挖掘工事抗击德军进攻。

军最优秀将领的手段之野蛮与纳粹党卫队不相上下,对俘虏只选择能行走者送回国内当奴工,对苏军留在要塞中的2万多伤兵采取一律屠杀的惯用办法(德军档案中从未有救治苏军战俘的记录)。

苏联人听到红军放弃了塞瓦斯托波尔的战报,许多人感到如同晴天霹雳。该城坚持了250天的保卫战,几个月来成为苏联军人英勇顽强精神的象征。这个英雄城失守,在心理上产生了重大冲击,一些人又出现了类似上一年的那种恐慌情绪。苏军总参谋部的人后来回忆说,这一次苏联高层没有像上一年那样冲动和处罚下属,而是注意研究教训,这又为随后转败为胜奠定了重要基础。

克里米亚半岛丢失,使苏德战场南线主动权落入德军之手。随后希特勒把进攻矛头指向斯大林格勒和高加索,在那个以他最大敌人的名字命名的城市中展开了一场空前恶战。

07.

在斯大林格勒和高加索挡住两路德军

对希特勒来说，1942 年春季至秋季是争取战争胜利的最后机会。此时美国虽对德宣战却远未动员好，英国也无力反攻欧陆，隆美尔只用 4 个师就在北非对英联邦军的作战中连连获胜，因而德军能集中力量对付苏联。凶悍善战的纳粹德国官兵的战术水平虽高于苏军，在战略上却出现严重错误，尤其是同时扑向斯大林格勒和高加索两个方向，犯了重点分散的大忌。

在斯大林格勒和高加索挡住两路德军

1942 年夏季，苏联卫国战争进入第二个灾难性时刻。北线的列宁格勒解围战失败还损失了第二集团军，中线朱可夫指挥的反攻未能打退德军，南线则出现了克里米亚半岛完全失陷和西南方面军主力惨败于哈尔科夫的危局，后方新组建的部队还远未训练好。战后朱可夫在会见美国将领闲谈时说过，那个阶段苏军真到了被压垮的边缘。幸亏斯大林格勒这个战略枢纽城市守住了，而且在那个以希特勒最大的敌人的名字命名的城市里消耗了德军精锐，苏德战争乃至整个第二次世界大战在这里迎来了转折点，法西斯力量由进攻转向了败退。

南线德军分兵两路，目标同时指向油田、坚城

德国发动战争后，最缺乏的战略资源便是石油，罗马尼亚油田和本国的人工合成燃料工厂都不能充分保障需求，这严重限制了坦克、飞机的产量和军舰出航。希特勒同统帅部的助手商谈 1942 年的首要进攻目标时，就确定要拿下石油产量占苏联总产量三分之二的高加索油田，以此让苏联崩溃或退出战争。

1942 年夏季和初秋，纳粹德国在南线连续告捷重创了苏军主力，斯大林还是错误地认为德军将会进攻莫斯科，将 3 个集团军的预备队都调到中线，希特勒却在 6 月 28 日开始了南线的总攻。德军以钳形攻势包抄了西南方面军的剩余部队，使其放弃了顿巴斯矿区的东部最后剩余地域。德军第一坦克集团军在 7 月上旬也将苏军南方面军大部击溃，逼近号称"高加索门户"的罗斯托夫。

苏军连战连败，主要原因是前线部队大多新组建，战斗经验少，有些官兵"恐德症"还未克服，迁移到后方的工厂未完全投产也导致装备不足，同时制空权还在敌之手。此时德国装甲部队的主力改换成Ⅳ号坦克改进型，增强了装甲并配备了长身管 75 毫米炮，综合性能远胜苏军装备最多的 T-60，同 T-34 坦克也能匹敌。德国坦克数量虽大大少于苏

军，通信和火控系统却占优势，同时还伴有大量装甲运兵车，在空军掩护下更具有机动作战的长项。

★链接

1942 年的苏、德主力坦克性能对比			
	吨位	火炮	装甲厚度
T-60	9吨	45毫米	前16毫米、侧后6-8毫米
T-34	28吨	76毫米	前70/45毫米，侧后35毫米
IV号	26吨	75毫米	前50/30毫米，侧后25-30毫米

希特勒在获胜之际，又犯了野心超过实力的错误，进攻高加索时又想拿下斯大林格勒这座伏尔加河边的大城。该城是莫斯科联系高加索和整个南线的交通枢纽，城内又有最大的拖拉机厂（开战后生产坦克），如果该城落入敌手就会切断苏联的南方战线和石油运输线。一些军事评论员说，德军若集中于一个方向攻下斯大林格勒，苏联的"油管"就会被切断，那就用不着进攻高加索。

希特勒以 B 集团军群的 37 个德国师东进时，又让 A 集团军群的 26 个德国师南下，这导致后方对油料、弹药供应分散而且都力不能及。

德国 A 集团军南下后，于 7 月 25 日拿下顿河入海口的罗斯托夫，接着展开长途追击。此时苏军吸取了不久前惨痛的教训，知道面对有空

1942 年 7 月，德军 A 集团军的 IV 号坦克通过罗斯托夫附近的顿河浮桥的照片，该部向高加索推进，分散了突击力量。

中优势、机械化程度又高于自己的德军，在空旷草原上防御只能成为敌军囊中物，一个月内便后撤了400公里至500公里，为夺取油田在后猛追的德军车辆倒感到了油料不足。

8月初德军占领了一个小油田迈科普，却发现油井内放置了难以移动的"铁蘑菇"，便继续向格罗兹尼油田推进。这里是车臣首府，当地民族与俄罗斯有几百年积怨，一些人欢迎德军。德国坦克此时距后方基地却达到500公里以上，又没有铁路线运输，不得不停顿下来，因后方汽车缺燃料甚至还找来骆驼运油、弹。德国兵虽遥看到格罗兹尼的油井架，却是可望而不可即，更难向500公里外的"油都"巴库前进。

A集团军群中有德军装甲部队中由冯·克莱斯特元帅指挥下的最精锐的第1坦克集团军，此人曾经在波兰、法国、巴尔干和乌克兰实施突击的功绩超过古德里安，过远突击却让他用武无力无地。德军第十七集团军更是远出高加索山主脉之下，使整个集团军群战线拉长到1000多公里。

在高加索登山的德国山地兵，事后证明此举实为虚名而无太大实效，因为配备大量机动车的军队无法通过这座山。

德国山地部队为了炫耀战绩，于8月23日派一支由过去的登山队员组成的突击队夺占了终年积雪、海拔5642米的欧洲最高峰——高加索主峰厄尔布鲁士峰，插上了"卐"旗。这面旗帜在山顶飘了几个月无人看到，希特勒得知后气愤地指责这一行动"只具有体育意义"。苏军只以少数部队占据高加索山脉几个险峻的山口，就使德国这支强大的战略集团进退两难。

1942年7月17日，德军B集团军群向斯大林格勒开始进攻，后来驰名世界的大会战从此开始。B集团军群有3个德国集团军，还配属意大利、罗马尼亚和匈牙利的4个集团军。因战线拉得太长，德军以自身担负主攻，以仆从军掩护侧翼，这就酿下后来在斯大林格勒被围歼的种子。

B集团军群中的第六集团军，司令是

原任陆军副总参谋长的保卢斯上将，曾参加"巴巴罗萨"计划的制订。此人有机械地执行上级命令的严谨特点，性格还有点软弱，在随后的攻击中就暴露出没有独立创见的弱点。他所率集团军是德军兵力最多的战略突击队，下辖近20个师。因顿河平原地势平坦，机械化程度和火力都弱于敌人的苏军且战且退，经一个多月防御撤到了顿河上游一线。

德国第六集团军向斯大林格勒前进时，第四坦克集团军因奉希特勒之命掩护A集团军群南下而拖了很久才调来。刚攻下塞瓦斯托波尔的第十一集团军和攻城重炮，又从南线被调到列宁格勒城下。这时希特勒又想对两个"格勒"都发起进攻，德军的轰炸机群和物资供应又只能重点保障南线。曼斯坦因所率的第十一集团军到了列宁格勒前线后反遭苏军反击，因保障力量不足陷入无用之地。

在希特勒的战略调动屡犯错误时，苏军统帅部的战略指导却有了很大进步，不再呆板地死守一地，形势不利时以后撤保存了力量，"不许后退"的命令主要是为了激励士气。苏联高层命令在高加索只以原有兵力据守，在关键时刻终于正确地把斯大林格勒当成防御重点。

7月末，苏军终于下令从莫斯科之南调第六十二集团军赶到斯大林格勒，由刚从中国顾问团调回来的崔可夫中将担任了集团军司令员。十月革命后，崔可夫19岁就在红军当了团长，后到中国帮助过北伐和抗战，只是在对芬兰的战争中所部损失惨重而一度受贬。崔可夫有多年作战经验，意志又很坚强，确是合适的人选。

希特勒审订"巴巴罗萨"计划时，身后是这一计划的主要草拟者、陆军副总参谋长保卢斯（后在斯大林格勒任第六集团军司令时投降）。

苏军第六十二集团军司令员崔可夫中将（中）在斯城保卫战中的照片，战后升元帅。他从北伐战争起多次来华任顾问和武官，同周恩来等领导人熟识，1964年中国核试验时还以个人身份祝贺。

高层严令"不许后退"，守城者对此机械执行

　　苏军的南线被突破，已经威胁到保障工业和战争机器转动的石油血脉。形势再度恶化又使苏军士气大受影响，逃跑现象增多，如 6 月间霍尔沃夫方面军副司令员弗拉索夫中将向德军投降就是一个恶例。7 月 28 日斯大林签署了国防人民委员第 227 号命令，随后被通称"一步也不许后退命令"。

★链接

国防人民委员第 227 号命令

　　这个由斯大林兼任的国防人民委员（相当于国防部长）所发布的命令，要求在红军连以上单位宣读。命令不讲空话，直接说明战争开始后苏联已经丧失了大片工农业区域，损失了大量战争资源，同德国相比形势已很不利。命令最后强调："再退却就是断送自己，同时也断送我们的祖国。"

　　当时听过传达这一命令的老战士们多年后回忆，他们感觉这如同一个父亲向儿子们讲家里已经快要破产，不能再不争气了，这反而能让人激发拼杀的动力。

1942 年东线德国空军形象，轰炸斯大林格勒是最大的一次空袭。

命令还附有给各部队首长的密件，规定："在各集团军中成立3~5个装备良好的阻截队（每队大约200人），把他们放在不坚定的师团后面很近的地方，责成他们在师团部队惊慌失措和慌乱撤退时把惊慌失措者和胆小鬼就地枪毙……"

第227号命令在当时对提高士气起到了一定作用，不过斯大林格勒的守城者机械地执行这一命令，造成的损失也相当惨重。尤其是高层为担心影响士气迟迟不肯在该城疏散，结果遭受了战时德军最可怕的大轰炸。

1942年夏天，苏军装备了性能接近德制梅塞施密特战机的拉-5战斗机，又得到数千架英美提供的战斗机，其中包括美国飞行员不喜欢却受苏方欢迎的P-39"飞蛇"战斗机，双方空中实力近于平衡。这时苏联空军仍集中力量保卫莫斯科，德军却集中空军于南线。7月下旬到8月中旬，炮声已在距离斯大林格勒60公里的顿河河畔轰鸣，这座有44万人口和拖拉机厂（战后转产坦克）的城市仍奉命照旧生产。此时市内防空掩蔽部只够容纳三分之一的市民，空军只有一个装备86架歼击机的航空兵师，城内高炮虽有500余门却主要配置在西部，难以应付德国空军战史上规模最大的轰炸。

8月23日这一天，希特勒、戈林下令轰炸机各主力联队倾巢而出轰炸斯大林格勒，许多容克-52运输机都满载燃烧弹加入编队。在轮番攻击中，德机一昼夜共出动1500架次，投弹达1000吨。

在空袭时，德机绕过城西的高炮阵地从城东上空进入，按惯用方式先炸坏供电、供水系统，再大量投掷烧夷弹。苏军飞机和高炮未能有效保卫上空，许多生产和运输单位因存有大量石油，巨型油库中弹

拉-3换发动机后成为较成功的拉-5战斗机，1942年夏天服役后便投入空战，并与敌机匹敌，被称为"斯大林格勒小救星"。

苏军获得的美制P-39战斗机，能与德军对等较量，这幅画表现了该机击落德国"斯图卡"轰炸机的情形。

起火后燃烧的石油沿河漫流，竟把长达几十公里的港口、码头和河中的船只全部烧光，城内也是浓烟蔽日。

德国《军人》杂志封面夸耀了飞机战突袭斯大林格勒油库的战果。

描绘斯大林格勒城内居民撤退到伏尔加河边的油画。

★链接

时任斯大林格勒方面军司令员叶廖缅科对空袭的回忆

8月23日我们在斯大林格勒市内目睹的一切，却像噩梦一样令人惊恐。忽而在这里，忽而在那里，不时腾起炸弹爆炸的火团和浓烟。巨大的火柱从储油库地区冲天而起，燃烧着的石油和汽油汇成一道道水流涌向伏尔加河……街道和广场上的柏油马路烟雾腾腾，发出一股股臭味。电线杆像划着的火柴一样唰唰地燃烧起来。

8月23日的空袭中造成4万市民死亡，100家以上的企业因受损严重和断电停产。大火破坏了市内的通信网，方面军司令部对部队的指挥中断，德军装甲部队乘苏军紊乱之机突破防线，在战争中最后一次创造了高速推进的纪录，一日内前进80公里，23日夜间到达伏尔加河岸。8月24日斯大林格勒市委下令将30万人疏散到河对岸，工厂也被迫将宝贵的设备转移到对岸或埋到地下。以唯意志论代替科学的结果是，最终还得转移疏散，为此还遭受了惨重损失。

巷战使德军优势难发挥，苏军顽强地逐屋争夺

斯大林格勒遭受卫国战争史上最惨重空袭的当天，莫斯科因通信中断还以为城市已陷落。幸运的是，城内的第六十二集团军虽然只辖4个步兵师和1个海军陆战旅，却已部署了防御，把长驱冒进的德军阻止在城南3公里处。

被称为"救火队员"的朱可夫此时被任命为苏军第一副统帅，奉命飞到斯大林格勒了解情况。他到达后马上下令反击，并从后方调去3个集团军。由于准备仓促，9月上旬反击未奏效，德军还于9月13日冲入城内并展开激烈巷战。

从地理上看，斯大林格勒是沿着伏尔加河右岸修建的狭长城市，长约15公里，宽5公里。这一地形特点，使擅长机动作战的德军难以渡河迂回城市侧背，不利的一面是使苏军守城部队处于背水而战。苏军调运援兵和前送物资都要渡过宽度近1公里的欧洲第一大河，德军还以不断的轰炸和炮击拦截运输。

斯大林格勒是新建的工业城市，大楼林立。德国飞机、火炮虽把楼房炸烂，废墟仍然是难逾越的障碍。德军装甲车辆不能像在平原那样驰骋，只能沿着有限的街道前进，还极易遭反坦克枪和轻型反坦克炮在两侧的打击。5个德国坦克军先后投入市区，坦克和强击炮只能充当掩护步兵的火力点，而且在硝烟弥漫的街道上还往往看不清目标，擅长野战的德国步兵也感到巷战是自己的弱项。

在斯大林格勒的巷战开始后，红色十月工厂、拖拉机厂和街垒工厂都创造了世界战争史上罕见的业绩。厂区外炮声隆隆，厂内工人仍在修复损坏的坦克和其他武器，一些先前还未造好的坦克此时在拖拉机厂内完工，并由工人志愿兵驾驶，直接从生产线上开到了战斗前线，甚至来不及涂上油漆和安装射击瞄准镜。

能鸟瞰斯大林格勒城的制高点，是城西的马马耶夫高地（亦译为马马耶夫岗），自然成为市区作战的争夺焦点。9月16日，德军经过一天残酷战斗将其夺占，第二天苏军近卫第十三师又以反冲击夺回。德军于9月27日重新占领了马马耶夫高地，29日又被苏军夺回。当时往往是

攻击者刚占领山顶，便被对方的猛烈炮火覆盖，接着又在反击中易手。这座不高的小山，成了双方都不断拼兵员消耗的"人肉磨盘"，对人力资源相对较少的德军最为不利。

起初德军占有火力优势，在攻城阶段共向斯大林格勒倾泻了10万吨炸弹和炮弹，以轮战方式陆续投入城内27个师

表现斯大林格勒拖拉机厂激战的油画，坦克从生产线上开下便直接投入战斗。

表现苏军第六十二集团军海军旅向马马耶夫高地反击的油画。

（损失过重的师撤走后以新师轮换）。苏军从伏尔加河对岸陆续将8个师援兵添加到血战之中，集中在河对岸的重炮群也根据前沿引导不断轰击进攻的德军。起初德国空军还能在白昼控制天空，天黑之后苏联的伊尔–2强击机和佩–2轰炸机又根据地面火光引导向德军前沿不断投弹。

★链接

德国老兵对斯大林格勒攻城战的回忆

斯大林格勒会战后幸存的德国老兵，都把当时的城区形容为"日夜燃烧的地狱"。他们攻入市内后每天的推进不是用公里，而是用米来衡量，甚至"是用尸体的数量来丈量"。一位叫汉斯·德尔的军官在《进

军斯大林格勒》一书中写道："敌我双方为争夺每一座房屋、车间、水塔、铁路路基，甚至为争夺一堵墙、一个地下室和每一堆瓦砾都展开了激烈的战斗。其激烈程度是前所未有的。"德军还把巷战称为"老鼠战争"，"即使我们占领了厨房，仍然需要在客厅进行战斗"。

　　德军经血战于 9 月 25 日攻入市中心，却远未取得胜利。在一个大粮食仓库里两军的士兵非常接近，甚至能够听到对方的呼吸声，经血战德军被赶出去。苏军由扬科夫·巴甫洛夫指挥的一个 6 人小分队占据了城中心的一座公寓楼，这座顽强的堡垒后来被苏联人骄傲地称为"巴甫洛夫大楼"。战后几十年间，这座楼最后仅剩一堵墙留为纪念，上面雕刻着士兵抵抗的画面，右上角刻着"58"这一数字，以表明斯大林格勒会战中这 6 人坚守了 58 天。

　　在这场攻防战中，双方士兵的素质得到充分显现。德国兵训练水平高，坚韧性却差，激战若干天便要后撤休整，新调来的部队又不能马上适应战场。苏军士兵的训练水平虽不及敌，却能忍受恶劣条件，各部队又"只增不撤"。有的师打得只剩 1000 多人，留下的官兵却锻炼成非常熟悉这一特殊战场环境的斗士。人称两三个久经战斗的苏联老兵，便能在迷宫般的废墟中抵住新开到的一个排的德军。

描绘城内巷战的画面，画面中的德国军官拿着一支缴获的波波沙冲锋枪，这种枪的确受德军喜欢。

巴甫洛夫大楼旧址照片，战后成为凭吊之地。朱可夫曾说德军在争夺"巴甫洛夫之家"所战死的士兵数量比德军攻取巴黎死的人数还多。

战后巴甫洛夫站在他和战友守卫的建筑物前。

苏军狙击手在环境杂乱的城市废墟，能够有效地发挥突袭毙敌的威力。相反，过去主要习惯于在丛林和旷野作战的德国狙击精英调到这里却不适应环境。德军对斯大林格勒持续攻坚，成了以己之短攻对手之长。

★链接

斯大林格勒城中驰名世界的苏联狙击手

苏军第六十二集团军中曾涌现了一名出色的狙击手瓦西里·扎伊采夫（1915.3—1991.12）。他出生于乌拉尔，少年时常跟父亲进山打猎，12岁就练就了一手好枪法。在斯大林格勒保卫战中，他取得了击毙225

名德军的战绩（有宣传说他总战绩超过300名），其中有11名狙击手，包括德国"措森狙击学校"的总教官海因茨·霍尔瓦利（有的文章和电影中称其是校长埃尔温·柯尼格少校，属于艺术虚构）。会战结束时他遇地雷爆炸眼睛受伤，被送到莫斯科交眼科专家治疗才保住了较差的视力。伤愈后扎伊采夫回前线，负责培训新狙击手，曾提出至今仍被采用的"六人猎杀小队"的狙击方案——用三个狙击二人小组（射手和观测手）的火力来封锁目标地域。战后他退役到基辅任汽车厂厂长，几十年间其事迹在世界广为传扬。

苏军第六十二集团军第二八四步兵师士兵、狙击英雄扎伊采夫1942年10月在斯大林格勒前线的照片。

希特勒一再宣布"已占领斯大林格勒"却兵陷危境

为给德国军民打气，1942年10月间希特勒一再宣布，德军已经占领了斯大林格勒，并掐断了俄国石油运输命脉，"只剩残敌正在肃清"。这个靠煽动蛊惑人心起家的独裁者，把此城的精神价值放在首位并关联个人荣誉，疯狂压倒了理智。

由于"残敌"不肃清就不好向国内交代，保卢斯指挥的德国第六集团军把能够调动的部队都投入城区，10月14日成为攻城最激烈的一天。当天德军攻到崔可夫的第六十二集团军司令部旁边，苏军的参谋和警卫员都不得不拿起武器参战。

德国宣传画《向元首起誓一定要拿下这座城市——斯大林格勒》。

10月中旬以后，苏军守城的第六十二集团军被压缩到河岸一线，各师距河边的纵深大都只有1公里至2公里，有的只有几百米，却仍然顽强坚守。德军开始将河边的守军切成两段，接着又切成十几段，却仍然不能全歼他们。

此时德国陆军作战部队总共有260个师，已有189个师投入了苏德战场，西线为防御英美登陆部署了50个师，在北非战场只有4个德国师兵力（另有几个战斗力极差的意大利师）。东线德军兵力又拉长在3000多公里的战线上，斯大林格勒虽然是重点却得不到太多增援，原因又在于苏军在其他方向牵制了德军。如朱可夫在莫斯科以西不断组织反击，便使有70个师的德国中央集团军群不能调兵到南线，整个东线德军只有8个师预备队。

南线的德军部队，又分兵在高加索和斯大林格勒两个相距甚远的战场，多数部队又在伏尔加河边城市争夺战中耗尽锐气。斯大林格勒的北、南两侧的漫长侧翼防线，只能交给罗马尼亚和意大利部队守卫，这是明眼人都能看到的致命弱点。

早在9月间，德国陆军总参谋长哈尔德上将在文尼察大本营的一次会议上指着地图提醒希特勒，应警惕对方集中百万兵力从两侧包抄到攻城部队后方。据当事者回忆，希特勒马上斥责这个早已失宠的参谋长，说不愿听到这种蠢话，因为他认为苏军已经耗光了后备力量。

进入10月间，希特勒因讨厌老资格的将领在耳边饶舌，将原先只是少将的少壮派蔡茨勒破格提升为上将，取代了哈尔德的陆军总参谋长之职。蔡茨勒上任后考察了形势，也是建议将第六集团军撤到顿河河曲。希特勒听后严厉回答说："德国士兵到了哪里，就要守到哪里！"

此时希特勒只顾尽快占领斯大林格勒全城，调去了包括配备615毫米口径迫击炮的90个炮兵营、40个受过攻城训练的工兵营。德国第六集团军虽疲惫不堪，仍从11月11日起以5个步兵师、2个装甲师在宽5公里的正面战场上发起强攻，因兵员和弹药不足而在11月15日停顿下来。这次愚蠢的最后进攻，在苏军反攻前徒然消耗了可用的机动力量和不多的油料，严重影响了坦克和飞机出动能力。

斯大林格勒会战的第一阶段从7月中旬持续到11月中旬，苏军的历史档案记载其阵亡和失踪32.3万人，伤病31.9万人，总减员达64万人。德军在斯大林格勒方向伤亡、患病减员40万人左右（死亡约9万人）。虽然苏军损失仍大于德军，通过充分动员却可以弥补，这年夏秋接收数万辆美援汽车又大大提升了机动力。德国损失的人力、物力却难以弥补，在斯大林格勒战线上的部队又特别疲劳困顿。

战略指导的高超与否，就在于能不能抓住机遇。当斯大林格勒方向德军严重消耗又未得到补充时，苏军正好抓住这一难得的有利时机展开反攻。反攻的成功恰好说明，战略指导上的正确与否对战争的成败的作用是最重要的。

苏联著名油画《斯大林格勒的市民》，表现保卫战中军民团结作战。

斯大林格勒反攻胜利彻底扭转战局

「斯大林格勒」一词，几十年来一直成为俄语中最光荣的词汇，是俄罗斯人顽强精神的闪光点。在这个城市及其周围展开的大会战，不仅是城市防御战的成功榜样，也是消耗敌军后及时反攻并实施合围歼灭的典范。纳粹从兴起、向外扩张到走向败亡的转折点，也就是在这个德军进攻苏联时推进最深远的城市。

斯大林格勒反攻胜利彻底扭转战局

斯大林格勒会战是苏德战争乃至整个第二次世界大战的转折点，其战果包含两阶段成就——1942 年 7 月至 11 月中旬以顽强防御挫败了德军疯狂进攻，从 11 月 19 日开始反攻并在翌年 2 月 2 日围歼了德国最重要的一个战略突击集团。由于反攻当天是以 1100 门火炮的轰鸣开道，把炮兵崇拜为"战争之神"，苏联后来便将 11 月 19 日定为"炮兵节"。

1942 年 11 月 19 日，苏军以 1100 门火炮的轰击揭开反攻序幕，这一天后定为苏联"炮兵节"。

从斯大林格勒开始的反攻持续了 4 个多月，在北起列宁格勒南至高加索的近 3000 公里的战线上，500 多万苏军改变了此前被动防守的态势而全线出击，战争中的进攻者和防御者从此调换了位置。

德军前线困顿之际，苏军及时展开反攻

1942 年 11 月，纳粹侵略扩张达到了极限，占领区从北极寒区延至北非沙漠，从大西洋海岸扩展至伏尔加河畔的斯大林格勒。不过物极必反，希特勒膨胀的侵略野心与实力不足的矛盾此时终于总爆发，苏军开始反攻并迅速包围了德国最重要的一个战略突击集团。

此前德军经过 4 个月苦战，已经攻占了斯大林格勒城区的五分之

表现苏军冬季反攻的绘画，这时因敌抵抗力很强，推进要经历苦战。

四，苏联南方运输线接近断绝，威胁到石油主要来源。纳粹宣传机构此时宣称，"我们已经扼住了敌人的喉咙"，然而苏军的反攻斩断了德国人伸出的手指。

据俄罗斯解密的档案说明，1942 年苏军伤亡比 1941 年下半年还要惨重，至 11 月间伤亡高达 400 多万，还有 130 万人当了俘虏，不可弥补的人员损失三倍于敌。苏联却实行了彻底动员，并得到英美的物资援助，还能增加部队数量，武器装备也得到改善。德国陆、空军主战装备产量远不及苏联，兵员损失也得不到有效补充，德国占领区的极度扩展导致四处分兵，对东线一时难以增兵。

进攻斯大林格勒的德军第六集团军，在 11 月间苏军反攻时只有 10 天粮食储备，油料也不足。德国战史研究者常称斯大林格勒惨败是"后勤供应的灾难"，又是"衰弱的盟友招祸"。德国第四坦克集团军、第六集团军向苏军正面猛攻时，北、南侧翼只能交给衰弱的罗马尼亚 2 个集团军和 1 个意大利集团军防御。

★链接

苏军在斯大林格勒反攻前对敌力量对比

1942 年 11 月中旬，斯大林格勒战线苏军有 3 个方面军共 143 个师、110.6 万人，拥有 1463 辆坦克和 1350 架飞机，弹药、油料充足。

德军 B 集团军群共有 80 个师、约 100 万人，有 675 辆坦克和 1216

架飞机。其中有德军48个师约60万人，其余是战斗力很差的罗马尼亚、意大利部队。

从1942年至1944年任苏军总参谋长的华西列夫斯基的油画像。因指挥斯大林格勒反攻获胜，他在不到2个月内由上将连升为大将、元帅（此时军衔已由领章改为肩章）。

苏军原定10月20日开始反攻，当斯大林听到空军元帅诺维科夫报告还未准备好时，又说不必性急，待掌握制空权再总攻。

对斯大林格勒方向的反攻，斯大林指派总参谋长华西列夫斯基上将指挥。这位总长同性格刚烈的朱可夫相反，在苏军中以脾气温和、办事稳重著称，一个重要原因是父亲过去是牧师而"家庭出身不好"，总背着政治包袱。斯大林看中华西列夫斯基的办事能力后，曾专门嘱咐不必同父亲完全划清界限，还可以寄钱赡养。

战争初期他作为副总参谋长四处奔走，熟悉各部队，于是斯大林让他统一协调指挥斯大林格勒方向的三个方面军。反攻成功后，斯大林就夸奖他说："华西列夫斯基同志，瞧您指挥着这么一大批部队，而且您干得不坏，但您自己也许连苍蝇都从来没有欺侮过。"这次反攻获胜后，华西列夫斯基就升为大将，一个多月后就升为元帅。

此时的朱可夫作为第一副统帅，在莫斯科以西的勒热夫—维亚济马方向指挥代号为"大土星"的进攻战，想打一个合围战来歼灭德国中央集团军群的第四、第九集团军。战后朱可夫在《回忆与思考》中对此战役只是轻描淡写地提到一句，有的战史研究者则认为这是他战时唯一的败仗，才不愿多谈。当地苏军坦克和步兵在雪地、森林密布的地域内进攻只能沿有限道路推进，因在德军集中火力、兵力阻击下进展甚微。经一个月激战，苏军伤亡了21万人，德军损失只有5万余人。不过这一攻势牵制了中央战线的德军，使其连一个师都抽调不出来。

朱可夫反攻的拳头打在严阵以待的德军身上，受到有力招架。华西列夫斯基的拳头却先打在罗马尼亚这个弱敌身上，使斯大林格勒反攻有了胜利的开局。

苏军把德军21个师装进"口袋"，敌军又未突围

1942 年 11 月 19 日，正值雪花纷飞，苏军未得到空中支援，德军也没有飞机侦察而导致战况迟迟不明。苏联坦克轻易冲破罗马尼亚军防线后，一天就向纵深穿插 30 公里至 60 公里，无心为德国卖命的罗马尼亚军人四散溃逃。

德军第六集团军司令保卢斯得知自己侧翼危急，第四坦克集团军司令部及部分部队已经撤到后方休整，他临时向北面调去几个装甲分队，却根本堵塞不住近百公里的缺口，苏军在浩荡推进的 4 天内便抓到 7 万俘虏（多属罗军）。

11 月 21 日当天，天气略微转好一点，德国著名的轰炸机王牌飞行员鲁德尔起飞去拦截苏军。他后来回忆说，只看到公路上奔逃的罗马尼亚人，再飞了很远才看到后面追击的俄国人。只靠他投弹和扫射，根本无法拦阻前进的俄国钢铁洪流。

此时希特勒正好又在调兵占领围袭法国所剩的南部地区，11 月 22 日听到陆军总参谋长蔡茨勒报告第六集团军即将被合围，为维持声誉又不肯下撤退命令。

11 月 23 日，是苏联卫国战争史上一个重要日子，苏军顿河方面军和斯大林格勒方面军由北、南两面对进，如同一把铁钳合拢，完成了对斯大林格勒德军的包围。这一消息广播后，苏联举国欢腾且引起世界震动。

★链接

德军首次陷入一个巨大的包围圈

过去擅长合围别人的德军，在斯大林格勒方向突然陷入一个面积 4000 平方公里的包围圈，最西端的部队距离德军后方战线也有 80 公里。被围的有德国第六集团军全部和第四坦克集团军一部共 21 个师（包括 1 个空军高炮师）约 27 万人，还有罗马尼亚 1 个骑兵师以及帝国劳工队等人员 5 万至 6 万人，所有人员总计 22 个师、33 万人。

表现斯大林格勒反攻时南、北两路部队会师，完成对敌合围的油画。

苏军达成合围后，起初以为包围的德军不过 10 余万人，可迅速歼灭，经几天进攻后发现这个"核桃"比预想硬得多。当地苏军 60 余万人分成两部分，罗科索夫斯基中将指挥 30 万人实施包围，叶廖缅科率部到外围阻击援军。

德军被包围后奉命坚守，被战后众多德国将领指责为希特勒的一大败笔。苏军第六十二集团军司令员崔可夫战后总结说，德军并非失着，因为被围德军的油料只能保障少数装甲部队冲回后方战线，绝大多数徒步行进的德军人员若离开原有阵地，在荒凉无掩蔽的草原上奔走突围，只会在几天内全军溃败。保卢斯不突围而坚守了两个多月，对牵制苏军倒是起到不小作用。

希特勒在战略上的失算，主要是此时还不肯收缩战线。他在公开演说中表示决不会从斯大林格勒撤退，又不肯把南线的 A 集团军从高加索调回，来解围的只有 3 个月前从塞瓦斯托波尔调到列宁格勒前线的第十一集团军。这个集团军番号扩大为"顿河集团军群"，曼斯坦因元帅担任司令，已残破的第四坦克集团军和罗马尼亚两个集团军的败兵也归其指挥，其任务是杀开血路打到斯大林格勒。

被围的德国第六集团军想维持最低需求，每天必须得到 600 吨物资。戈林

苏军在斯大林格勒反攻时已部分掌握空中优势，画中是伊尔－2 强击机攻击地面德军和空投的德机。

吹嘘能建立"空中桥梁"，是认为能调动300架运输机，以一次2吨运量、每天飞一次就可达到要求。他未算到苏、德空军已势均力敌，德军运输机会受拦截，加上苏联的风雪气候严重影响飞行，最顺利的时候每天只能供应300吨物资。

此前，苏军在莫斯科会战后也包围过德军的重兵集团，却都未能歼灭，主要原因就是未能阻断敌人的空运和援兵。这次苏军吸取了教训，一面加紧空中封锁，一面集中力量在外围打援。

先打败来援德军，再全歼被围两个月之敌

1942年12月12日，此时德军威信最高的元帅曼斯坦因率顿河集团军群发起解围攻势。第四坦克集团军以230辆坦克打头阵，于12月19日进到距离包围圈50公里之处。曼斯坦因却犯了一个与保卢斯同样的错误，就是把左面侧翼交给战斗力薄弱的意大利军队，这也是兵力不足与目标太大的矛盾所致。

苏军正好抓住敌人的薄弱部位，12月16日开始攻其侧翼。当天，由瓦杜丁上将指挥西南方面军主力和沃罗涅日方面军一部共40余万人，以1000余辆坦克为先锋，向意大利第八集团军发起进攻。这个由7个意大利师和1个德国师组成的集团军马上崩溃，苏军坦克部队形成直插罗斯托夫而切断整个德军南线之势。

投入东线的意大利第八集团军在苏军反攻下一战即溃，使解救斯大林格勒的德军侧翼完全暴露。

12月23日，曼斯坦因动用了最后的预备队发起救援进攻，在梅什科瓦河北岸被苏军打退。战后德军将领梅林津在《坦克战》一书中认为，第三帝国命运的转折点就是这一次战斗。

此时的曼斯坦因感到自己也面临被围危险，要求保卢斯立即突围同他会合，然后一起西撤。保卢斯却不敢违抗希特勒的坚守命令，加上燃料匮乏和部队体力差也无力行动。曼

斯坦因只好自己掉头向罗斯托夫撤退，担负后卫的第五十七坦克军被苏军追上包围歼灭。如全面统计斯大林格勒一役歼灭德军的数量，还应加上在包围圈外消灭的6个师。

看到原先盼望的解围"救星"越走越远，包围圈内德军的全部希望就是空运。面对苏联空军的截击，德国运输机以四五十架编队飞行，并由战斗机护航。大机群飞到包围圈内的机场拥挤着陆，装卸成了难题，导致运量低而事故率高。

12月24日，苏军一个坦克军在一天内迅猛前进70公里，冲到德国空军在南线最大的基地塔秦斯卡亚机场。此时机场上因大雾迷漫能见度不过50米，飞行员听到苏联坦克马达声才匆忙起飞，许多飞机在空中和跑道上相撞，又有一些被苏军击毁。德军将领承认此次仅运输机便损失了70多架，还损失其他一些飞机，大批空、地勤人员又被苏军俘虏和击毙。

德军运输机一时损失大部，戈林只得将轰炸机用来空投，一架次只能投送1.5吨物资。德军第六集团军得到的补给平均每天降到只有100吨，士兵多数日子只能得到200克食物。快饿疯的德国兵把罗马尼亚骑兵师的马匹全部宰杀，据当事者回忆场面十分吓人，士兵们砍下马头后竟抢着生喝脑浆。

1943年1月10日，苏军劝降无效后向被围德军发起了代号为"指环"的进攻。此时德国兵挖工事的力气多已丧失，只得退到斯大林格勒

这幅画描绘的是1942年12月苏军突袭德军塔秦斯卡亚机场，沉重打击对斯大林格勒的空运。

城内的残垣断壁中。1月22日苏军占领了包围圈内最后一个机场，德军第六集团军只能得到飞机夜间投下的零星补给，若不投降几天后全体官兵都会饿死。

1月30日，希特勒授予保卢斯陆军元帅军衔，同时对副总参谋长约德尔说："在德国历史上，还从来没有元帅被生俘的。"虽然元首想让保卢斯等自杀，包围圈内的28名德国将军经历了精神和肉体折磨，对元首已失望，除3人阵亡、1人自杀外都选择投降。1月31日，保卢斯率司令部人员投降，2月2日城北的第十一军残部最后也投降。包围圈内最后被俘虏的德军为9.1万，还有4万余名辅助人员（罗军、帝国劳工队等）。此前苏军从未俘虏过任何德国将军，此次却一举俘虏了24名，内有元帅1人，上将2人。

表现保卢斯元帅向苏军投降的绘画，他左后侧是参谋长施密特中将。

得知保卢斯投降，希特勒恼羞成怒，曾询问周围是否能收回元帅任命，回答是已经广播登报，取消命令会更丢脸。他担心投降的将领会到莫斯科电台上为苏联宣传，不过直至一年半以后发生了一些军官行刺希特勒未遂事件，保卢斯才公开发表声明参加"自由德国军官协会"，反对纳粹统治。解密的苏联档案证实，保卢斯在战俘营里对待遇要求很高，每天都要喝葡萄酒，还常要白兰地，苏方都给予满足。1946年对纳粹实行纽伦堡审讯时，保卢斯以证人身份出庭，揭露了他任陆军副总参谋长时所知的德国制订侵略计划的过程。过了几年后，他因未受起诉遣返回国，由于同苏联合作过而受众多旧德军官谴责，只能选择在民主德国定居。

希特勒唯一的外甥、姐姐的儿子拉包尔少尉也落在斯大林格勒包围圈中，保卢斯在解围无望时致电希特勒询问可否用飞机将他送出，等于给元首出了个大难题。希特勒知道若在部队覆没前专门接出他，肯定严重打击士气，只得拒绝此议。随后拉包尔少尉没有战死或自杀，而随大部队一起当了俘虏，这对他舅舅战斗到底的命令也是一大讽刺。战后苏联以拉包尔在

描绘德军在斯大林格勒包围圈中机场的画面，普通伤员被拦阻不得登机，只许技术专家和负伤军官登机撤走。

纳粹青年组织任职时帮助过希特勒为由，判处其二十五年徒刑，1955年全部特赦德国战犯时放他回国，此人随后匿名隐居。

看到有那么多将领当俘虏，为制止这股投降风气，希特勒通过中立国瑞典向苏联提出，愿用战俘营中斯大林的长子雅柯夫大尉交换保卢斯元帅。此举目的是将此人要回来送上军事法庭，告诫本国军官即便投降也逃不脱惩罚。斯大林明白这是儿子最后的获救机会，却感到不能以私利牺牲国家利益，对瑞典人只回答说："我没有那么一个儿子。"

在斯大林格勒会战的第二阶段即苏军反攻阶段，据俄罗斯解密的档案，苏军阵亡、失踪共15.48万人，伤病减员33.08万人。德军及其仆从军损失要更大一些，在包围圈内就有14万军人死亡，另有4万余伤患者和少数技术专家由空运撤出，还有9.1万人投降被俘。包围圈外的德军死伤被俘也超过10万人，罗、意军的损失也将近20万人。德军最严重的损失还是27个师（大都精锐）被整建制消灭。苏军伤亡虽不少，建制和老骨干还在，并积累了丰富经验，通过补充新兵和以老带新，战斗力不仅很快能恢复且可以提升，双方力量对比的天平从此向苏联倾斜。

在斯大林格勒被俘的9万德军大都是伤病员，身体已很虚弱，在春季流行伤寒时死亡大半。后来西方称其中只有5000人活着回到德国，其

苏联时代所绘的斯大林格勒会战反攻全景画，表现了包围圈内德军垂死挣扎的情形。

实这只是返回当时的联邦德国的战俘人数统计，多数被释放的战俘去了民主德国。

对德国空军来说，斯大林格勒也使其元气大伤。德军运输机据称损失490架（超过在役的半数），用来空运的轰炸机大批也被击落或在恶劣气候中失事。戈林在日记中便哀叹："我的轰炸机队在斯大林格勒损失殆尽。"虽然飞机还能大量生产，需要长期培训的飞行员却一时难以补充，此后大规模的白昼轰炸就再难组织。

鉴于斯大林格勒惨败对国内无法隐瞒，希特勒不得不在第六集团军覆没第二天以悲壮的口吻宣布了这一消息，并要求全国致哀三天。在全德国土地上，各教堂悼念战死者的钟声到处响起，过去胜利的鼓角却从此消失。按继承希特勒之位的邓尼茨回忆，正是这一仗失败使德国军人对胜利和荣誉都产生了怀疑。

看到德军惨败于斯大林格勒，1943 年 1 月美、英两国首脑罗斯福、丘吉尔在卡萨布兰卡发表宣言，称德国、日本和意大利已无资格媾和，只能无条件投降。这一宣言震动了原本就对战争前景不乐观的一些德国军界人物，他们开始密谋除掉希特勒，以争取有利的和平条件，这说明法西斯军人集团已出现了动摇。

饱尝了战争初期一再失败的苏联人，斯大林格勒大捷同样是精神上的转折点。莫斯科会战的胜利只说明德国不能征服苏联，斯大林格勒会战的胜利才使全体军民就此坚定了赢得战争胜利的信心。

描绘苏军在斯大林格勒城内反击的画面。

这是苏联赫鲁晓夫时代所绘的油画，突出了当时方面军中将政委赫鲁晓夫（右二）在斯大林格勒前线的形象。

苏军反攻计划过大，受挫哈尔科夫后转入休整

据希特勒的女秘书在回忆录中称，1943 年 1 月是她看到元首最沉默的一个月。这时东线连传败绩，《卡萨布兰卡宣言》又断了在西线媾和之路，那个战争狂人意识到自己下的赌注可能要赔光，不过他还是以宣布"总动员"来挣扎。战争进行到此时，德军死亡、被俘和残疾已近 200 万（近 90% 损失于对苏作战），全军 800 万人的员额按原有服役年龄（18 岁至 40 岁）已无法维持。1943 年 1 月，希特勒下令全国"总动员"，17 岁到 50 岁的男子凡无特殊工作者都要入伍。德军几个月内又扩充到 1000 万人，在东线还能保持近 400 万作战部队。

苏军在1942年至1943年这个冬季反攻的画面，此时部队精神振奋，前仆后继勇猛进攻。

进入1943年后，苏军在全线展开反攻。1月中旬，苏军在德军对列宁格勒的封锁线上打开了一条宽10公里的通道，列宁格勒由"被围困"变成"半围"状态。北面的芬兰当局就此得出了德国已经打输了的结论，提出要设法退出战争。

苏军南方面军追击德军曼斯坦因所部时，向罗斯托夫发起进攻，至1月7日攻至距城市仅60公里处。德军A集团军群面临从后面被切断的危险，希特勒这才下令在高加索前线的部队后撤数百公里，龟缩到塔曼半岛。苏军追击部队因过于拘谨，未能抓住撤退之敌。

在沃罗涅日方向，1943年1月14日苏军以近30万部队向德国B集团军群北翼包抄，仅4天便合围了匈牙利第二集团军、意大利阿尔卑斯山地步兵军及德军第二十四装甲军共13个师。这股"大杂烩"部队迅速崩溃，有8.6万人被俘。1月24日，在这一方向进攻的苏军实现了近似斯大林格勒的又一次合围，包抄了德国第二集团军。被围的7个德国师、2个匈牙利师乘苏军封锁不严马上突围，在干扰双方视线的风雪中长途奔逃了近200公里，多数人逃回却丢弃了重装备。2月16日，苏军在追击中收复了战前国内第四大城市哈尔科夫。

★链接

苏军以胸膛堵枪眼的英雄马特洛索夫

在苏联卫国战争中，士兵的头号英雄就是亚历山大·马特维耶维奇·马特洛索夫（1924—1943）。在1943年2月下旬西部战线的进攻中，这个列兵打光了子弹，为压制德军地堡火力以保障部队冲锋，扑向射口以胸口堵了枪眼。这个"普通一兵"的事迹后来也传到中国等地，并产生了很大影响。

马特洛索夫是内战后遗留的流浪儿，靠政府的孤儿院养大，他认为自己的一切都是国家给的，为保卫祖国不惜献身。苏联树立这一典型，也是以此宣扬爱国主义和英雄主义精神。

苏联方面此时对形势做出了过于乐观的估计，要求迅速夺取第聂伯河边的登陆场，并合围顿巴斯的德军。苏军一线作战部队虽达到600余万人，补充的多是新兵，军事素质还不高，在冰雪中连续推进几百公里后又感油料、弹药缺乏。德军曼斯坦因元帅抓住这一战机，以刚从西欧调来的党卫军坦克军为主力，从2月19日起在第聂伯河以东发起了反击。

德国新出厂的"虎"式重坦克参加了反扑。苏军的T-34和KV坦克的76毫米炮根本打不穿"虎"式的装甲，过去苏军享有的坦克质量优势从此丧失。3月初，苏军开始撤退，德军于3月16日夺回哈尔科夫。

苏联英雄亚历山大·马特维耶维奇·马特洛索夫画像，他牺牲于加里宁方向大卢基战斗中。

描绘马特洛索夫在1943年2月23日的战斗中用胸膛堵住德军地堡的枪眼的油画。

1943年2月哈尔科夫反击战时，"虎"式（右）和3号坦克（中）一同作战。

在这次德军反攻战中，苏军阵亡、失踪4.5万人，伤病4.1万人，损失并不算重。德国宣传机构却对哈尔科夫一战大吹特吹，想以此振作士气。为抽调兵力打这一仗，德军还放弃了勒热夫—维亚济马

突出部，前线距莫斯科的距离由 120 公里拉大为 200 多公里。

尽管哈尔科夫一役受挫，苏军为时 4 个多月的冬季反攻战果仍属辉煌。德军死亡超过 30 万人，被俘达 16 万人，加上伤病人员，总损失近 100 万人，其仆从军的损失也多达数十万人。德国从此丧失了战略进攻能力，只能做一些战役性的反扑。

贫困的苏联产出比德国更多的武器

在西方人眼中，苏联是工业和技术落后的东方国家，自诩种族优秀的纳粹更将其视为「劣等民族」。苏联在第二次世界大战中却能创造军工业的最高纪录——生产出世界上最多的坦克，生产出最多的迫击炮，生产出最多的冲锋枪……这一世界军工史上的奇迹，是私有经济的国家所不可想象的，只能靠「举国体制」来保证，即集中全民之力和全国资源干这件决定国家生存的大事。苏联模式虽有其弊病，在战时军工生产中却还能发挥优势。

贫困的苏联产出比德国更多的武器

　　人类进行战争都要依赖现有经济基础，如冷兵器时代交锋以手工打制的刀矛为基础，热兵器时代则依赖化学能和机械能。第二次世界大战中的机械化战争，又是以工业实力特别是钢铁、机械制造和化学工业为基础。苏德战争是战史上空前的机械化大战，苏联的工业和科技实力虽逊于德国，却能生产出数量更多的坦克、飞机和枪炮。虽说苏制武器不算精良，却结实耐用，尤其适合在恶劣自然条件下使用。武器行家常称，德国武器带着"高傲贵族"的气质，苏联武器却有"纯朴农夫"风范。无情的事实是，农夫肯定多于贵族，而在大规模战争中往往是数量优势最终压倒了质量优势。

苏联经济侧重军工，投入比例胜于德国

　　俄罗斯 16 世纪建国时，还是一个有深厚蒙古化特点的内陆型封建帝国。17 世纪末彼得一世打通了出海口并引进了荷兰、英国的造船和枪炮等技术，人称"彼得大帝把蒙古式的野蛮和西欧的科技相结合，从而造就了俄国"。不过因俄国的专制传统和农奴制长期保留，经济畸形发展，只侧重于军工而轻视民用产业，因而列宁为沙俄帝国主义加上了"军事的、封建的"前置词。这种历史惯性，也影响到苏联的发展模式，从斯大林起就一直把发展军工放在建设的首位。

　　德国地处欧洲中部，近代化进程一直走在俄罗斯前面，1871 年普法战争胜利达成了统一后，更加快了工业化，在 20 世纪

✎ 苏联早期工业建设的宣传画，突出以重工业为中心，这主要服务于军工。

初成为仅次于美国的世界第二工业强国。1914 年第一次世界大战爆发前，德国年产钢已达 1800 万吨，沙俄年产钢只有 490 万吨，俄军连步枪还不能完全自给而要进口，因而十月革命后列宁提出的口号是"向德国人学习"。

德国在一战失败后虽割地赔款，却基本保留了工业基础，只是因经济危机造成国内生产两次大滑坡。1933 年纳粹上台后，德国经济才得到重振，科技水平的优势进一步得到发挥。此时纳粹出于种族主义理念又疯狂迫害犹太人，导致爱因斯坦等众多科学家出走美国（爱因斯坦还曾一度想去苏联），这也影响了基础科学建设，例如原来领先的核研究项目就被美国超过。

被西方视为"半野蛮"状态的俄国经过大战和三年内战，直至 1927 年工农业产量才恢复到第一次世界大战前的水平，不过随后却抓住一个大发展的机遇。1929 年苏联开始第一个五年计划建设时，正值西方发生空前的经济危机，便利用这一机会引进了美国和西欧的大量生产线和先进技术，又同德国进行秘密军事合作提升了军工水平。30 年代中期，苏联重工业产量已进入世界前列，军工生产规模已居于世界第一位，只是质量还不高，人民生活水平提升也比较慢。

至苏德战争爆发前，苏联农业规模和资源拥有量都优于德国，人口又是其两倍多，其主要工业总产量也接近了德国，而技术水平仍然落后。

★链接

1940 年苏、德两国主要工业经济指标		
	苏联	**德国**
钢产量	1800万吨	2560万吨
发电量	460万千瓦时	650亿千瓦时
煤产量	1.7亿吨	3.4亿吨
石油产量	3700万吨	160万吨（主要依靠进口和人造石油）

1940 年德国取得了占领法国、荷兰、比利时等工业国的胜利，当地工业生产虽有萎缩却受德国支配，掌握的工业产能至少达到苏联的两倍。德国在 1941 年下半年又占领了苏联大片国土包括原来的重工业基地顿巴斯，1942 年苏联的工业生产能力降到只相当于德国的四分之一。

让苏联人庆幸的是，德国发起"闪击战"后三四个月内，政府就能将即将沦陷地区和受威胁区的90%的机械设备，包括1900多个完整的工业企业搬迁到几千公里外的乌拉尔、新西伯利亚，安装好机器后就转入军工生产。战后苏联许多将领和史学家认为，战争中任何一次战役的胜利，意义都比不上东迁企业成功这一历史性成就。如果是以私营经济为主的国家，根本不可能进行这种相当于"工业国家向东的千公里大搬迁"。

苏联在危急时刻，生产的飞机、坦克和大炮仍一直多于德国。虽说美国、英国提供了武器援助，其飞机数量却相当于本国产量的七分之一，坦克相当于十分之一，只是汽车数量超过本国产量，苏军主要还是靠本国力量在武器竞赛中超过了德军。

面对希特勒要消灭斯拉夫民族的威胁，苏联将能用的资源都投入战争，多数民用工业都转产军品。如很多城市为保障军工厂而对民居在多数时间实行停电，

苏联油画《一切为了前线，一切为了胜利》，显示了农民在艰苦的条件下向国家缴粮。

只好恢复点油灯方式，皮鞋厂又全转军工而让老百姓打草鞋。苏联的"举国体制"，能由国家掌握全部社会资源，并由领导意志来调配，从民众中才能挤出最大的人力、物力。以自由的私营经济为主、管理松散的国家，根本不能想象出现这种奇迹。

苏联油画《艰难岁月》，生动表现了战时农业生产的艰辛。

　　沙皇统治后期的俄国一直是粮食出口国，在实行集体化后却造成了农民劳动积极性下降，农业生产水平长期达不到沙俄时期（中国经历过人民公社的人对此也会深刻理解）。德国入侵后，仅3个月后便占领了有"欧洲粮仓"之称的乌克兰。1940年苏联粮食产量为7790万吨，在1942年竟降到2900万吨，除了军队能吃饱（当时美国以租借方式每年提供近200万吨粮），全民都陷入半饥饿状态。政府通过统一调配，并让居民自种土豆、蔬菜，土豆年产量还超过了2000万吨，这才勉强维持了后方的生活。

　　德国的工业基础比苏联好，发展军工的步伐和投入却远远不及，主要是因执政理念不同。纳粹上台时以改善民生作为煽动口号，执政后确实提升了绝大多数老百姓（不包括犹太人和异民族）的生活水准。希特勒上台后重整军备，开支比例却有限，如30年代中期苏联坦克年产3000辆，德国只年产坦克300辆。

　　从1939年大战爆发至1942年，希特勒一直吸取上次大战中民众因生活水平降低引发革命的教训，不敢压缩民用生产，所增军费主要靠大肆掠夺被占领国，用西方社会学家所说的是用"对民众贿赂"方式维持士气。苏联、英国等国

德国宣传画鼓吹纳粹给民众带来福利，这导致战时也要保持国内较高的生活水准。

的工厂战时实行三班倒，德国军工厂仍是一班 8 小时工作制。1943 年初德军在斯大林格勒大败，希特勒演说时便感叹说："过去俄国人是用两只手打仗，我们只是用一只手打仗，现在也要用两只手打仗了！"

希特勒随之下令"总动员"，却要求不得削减消费品生产，德国只好让本国多数工厂转产军品，民间消费品由法国等国保障。不过其军工产量提升却仍然不快，是因纳粹党还要照顾企业家赢利，按苏联计算，德国进行"超总体总动员"的 1944 年内，如企业家不求私利完全为军事服务，军品产量还能提高一倍。

人民生活贫苦的苏联在战时能生产比德国更多的陆军、空军主战武器（战时苏联极少生产海军装备），这种过去让人常感不解的"奇迹"就是这样产生的。

★ 链接

苏德战争期间双方主战装备产量

坦克（含自行火炮）：苏联 10.2 万辆，德国 4.2 万辆（加占领国产量共 4.9 万辆）。

飞机（含各种型号）：苏联 13 万架，德国 8 万架。

线膛炮（含高炮）：苏联 40 万门，德国 35 万门。

迫击炮：苏联 80 万门，德国 18 万门。

战时德国海报上一名军官手持武器，其语句是："我们就是这样在战斗！所以你也应该为了胜利努力工作！"事实上，德国军工动员很差。

战时德国使用军事力量还受一个制约，就是作为"机械化血液"的油料不足。战前德国每年需用石油 1000 万吨，除奥地利能出产其十分之一外，其余都要靠进口。开战后英国封锁了海上输入线，1940 年德国却从罗马尼亚、苏联进口了 200 多万吨石油，又以煤炭液化的方式产出 300 多万吨人造石油，还从占领国缴获了 800 万吨石油，全年总收获达 1500 万吨。希特勒攻苏之初自感燃料已足够，然而其速战速决的企图破产且未能夺取高加索油田，1942 年所获全部石油就降到 750 万吨。1943 年德国煤化油产量超过 500 万吨，加上自产和进口使总收获达到 1000 万吨，军事机器基本还能正常运转。1944 年苏军占领罗马尼亚油田，盟国的轰炸又使德国人造石油产量降到 200 万吨，德国就连正常需求的一半都满足不了。希特勒野心太大同实力不足的矛盾，在油料问题上表现得最突出。

同德国相比，苏联战时年石油产量虽有下降却仍接近 2000 万吨，又得到美国的 258 万吨汽油援助，军用油料供应就比德军充足，尤其是到了 1944 年以后更居于绝对优势地位。

苏德火力大比拼，依靠双方军工竞赛

军队进行机械化战争，除意志外主要是"火力 + 马力"的较量，苏军最终能战胜德军，除人心向背外，又在于武器数量占优势且质量相差不大，官兵的操作技能在后期也赶上了对手。

苏联过去在科技水平上长期落后于德国，表现为武器数量虽多却质量不高。例如开战时苏军缺乏无线电通信设备，直至 1942 年单机、坦克单车都几乎没有无线电台，装甲车辆往往用旗语指挥。德军每架飞

1942 年下半年苏联大量生产 T-34 坦克，其生产尽量简化程序，因数量多而成为坦克主力。

机、每辆战车基本都使用无线电指挥联络，因而作战协调能力和机动灵活性大大超过苏军。苏军的坦克数量超过德军几倍，运输车辆数量只及对手一半，部队机动能力自然也差。

苏联新出产的 T-34 坦克在战争初期出现时，其装甲、火炮和越野能力都让德军震惊，却因其没有安装无线电设备，加上光学瞄准具差，坦克手训练时间又短，作战效能并不高。开战第一年，苏军与德军坦克的损失比竟达 6∶1（苏军没有制空权导致坦克常遭空中猎杀也是重要原因）。开战之初苏军飞机的性能普遍落后于德军，加上通信和指挥能力差，在空中几乎出现"一边倒"的败绩。

纳粹统帅部起初未大幅提升军工生产能力，是认为以现有武器很快可打垮苏联，主要武器产量直至 1942 年末都没有太大的提升。1943 年德国宣布"总动员"后，军工产量虽大有提高，坦克、飞机产量仍比不上苏联。

★ 链接

苏德战争时双方坦克（含自行火炮）产量		
	苏联	**德军**
1941年下半年	3700辆	2700辆
1942年	24000辆	6500辆
1943年	24000辆	10800辆
1944年	29000辆	19000辆
1945年终战前	12000辆	2000辆

注：德国在战时还得到法国、捷克生产的几千辆坦克，苏联则得到美英 1.2 万辆坦克的援助。

苏联在开战之初大败，发现装备上落后于敌的主要两项就是无线电和作战飞机。为此，苏联国内加大了电信器材的生产，还从美国引进了大量轻型电台。1943 年以后，苏军多数飞机、战车装备了无线电台，这使战争后期部队的指挥协调水平大大提高，坦克部队也能及时按上级命令实施深远突击。

为弥补飞机质量的劣势，苏联战时以租借物资的方式从美英盟国得到 1.8 万架飞机，国内也加强了航空科研，后期的战斗机的性能也能同德机抗衡。

　　战时苏联将国内原有的汽车厂大都转产坦克，便从美国以租借物资的方式获得42万辆汽车，还修复了不少缴获德军的车辆。至战争末期，苏军队伍中的汽车有三分之二是外国货，过去以马车为主的运输改为以机动车为主。

　　战争初期苏军因坦克损失过大，得到美英（包括加拿大）提供的1.2万辆坦克。这些坦克质量普遍不如苏德坦克，装备次要部队还是发挥了一些作用。

　　美英等国对苏联的支援除了武器，还包括众多原料和燃料，如运来的装甲钢占苏联生产量的一半左右，提供的铝（制造飞机的原料）达32万吨而超过苏联本国产量。盟国还援助了苏联300多艘轻型舰艇、32万多吨炸药、1900辆机车、35万多台机床和590万吨粮食，这对苏联军工生产和经济运转帮助也不小。

　　西方国家总愿意渲染美英战时向苏联提供的租借物资，其实德国也有更多的外部物资输入，主要取自仆从国和占领区。

　　武器要发挥威力，弹药供应又是保障。苏联在战争初期搬迁工厂，弹药生产一度下降，1942年夏季以后军工业转入正常生产后弹药产量便赶了上来。1943年和1944年德国实施全面动员后，弹药生产一度略超过苏联，不过因其军队机动性降低而处处分配弹药，败退时又丢弃严重，在主要战场上便陷入火力劣势。

苏德战争期间双方的弹药消耗量

苏联共消耗1.74亿发线膛炮弹、1.89亿发迫击炮弹、166.3亿发子弹。

德国消耗约 2.3 亿发各种炮弹和 150 亿发子弹。

注：德国在 1939 年到 1945 年这 6 年间共消耗 2.6 亿发线膛炮弹、6500 万发迫击炮弹、近 200 亿发子弹。据估算 70% 的枪弹和 75% 的炮弹消耗于对苏作战的东线，因而有上述数字。

在计算炮弹消耗量时，不仅要看数量，还要看弹种和口径。德国在东线发射的炮弹数量比苏军少三分之一，其中发射的迫击炮弹数量却只及苏军四分之一（德军对简易的迫击炮一向不十分重视），发射的线膛炮弹数量却同苏军持平，而且口径大多大于苏军。由此估算，德军在东线的炮弹总投送重量还要比苏军高一点，在战争末期之前其火力强度还经常占优势。

德制火炮射击精度，也普遍要比苏制火炮高（德国在世界上领先的光学水平使其瞄准具占很大优势），决定了德军炮兵在对苏作战的多数时间内威力更大，也是苏军战斗伤亡比德军高的原因之一。直至战争临近结束的 1944 年末和 1945 年前几个月，苏军的炮火才占有绝对优势。

从弹药杀敌的效费比看，德军要比苏军强一些，这显示其完善的训练体制促使单兵作战水平长期比较高。

画中的苏制火箭炮为 M-13 型，爱称"喀秋莎"，其生产工艺简便，产量高达 6000 多门。

★链接

苏德双方在战场上弹药杀伤率统计

苏军累计毙伤德军 1300 万人（伤者中有人多次负伤有重复统计）和德国仆从军 100 多万人，平均消耗 26 发炮弹、1200 发子弹毙伤 1 名敌军。

德军毙伤苏军 2000 万人（伤者中不少人多次负伤有重复统计）和苏联的盟军约 100 万人，平均消耗 12 发炮弹、700 发子弹毙伤 1 名对方军人。

从 1942 年和 1943 年的作战统计看，苏军各次战役的伤亡率通常相当于德军的 2 倍至 3 倍。在战争最后几个月内，德国把大量未经过很好训练的少年和超龄者都补充进一线部队，火力又处于劣势，其伤亡率就大大高于苏军。

机械化战争往往是钢铁的比赛。从弹药投射的重量看，苏联卫国战争中共发射了 800 万吨枪、炮弹，发射和投掷了 122 万吨航空弹药，再加上所用地雷、手榴弹，共消耗了 1000 多万吨弹药。德国战争中消耗的弹药总量，与苏联基本相当，只是在战争结束前几个月大减。苏德战场的弹药消耗量，远超过第二次世界大战中其他战场弹药消耗的总和，确是交战最激烈、伤亡也最多的战场。

战争还是经济力的竞赛，工业化战争也是金钱的比拼。苏联的经济总量在战前稍逊于德国，待德军占领西欧并占领苏西部地区后，双方经济实力有了 2 倍至 3 倍的差距。不过苏联充分动员人民，并以国家调配全部社会资源，投入的战费同德国相距并不大。

🖉
苏军战时大量装备迫击炮，这幅宣传画表现的便是 120 毫米口径的迫击炮。

★链接

1942 年至 1945 年这 3 年间主要参战大国的军费开支

苏联：4994 亿卢布（折合 2000 亿美元）

德国：5400 亿马克（折合 2300 亿美元）

日本：1391 亿日元（折合 400 亿美元）

英国：235 亿英镑（折合 1175 亿美元）

美国：2927 亿美元

当年的中国也被列为反法西斯战争的"四强"之一，不过因国家极其贫弱，而且财税不能统一，政府收支都少得可怜。如 1936 年国民政府财政收入不过 11.7 亿元法币（折合 3.7 亿美元），其中军费占 60%。1937 年全面性抗战开始后仅一年，国内大部分富庶地区又被日本占领，此后重庆国民政府的财政收入按法币计算逐年还有很大提高，实际是币值狂贬的结果。若按汇率计算，中国全面抗战 8 年间，国民政府军费开支总计约折合 20 亿美元（其中一半还是来自苏美英的援助），同其他各大国相对照简直不成比例。中国人民进行抗日斗争尤其是敌后根据地的抗战，根本不靠国民政府发军费，而是由前线军民自力更生，这也体现出落后农业国与先进工业国之间的巨大差别。

有人认为，当年德国又处于两线作战的状态，苏联的军费基本投入一个战场应占一些优势，何况战时美国和英国还对苏提供了价值 100 多亿美元的租借物资援助。若仔细考察，德国因在战争初期便占领西欧发达地区并大肆搜刮，还侵占了苏联西部经济发达区域达两年，战后审判时估算其掠夺的财富有 1000 多亿美元，这还不包括其占领军就地的消耗（战后苏联从民主德国地区索取了 100 亿美元左右的赔偿）。应该说，苏联同德国在整体上还是"以穷斗富"，靠着人民以一切为了前线的精神做出最大程度的奉献，才能支撑这场经济力的拼搏。

"简单就是好"，"斧头砍出来的飞机"也能制敌

在苏德战争的武器比拼中，可谓是"群众武器"最终压倒了"精英武器"。苏联军工产品与其工业机器的特点相似，遵循的名言就是——简单就

是好。德国生产武器强调精密，在小规模作战中"精英武器"确会占优势，到了巨量消耗的大战中"群众武器"往往会以量胜质。

从第二次世界大战期间各国武器的研制水平看，德国仅次于美国，能生产出世界上最早的导弹 V-1 和 V-2，世界上最早的喷气式飞机，世界上最先进的 U 型潜艇。起初德国主力战车Ⅲ号和Ⅳ号坦克性能不如苏联的 T-34 坦克，1942 年以后装备的"虎"型、"豹"型坦克性能却占了优势。

1943 年投产的"豹"式 A 型坦克，被苏军及其盟军视为德国综合性能最好的坦克。因其工艺复杂，总产量不到 6000 辆。

★链接

<table>
<tr><td colspan="4" align="center">苏德双方坦克的性能指标</td></tr>
<tr><td></td><td>吨位</td><td>火炮口径</td><td>装甲</td></tr>
<tr><td>T-34/76</td><td>28</td><td>76毫米</td><td>正面70-60毫米、侧后35毫米</td></tr>
<tr><td>T-34/85</td><td>32</td><td>85毫米</td><td>正面90-60毫米、侧后35毫米</td></tr>
<tr><td>KV-1后期</td><td>45</td><td>85毫米</td><td>正面105毫米、侧后70毫米</td></tr>
<tr><td>JS-2</td><td>46</td><td>122毫米</td><td>正面120毫米、侧后70毫米</td></tr>
<tr><td>Ⅲ号后期</td><td>23</td><td>50毫米</td><td>正面50毫米、侧后30毫米</td></tr>
<tr><td>Ⅳ号后期</td><td>26</td><td>75毫米</td><td>正面80-50毫米、侧后30毫米</td></tr>
<tr><td>V（"豹"）</td><td>44</td><td>75毫米</td><td>正面90-80毫米、侧后60-40毫米</td></tr>
<tr><td>Ⅵ（"虎"）</td><td>55</td><td>88毫米</td><td>正面130-100毫米、侧后80毫米</td></tr>
<tr><td>Ⅵ-2（"虎王"）</td><td>69</td><td>88毫米</td><td>正面160-120毫米、侧后120毫米</td></tr>
</table>

注：德国坦克炮塔系锻造，苏联的炮塔系铸造，德方的防弹性自然占优。另外钢材质量、火炮瞄准器材方面德方也占优势。

德国人生产武器的理念，同工业品制造追求精良完美的观念相似，人称"虎""豹"坦克身上都有日耳曼民族的贵族气质。战争中实行这一原则，会导致其造价高、生产工时长的弱点。例如Ⅳ号坦克造价是 T-34 的两倍，"虎"式和"豹"式坦克的造价更是其 4 倍到 6 倍。"虎"式坦克（包括其Ⅱ型"虎王"）总产量不过 1800 辆，"豹"式坦克产量也不过 5600 辆。苏联重型 KV 坦克产量为 3000 辆，T-34 产量高达 5 万辆，真是"好虎架不住一群狼"。研究第二次世界大战史的学者大都认

为，从作战效费比看，T-34才是世界上最优秀的坦克。

面对战场巨量消耗，德国高端坦克产量少，不得不采取"高—低"搭配，"虎""豹"问世后仍生产工艺相对简单的Ⅳ号坦克。对原来火力不足的Ⅲ号坦克继续生产其底盘，再安装长度相当口径48倍的75毫米炮，称为"突3"强击炮，产量达1万辆，不过其单价还是高于T-34。

在战争后期，苏军坦克战损仍多于德军1倍，却能及时补充损失，控制战场后还能修复多数战损坦克。战争结束前夕，苏联拥有坦克3万多辆，已超出需求，德国对苏作战能开动的坦克却不足千辆（与燃料不足也有关）。

这幅画描绘的是1943年以后德国生产的Ⅳ号坦克，因"虎""豹"产量严重不足，产量较大的该型车与之"高—低"搭配使用。

画中表现的是德国1944年服役的"虎王"坦克，因工艺复杂，产量不足500辆。

德国在二战中制造的"梅塞施密特"和"福克"战斗机的性能都曾处于世界领先地位，战败前又率先研制出并少量使用了喷气式战斗机，苏联在战争初期的主力战机伊-16根本不是德机的对手，随后生产的拉-5、拉-7和雅克-9才勉强能与敌对等空战。当时作战飞机主要用铝制造，苏联铝产量不到德国的四分之一，又没有足够生产全金属飞机的设备、技术和熟练工人，生产木制飞机却轻车熟路。苏联飞机制造厂仅对一些战斗机的骨架使用金属，主要用木材作为机身材料。这种战斗机的弱点是只能飞行200个小时，德国战斗机则可飞行成千小时。

苏军经过计算，平均一架战斗机在空战中生存时间根本不到200个小时，生产精密耐用的战斗机简直是浪费。苏联还使用人称"小鸭子"的简单的波-2教练机，主要由女飞行员驾驶用于夜间轰炸。这种1927年设计的主要为木质构件并蒙布皮的初级教练机，空重仅890公斤，操作简单，造价只相当一辆载重卡车，苏联在战时就生产了成万架，除夜

波利卡波夫设计的 U-2 教练机（后为纪念他称波 -2），被德军蔑称为"胶合板飞机"，结构简单廉价，在 1928 年后生产 3 万多架。这是苏联用此机培训女飞行员的宣传画。

间轰炸袭扰外还用于运输、救援和联络。

德国人曾嘲笑苏联飞机是"胶合板飞机"不堪一击，后来却发现对手的木头飞机实在太多，自己的金属制飞机却不够用。苏联这些"斧头砍出来的飞机"如雅克战斗机同德机对抗时，还未表现出绝对代差，消耗后还易于补充。战争后期德国因金属不足，制造战斗机也被迫使用了木质构件。指导理念的差异，使德国虽能生产出世界最先进的喷气式飞机和精良的战斗机，制空权却被苏军夺去。

炮兵被苏联称为"战争之神"，在造炮工艺水平不如德国时，苏军却经常能用简易武器获得火力优势。迫击炮是造价很低的简便炮，甚至被称为"会冒烟的铁管子"，因其膛压低又能使用生铁铸造的低价炮弹。苏德战争期间，德国生产了 18 万门迫击炮，苏联却生产了 80 万门。西方国家军队不太重视这种迫击炮，是因其射击精度差。苏军经常采取密集射击，在突击时也能达到有效火力压制。

德国是冲锋枪的首创国，产品在世界上以精良著称，二战期间总共生产了 180 万支。苏联的波波沙冲锋枪构造简单，外形显得粗糙，生产量却是 700 万支。战争初期，苏联曾大量装备性能不错的托加列夫半自动步枪，后来发现这种枪的生产成本高，因构造复杂故障率也高，军工部门便对其基本停产，仍大量生产 40 多年前设计的老式莫辛－纳甘手动步枪，战时产量达 1000 万支。苏联生产枪支的原则是——让更多的人有枪用，比枪的射击自动化更重要。

德国战时研制武器的一个误区，就是过于追求新型号，同时上马研制近程导弹、防空导弹、喷气式飞机、超重型坦克等世界上独树一帜的武器。越复杂的装备研制周期就越长，仓促推出又会有不成熟之处。在资源有限的情况下，德国研制武器形不成重点，许多型号虽有创意却不能定型，已定型者产量也不大。

战后西方军事评论家看到德国同时生产Ⅳ号、"豹"式、"虎"式、"虎王"型坦克，认为简直是浪费，全力生产"豹"才是最佳选择。苏联武器研制突出重点而减少型号，如坦克工业在战时一直生产 T-34 只做改进，就保证了产量巨大且容易保养。

战争中苏联和德国武器生产的观念差异，也反映了两种不同的政治理念。希特勒奉行"超人"哲学，认为一小批精英就可以称霸世界，生产武器只注重求精。苏联的武器生产原则是"便于大量制造的武器才是好武器"，注重其结构简单、价格低廉，这倒是体现了军工生产上的群众观点。

当年苏联生产武器理念虽适应了大规模战争消耗，战后把这种思路用于民用品生产却日益显出弊端，例如用生产坦克的理念生产汽车就使其工业品在国际上成了粗、笨、简陋和操纵费劲的典型。战时的特殊体制强调经济服从军事需要，不注重以人为本，这在和平时期便会影响人民生活改善并产生政治危机。

德国在军工生产的竞赛中最终逊于苏联，根本原因还在于战争的非正义性。希特勒发动对外征服性战争，需要以提供优厚物质来刺激本国人。德国一般家庭直至 1944 年还都有足够的肉、蛋供应，苏联居民普遍只能勉强糊口。如中国革命家李立三当时生活、工作在苏联，女儿说几年间都未吃过鸡蛋，全家人自己种菜、种土豆才弥补了政府配给卡上的缺口。战争期间苏联压低人民生活水平以保障军工投入，广大群众还能够忍受，是因为他们明白自己进行的是保卫国家和民族生存的正义战争，为此能做出奉献和牺牲。

德国在战争后期异想天开设计了火箭飞机，虽有些技术突破却根本不能投入实战，反而分散了科研力量的资源。

苏联以游击战在德军后方开辟了『第二战场』

德军对苏联发起『闪击战』后仅5个月，就占领了战前有8000万人口的地区，匆促间只有近2000万人从那里撤退。斯大林原先的战略思想是『到敌国境内消灭敌人』，根本没准备打游击战，不过他面对突变还是动员了沦陷区民众起来武装反抗。苏联进行游击战的条件比东方反法西斯国家好得多，后方能空投、空运武器弹药和人员来支援，从而成为苏军对德正规战的最重要辅助力量。

苏联以游击战在德军后方开辟了"第二战场"

苏德战争是战事两国正规军之间规模最大的一场交战，苏方的游击战也起到重要战略作用。游击战是群众的战争，对统治者的仇恨又是作战的动力。西方宣传纳粹罪行时，往往只谈党卫军屠杀犹太人，实际上德国国防军杀害的斯拉夫人更多，只是因战后美英在联邦德国重用旧军人才将国防军的罪行"洗白"。希特勒及其下属实行种族灭绝式暴行，逼得俄罗斯人、白俄罗斯人乃至乌克兰人都拿起武器反抗。有 6000 万人口的苏联沦陷区，除波罗的海沿岸亲德情绪较强的少数地区外，到处都燃烧起游击战的烽火。

开战后仓促组织游击战，德军残暴又为其提供了条件

任何国家或组织想进行游击战，都需要相应的社会和地理条件，尤其要有民众基础，没有人民支持的地下袭击分子只能成为易于剿灭的匪徒。

纵观俄罗斯历史，游击战争有着悠久传统，在抗击拿破仑 1812 年入侵的卫国战争中就组建起众多的农民游击队，苏俄内战时又有不少布尔什维克游击武装同白匪军作战。俄国土地广阔，山林密布，也是打飘忽不定的游击战的有利条件。

1933 年希特勒上台后，苏联主要假设敌就由波兰改为德国。副国防人民委员屠哈切夫斯基元帅估计到战争初期可能要撤出部分国土，在西部建立过游击战争训练班。1937 年"大清洗"屠哈切夫斯基遇害时，他建立游击训练班也被当成想对抗中央的"罪状"，苏军确定的基本理念是要打到敌人国土去。

1941 年 6 月 22 日开战后，一周内德军就冲进苏境几百公里。7 月 3 日斯大林发表的首次公开讲话中承认红军不得不暂时撤退，号召占领区人民组织游击队。因事先缺少准备，苏联最早的游击战只是小部队自发的产物。红军一些被打散的官兵后撤时，曾在途中攻击敌人，如 7 月间

德军第一二一摩托化步
兵师师部突然遇袭，以
师长为首的一批官兵被
击毙，成为苏联对德游
击战的最早的典型战例。

被切断在敌后的零
星的苏军缺乏组织，队
伍却很快壮大起来，原
因是不少担心遭受屠杀
的共产党员和一些犹太
人跟随他们躲进了森林

苏联油画《森林中的
战斗》，反映了退到林
中的苏军以游击活动
袭击德军。

或边远地区。这些最早的游击队所遇首要难题是缺乏粮食，因政权机构
逃散只能向农民强征。据档案证明，当年许多农民对征粮很反感，还担
心供粮会引来德国人的报复。相比之下，东亚地区如中国共产党开展游
击战很注重建立根据地政权，苏联在这方面因缺乏准备就造成了游击队
起初发展的最大困难。

战争初期苏联的游击队很少，德军后方兵力也不多，如基辅会战
后在广阔的南线后方只留下一个斯洛伐克旅和其他一些警察部队负责警
戒。看到这个空隙，1941年秋季至冬季苏联动员了3万名共产党员、共
青团员参加游击训练，再派他们穿过战线或以空投深入敌后。至同年底
沦陷区的游击小组发展到2000多个，有9万余人，还有一些党政干部

纳粹在占领区对平民
实行残暴的统治，经
常不分青红皂白地处
决大批人的画面。

被派来，终于能组织群众拥护和参
加游击战。

将斯拉夫人当成"劣等民族"
的纳粹，在苏联占领区实施的野
蛮的种族屠杀和掠夺政策，很快成
了推动游击活动的重要动力。农民
的收获和牲畜被德军大批抢走，成
百万男女青年被抓到德国当奴隶劳
工。德国当局还宣布，对抵抗的平
民视为恐怖分子，对游击队员及其
同伙（这是一个弹性很大的范畴）

苏联以游击战在德军后方开辟了"第二战场"　　139

立即处死。1941 年 9 月 16 日，德军总参谋长凯特尔又颁布臭名昭著的《人质法令》，要求对出现反抗的地区要不分青红皂白地屠杀。

表现游击队营地的苏联油画，可看出一些游击队员是妇女。

威廉·凯特尔元帅的照片。他在第二次世界大战期间始终任德军总参谋长，曾发布残暴的《人质法令》，战后被纽伦堡审判处绞刑。

★链接

《人质法令》成为德军总参谋长凯特尔的最大罪行

战时凯特尔一直担任德军总参谋长，对希特勒唯命是从，只管后方事务而不负责任何前线的指挥。他得知在苏联的占领区有德军遇袭，便签署法令规定，某地有一个德国人被杀死，就马上不分青红皂白地处死 50~100 个当地人。凯特尔还称"是大棒而不是胡萝卜才是苏联人明白的东西"，并说人命在苏联一钱不值。据驻白俄罗斯的德军第七〇七步兵师记录，一个月内就枪决了 10431 名"游击队员"（其实绝大多数是手无寸铁的老百姓），以报复损失的两个士兵。这一血腥的法令在苏联实施后，又推行到西欧和中南欧占领区。1946 年纽伦堡国际法庭审判纳粹战犯时，凯特尔因下令屠杀成百上千万民众而被处以绞刑。

德军对苏联民众的屠杀超过 1000 万人，是第二次世界大战中最残暴的罪行之一。仅在白俄罗斯加盟共和国 900 万人口中，便有 220 万人死亡。这种血腥镇压只能使反抗更加强烈，游击之火便最早在白俄罗斯和苏联沦陷区全面燃烧起来，随后在乌克兰等地的大量群众也改变态度参加了抗德运动。

首先恢复根据地政权，还建立"游击共和国"

建立游击队后，游动的"鱼"就要依靠老百姓的"水"来养活。卫国战争之初，苏联一些人出于对过去的农业集体化、肃反和民族政策不满，曾举着鲜花欢迎德军，20 世纪 30 年代初出现大饥荒的乌克兰和波罗的海三国这种现象特别多。当时德国东方部负责人罗森堡向希特勒提出，应采取争取苏联人心的怀柔政策，回答却是嗤之以鼻，希特勒还决定保留集体农庄以便强制征粮。一些反共的德国人和苏联人都抱怨，这使不满集体化的苏联农民失去了反对斯大林的"宝贵机会"。

卫国战争开始后，苏联以古代俄罗斯英雄为楷模动员人民对敌作战的宣传画。

若看一下纳粹极端的种族主义理论，就知道这一"机会"根本不存在。希特勒在《我的奋斗》中就宣布要夺取"东方空间"，战前的"东方计划"又决定由德国向征服区移民 2500 万，怎么可能还让当地农民拥有自己的土地？按希特勒的预想，斯拉夫原住民中除少部分留下为奴，其余都要驱逐或者干脆肉体消灭。

德军入侵后为巩固占领区，也组建过一些城市和乡村的伪政权，招募伪军、伪警，沦陷区一些人就此也有过附敌现象。苏联政府统计约有 12 万白俄罗斯人同纳粹合作，乌克兰更有几十万民族主义者参加伪军。

俄罗斯土地上民族复杂，据苏联时代统计，少数民族就有 100 多个，而且还存在众多矛盾，这也成为纳粹可以利用之处。不过，德军却担心占领区内建立的民族军队会维护本族利益，把乌克兰伪军大都调到他国作战或看守集中营，一些附敌者建立独立政府的希望也成了泡影。

1943年10月德军拍摄的照片，左边二人是占领区招募的"警备队"队员，纳粹部署他们同苏联游击队作战，却对其极其鄙视，连鞋都不发给他们。

开战不到半年，1941年末莫斯科保卫战获得胜利，德国吹嘘迅速消灭苏联的牛皮破产，有动摇情绪的民众感到红军会赢得战争，已投靠侵略者的不少人也害怕战后受惩罚而缩步。

从1941年末至1942年春，受苏军冬季反攻的鼓舞，德国占领区内广泛建立起地下共产党组织，偏远农村还恢复了苏维埃政权，游击队便有了粮食、衣物供应。不少德国将军战后在回忆录中感叹"我们的许多后方占领区在几个月后就回到苏联手中"。

莫斯科保卫战胜利后，沦陷区许多人认为红军很快会回来，许多苏维埃政府还挂起牌子，1942年春季德军大讨伐时这些政权大都被摧毁。看到战争转入长期性，苏联政府对敌后游击战更为重视，于1942年5月在莫斯科建立游击中央司令部，由"第一元帅"伏罗希洛夫任司令实施统一指挥。

★链接

"大地"对敌后游击队的空运

苏联在敌后开展游击活动时，能从被称为"大地"的苏军控制区实施空中支援。1942年内，面积大一点的游击区都建立了机场或空投场，同年苏联飞机就向敌后空运了近千架次。1943年内，向沦陷区的空运增加到2600架次，共运来包括枪支弹药、医药和爆破物在内的1915吨物资，回程时带回几千名伤病员。1944年上半年，苏联飞机又向敌后游击区空运物资1400多吨。

有了苏联游击中央司令部领导和后方支援，1942年秋天已有近20万游击队员在占领区活动。苏军还在内地训练了一些游击干部和特种兵，空运到沦陷区充当领导和袭击骨干。苏联战时有一位著名的游击女英雄叶莲娜·科列索娃，在莫斯科保卫战时就参加袭击分队到浅近敌后进行破坏，屡立战功。1942年4月起，苏军又将她领导的侦察小分队派到白俄罗斯的明斯克州一带活动，收集敌军情报，并在铁路和道路上埋设地雷。同年 9 月 11 日在明斯克州的一次战斗中，叶莲娜·科列索娃不幸英勇牺牲，随后被政府树立为英雄典型。

在 1942 年内，德军被迫抽调 22 个师的正规军（包括 10 个德国师）和大批保安队用于后方，参加反游击作战的德国和仆从国军队达到 50 万人，还有警察部队 30 万人辅助。在西欧长期没有开辟第二战场的情况下，苏联敌占区的"第二战场"能迫使德军大量分兵应付，牵制了苏德战场上德国陆军兵力的 10% 左右。

敌后游击区内，白俄罗斯的活动规模最大，当地密布的森林、山岭或沼泽地又提供了很好的掩护。游击队还开办了学校、兵工厂，并建造了用于运输乘客的窄轨铁路，配备了装甲火车，并自称"游击共和国"。当时抓到的德国俘虏被押上铁路运送时惊讶地说："我太吃惊了，没想到游击队里还有铁路和装甲火车。"

战后苏联政府为表彰叶莲娜·科列索娃，在她的牺牲地建立的纪念雕塑。

苏联有些民族群体附敌，随后被实施了整体惩罚

在苏联沦陷区中，包括波罗的海边的爱沙尼亚、拉脱维亚和立陶宛三个小国（总共 600 万人口），当地多数人对 1940 年被并入苏联心怀不满。那里有极少数苏共留下的积极分子组织了少量游击队，附敌分子却非常多，并在战后留下遗患。

德军占领波罗的海三国后，未允许其独立建国（按希特勒的计划当地要直接并入德国），却注重利用亲德分子，在爱沙尼亚组建了党卫军第二十师，并建立了反苏民兵。德国撤退时，这三国曾组织"兄弟森林"等游击队长期对抗苏军，战后很久才被剿灭。1991 年波罗的海三国独立后，某些政府要人还为那些附德分子平反，这说明苏联在当地缺乏群众拥护，亲德思潮却有不小市场。

卫国战争中最积极投靠德国的族群，首推克里米亚 20 多万鞑靼人，他们的祖先是蒙古人，建立金帐汗国后同俄罗斯敌对数百年。由于有仇

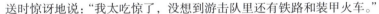

乌克兰"加利西亚"纳粹党卫军的宣传画，鼓动"参加战斗保卫乌克兰"。

俄情绪，1942 年内鞑靼人建立了 2 万人部队帮助德军镇压游击队。1944年苏军解放克里米亚后，这一族群受到了流放的惩罚，后来的苏联和俄联邦也未予平反。

乌克兰游击活动开始时间较晚，主要原因是有大饥荒经历的民众对苏维埃政权不满。在苏联于 1939 年新占领的西乌克兰地区，有几万附德分子还参加德国党卫军，并建立了"加利西亚师"，西乌克兰首府利沃夫还成为他们的主要基地。

斯捷潘·班德拉的照片，他长期是乌克兰独立运动领导人，曾亲德又反德，却始终反苏。

战争初期，有几个苏联游击营进入乌克兰中部和南部的辽阔草原，未找到藏身之地，还有农民向德军告密，很快就被歼灭。至 1943 年 1 月，人口是白俄罗斯 4 倍的乌克兰只有 68 个游击小队 9000 名战士，且主要是背靠森林以小队形式活动。

1943 年初斯大林格勒大捷后，乌克兰人多看到法西斯必然失败。德军对"敌性分子"的大规模残暴屠杀和大肆掠夺粮食和牲畜，又激发起民众普遍的仇恨，当地终于掀起抗德活动高潮，据统计有 34 万人参加了苏联领导的游击战。

由于民族矛盾问题，乌克兰游击活动有着不同领导，在东部苏联老国界内基本由苏共控制，西乌克兰（1939 年后苏联占领）的游击队主要由反共的民族主义者斯捷潘·班德拉领导。此人是多年间分别让波兰、苏联乃至德国人感到棘手的乌克兰民族主义者，一直追求独立建国。他在战争初期曾同德军合作，后因要求独立建国遭纳粹拘捕。他的拥护者于 1942 年成立了"乌克兰起义军"，力量发展很快，德军因此也释放了班德拉并进行安抚。此人见纳粹大势已去，也领导对德游击作战，其领导的"乌克兰民族主义组织"成员最多时有 30 余万人。

乌克兰游击队内部出现了复杂情况，导致相互之间不断展开内战，臭名昭著的"班德拉的孩子们"游击队也经常攻击亲苏的乌克兰人。苏联解体前的宣传中都把西乌克兰民族主义游击队称为"匪徒"，西方主流媒体则将其称为争取民族独立的勇士。如果客观地看待班德拉及其组织，应认识到这些人曾是法西斯的合作者，后来虽同德军作战却始终反对苏联，不属于卫国战争史上的参加者。

苏共对游击队开展打击反共民族组织

在苏联时期的卫国战争史上，对游击队的记载都是英勇事迹，不过后来解密的档案说明其中也有些不光彩的事。一些自发建立、缺乏共产党组织的游击队队员经常酗酒、抢劫和强奸妇女，莫斯科游击中央司令部也把有的游击小队称为"强盗编队"，后期也有些从伪军中反正过来的队伍不太听从苏联方面的领导。

强有力的政治领导，从来是游击运动走向正轨的关键，否则

苏联所绘的表现游击队行进的油画。游击战虽是仓促组织，却因有党政部门领导和后方支持发展很快。

真有沦为土匪的危险。中国共产党在抗日战争期间领导的游击战在国内最为成功，恰恰在于强调政治建军。苏联方面在国内游击战开始后，也看到政治领导的重要。在白俄罗斯担任"游击共和国"最高领导的加里宁提出必须严明纪律，并完善领导机构，还要向各部队派政委。设在莫斯科的中央游击司令部将一批党务工作者空投到敌后多数游击队，完善了党组织和锄奸机构。根据规定，游击队中任何人反对党的领导或者违法乱纪都可以被立即处决。在莫斯科印刷了5万份游击指南也很快分送到各支游击队。这一"指南"对战士们的行动详加指导，除了纪律规范外，也包括炸毁铁路直到如何在零下严寒中靠树皮和苔藓维持生存。

在德国占领军的严酷盘剥下，沦陷区农民自身生活很苦。游击队向他们征收给养时经常发生矛盾，为此，苏联政府一面对敌后游击队空投食品、服装，同时让游击队搞起了集体农庄，帮助农民种植粮食和饲养牲畜，从而改善了双方的关系。

1943年苏军展开全面反攻，同年也成为敌后游击队袭击活动最频繁的一年。白俄罗斯游击队在这一年扩大到超过20万人，乌克兰的苏共领导的游击队也统一组织起来，他们的主要任务是破坏德军的后方供应线。

苏联油画《游击队破坏铁路》。

库尔斯克会战时游击队展开"铁道破坏战"

1943 年 7 月，苏军为配合库尔斯克会战，向敌后游击队空投了大量炸药，统一在 1000 多公里的铁道上组织起"铁道破坏战"。从 8 月 3 日至 9 月 15 日，白俄罗斯、加里宁州、列宁格勒州、奥廖尔州和斯摩棱斯克州出动了 167 支游击队，约 9.6 万名游击队员袭击铁路，共破坏钢轨 21 万多根。

瓦杜丁大将是卫国战争中苏军将领中年轻的新星，任第一乌克兰方面军司令员时被西乌克兰反苏游击队伏击受重伤而亡，是战时阵亡的两名大将之一。

德军虽组织大量护路和维修部队巡逻作战和抢修，铁路仍然时断时续，对前线的物资供应难以保障，这对苏军取得库尔斯克会战的胜利起了重要作用。

1943 年 11 月，苏军收复了乌克兰首府基辅，既反苏又反德的班德拉在西部的利沃夫急忙召开了"东欧和亚洲被奴役各民族大会"。参加者有反共的鞑靼人、格鲁吉亚人、阿塞拜疆人、波兰人、斯洛伐克人、捷克人以及哥萨克人，他们起草了反对德国和苏联的斗争共同纲领。纳粹为了给苏军制造麻烦，对他们改变了镇压政策，撤退前又向班德拉组织提供了武器援助。

1944 年春天苏军进入了西乌克兰，班德拉便组织反苏游击战，苏联最出色的将领之一瓦杜丁大将便在他们的伏击中负重伤而不治身亡。苏军抽出一部兵力进行清剿，直至战争结束后才最终将其消灭。班德拉随后长期流亡西欧，继续组织反苏活动，苏联情报机构"克格勃"派出杀手将其刺杀。1991 年苏联解体后，独立的乌克兰政府及当地民间舆论对班德拉及其领导的游击队出现不同评价，西部人大多持称赞态度，东部人特别是原苏军拥护者仍持否定态度。这种历史问题的纠葛，也是乌克兰东、西部出现尖锐矛盾的原因之一。

这幅油画《游击队归来》，表现的是苏联游击队员出击归来。

配合苏军反攻，游击队最后变成正规军

进入 1943 年夏天后，德军许多将领感慨，东线遇到的两个威胁：一是苏军日益增强的装甲部队，二是后方的游击队。此时苏军又空投了部分伞兵到敌后组织游击队，成为反攻的先导部队。

1943 年 7 月，苏军在库尔斯克激战正酣之际，将从空降兵学校调出受过游击训练的军官和士兵 52 人组成敌后破袭队，于 7 月 18 日跳伞到乌克兰涅任地区开展游击战。降落后他们以小群为单位，在基辅至涅任的铁路沿线发动当地群众吸收新成员，不到一个月就把队伍扩大到 200 人。随着苏军向前推进，这支空降兵组织的游击队也向德军后方推进，一路扩充队伍，并从空中得到弹药补充。苏军到达国境线后，这支队伍奉命于 1944 年 8 月进入捷克斯洛伐克境内继续进行游击战，最后发展到 6000 余人，其中有 22 个不同民族的战士，包括法国人、波兰人、匈牙利人、斯洛伐克人、西班牙人。1945 年 2 月 26 日，该游击兵团与苏军进攻部队会合时，已经在敌后活动了一年半，成为战史上的奇观。

1944 年 6 月 22 日，苏军发起了白俄罗斯战役。总攻前 3 天，白俄罗斯境内的 24 万组织好的游击队员奉命统一向铁路线实施破袭，使德军作为运输动脉的铁路陷于瘫痪，有效配合苏军实施了超过斯大林格勒战役的更大歼灭战。在这场合围战中，大批被打散的德国官兵逃入了森林，想走小道西撤，熟悉当地情况的游击队又配合苏军进行了清剿，最终能够逃脱的德军寥寥无几。

白俄罗斯全境获得解放后，苏联的游击战基本完成了历史使命（波罗的海三国并没有多少游击队）。此时，有大约 18 万名白俄罗斯游击队员被改编为正规军，伴随着红军西进的洪流一直打到了柏林。

白俄罗斯解放后，当地的统计数字是，3 年德占期间内有近 40 万名游击战士展开各类军事行动，还有大约 40 万当地居民协助了游击运动，总共毙、伤和俘虏 50 万敌军。全苏联游击运动消灭法西斯分子的总数，大约有 100 万人（除德军外也包括大量仆从军和伪军警）。从战争的历史进程来分析，上述统计应基本符合事实。

白俄罗斯小游击英雄马拉特的画像。1944 年他所在侦察小组被德军发现并企图活捉。马拉特全力抵抗，子弹用尽后引爆手榴弹牺牲，年仅 14 岁。

在反对德国法西斯的作战中，苏联能展开规模最大的游击战，德国对苏军进行游击战却基本无所作为。1945 年初苏军攻入了德国本土，希特勒想模仿原来遭德军入侵的国家的抵抗运动，号召本国老百姓"到地下去"战斗。面对洪水般到来的苏军，东部德国人除了逃走便是留下老实地当了顺民，西部更是没有抵抗。

为什么德国人不能打游击呢？其原因主要有两项，那就是没有组织、丧失希望。当苏军和美英军攻入德国时，纳粹官员都率先逃跑，过去狂热的党卫军骨干也改名换姓想出境保命，认为战争已输定的德国平民也不想再抵抗。游击战必须以民众拥护为基础，多数德国人到战争末期都认识到纳粹发动战争是大错，虽无力进行起义反抗也不想再为之殉葬，这一社会基础决定了最终全民选择投降。邪恶的法西斯政权最终被各国人民唾弃，这决定了它无法组织起游击战。

民心士气消长影响苏德战场形势转换

如果不拘泥于政治教条而尊重史实的话，就可看到苏德战争初期的德军进行的虽是侵略战争，士气却占有一定优势。进行正义战争的苏军在开始连遭大败，也有一些军民精神不振的原因，尤其是部分人对苏维埃政权不满导致大批投敌现象。过去苏联不敢从深层次探讨这一问题，因为会涉及体制上的弊病。若仔细研究解密的历史档案，人们可以看到，战争中后期苏军精神面貌大为改观，除了法西斯的暴行所刺激，政策的调整也是重要原因。

民心士气消长影响苏德战场形势转换

　　战争都是政治的继续，因而不仅靠武器和军人素质进行竞赛，也是民心士气的比拼。纳粹德国敢于冒险攻苏，既利用了本国极端民族主义煽动起的军民狂热情绪，也是判定苏联内部不稳。苏联在战争初期的确暴露出一些政治上的弊端，不过面对纳粹把斯拉夫人都当成"劣等民族"加以屠杀奴役的灾祸，苏联人民还是焕发保卫民族生存的高度热忱，并进行超量动员，最终压倒了纳粹的疯狂。

🖉 描绘开战时苏军因无制空权而遭德机猛烈突袭的画面，当时军队出现混乱，出现许多逃跑现象。

朱可夫在内部承认，开战初苏军士气"不稳定"

　　战时任苏军第一副统帅的朱可夫在20世纪60年代后期写回忆录时，第一稿未被允许出版，只好根据上面的要求删掉了不符合正面宣传的内容，那部《回忆与思考》才终于问世。看过此书后，写过《日日夜夜》的作家西蒙诺夫去访问朱可夫，这位老元帅讲到社会上言胜而忌败的风气后叹道：

"我们不好意思写我军在战争开始阶段不稳定的表现。而部队当时是不稳定的，不仅仅是退却，而且是逃跑，是张皇失措。"

朱可夫的这段实话，直到苏联解体前的20世纪80年代才公开发表。过去苏联总是宣传有多少人踊跃参战和英勇不屈的事迹，不过另一个无法回避的事实又是：数百万身体健全、手持武器的军人面对国家的敌人竟会弃械就俘，这本身就不能仅用军事原因而要从政治层面来研究。

🖉 1941年夏天苏军遭遇突袭后，指挥员激励士兵迎战的画面。事实上当时因组织混乱，反击多以失败告终。

🖉 战俘中的叛徒向德军指认政委和军官的照片。

★ 链接

苏军开战两天后前线就报告"精神沮丧"

苏联解体前夕解密的档案中，有一份开战两天后即1941年6月24日由第四集团军参谋长署名上送的报告，里面便说："步兵精神沮丧，防御并不顽强。往往要由从集团军司令员起的各兵团指挥员来制止凌乱后撤的分队，有时是整支部队，让他们掉头再上前线。"

还有一件让人更为震惊的事，那就是开战后第二个月，白俄罗斯战场有3个整师不战而溃并大都向敌缴械，投降时还打死了各级政委。

卫国战争之初的军队混乱和逃跑严重，也祸及斯大林的长子。据俄罗斯解密的档案记载，1941年7月初，第十四坦克师炮兵团连长、斯大林长子雅柯夫大尉随部队刚进入前线，团里就有大批人逃散，团长都突然"失踪"。师政委见势不好，提出用车送雅柯夫回后方。这个领袖之子认为在危急时刻不能后退，回到本连队。德军发起进攻后全师马上溃散，雅柯夫也被卷入奔跑的人流而被敌人截住当了俘虏。一个仇恨苏维埃政权的士兵很快向德军指认："这是斯大林的儿子。"

　　为了制止投敌和逃跑，苏联采取了严厉措施。据卫国战争期间档案记载共处决了 16 万逃兵，这肯定少于实际数字，因为一些失散或覆没的部队没有上报材料。无论如何，战时处决的逃兵同几百万战斗牺牲者相比毕竟是极少数。宣传英雄再加上镇压逃跑者，才能消除如同瘟疫一样会迅速传染的逃跑主义。

战前苏联的错误政策曾影响民心，战时调整了政策

　　十月革命及随后建立苏维埃政权是人类改造世界的一次尝试，这一过程中不可避免地出现了一些错误。战前苏联政府除了受到革命对象的仇恨，也因错误的农业、肃反和民族政策失去了许多群众的拥护。

　　不可否认的事实是，俄国十月革命曾得到劳苦大众拥护，这样才能建立苏维埃政权。随后苏俄实行极左政策，却引发过饥荒并招致不少积怨。

　　面对战争初期的严重失败，斯大林领导的苏联政府还是及时调整了内外政策，突出民族利益而淡化了阶级矛盾。寓居美国的白俄罗斯首领

这幅画描绘的是俄国十月革命后将东正教神职人员当作反革命看押劳动，此举引起不少信教民众不满。

邓尼金发表声明，呼吁旅居全世界的俄罗斯人都支持反法西斯战争，并一度与苏联商议返国条件。

宗教问题，自苏联成立起就是棘手问题。早在公元10世纪，东部斯拉夫人便接受了拜占庭帝国传来的东正教（基督教的东方系），16世纪以后俄国将其立为国教，十月革命前有80%以上的国民都信奉东正教。苏俄革命后禁止宗教活动并将神职人员大都当成反革命处置，也引发信教群众不满。据苏联政府内部统计，战前还有一半居民秘密信教。1942年以后斯大林同意恢复宗教活动，神父讲经时把希特勒说成"恶魔"，并称斯大林为"上帝的使者"，号召教徒参加卫国战争。苏联报纸把这些说教当成爱国主义教材刊登，也有益于动员全民参战。

战争开始之初，因青壮男性劳动力大多上前线，田地里主要是老弱妇孺在生产，农业品减少一半以上，苏联政府通过调整政策才缓解了饥荒。

俄罗斯画家瓦斯涅佐夫的油画《罗斯受洗》，说明自988年斯拉夫人举行信奉基督的仪式后，东正教在千年间成为俄罗斯的国教。

苏联这幅油画生动表现了后方劳动者（多是妇女）以勤奋生产支援着苏军反攻。

★链接

战时苏联政府允许农民实行"承包制"

1942年大饥荒出现后，苏联政府宣布允许工厂职工和集体农庄庄员经营自留地，并把许多土地转包给个人，并明文规定："拨给个人和企业耕种的土地，五至七年内不收回。"（可惜战争胜利第二年又被收回）过去称为"黑市"的农村自由市场此时也予以恢复。政策的改变果然使农业生产立见成效。1943年苏联粮食产量比上一年上升了六成。

一些集体农庄的农民通过承包有了个人产品，再拿到自由市场上出售，很快先富了起来。苏联政府又号召有钱的人捐献买武器，一个高加索蜂农戈洛瓦特带头捐钱买了一架飞机，成为全国宣传的典型。

玛丽亚·奥克佳布里斯卡娅和她捐出家产购买"女战友"号坦克的照片，这是苏联仅有的自购、自驶的个体坦克。

战时苏联有一位捐钱买坦克的妇女家喻户晓，就是38岁的妇女玛丽亚·奥克佳布里斯卡娅。1943年她得知丈夫牺牲，就变卖全部家产买了一辆T-34坦克。她还要求上战场，参加了为期5个月的驾驶训练班后就被编入自己所捐的那辆"女战友"号坦克乘员组，从1943年10月起作为驾驶员和机械师参加战斗。据报道，她参加第一场战役时，就以同敌拼命般的精神第一个冲向敌方阵营，轧毁了敌方反坦克炮，并消灭了几十名德军士兵。不幸的是，1944年1月17日奥克佳布里斯卡娅的坦克再次中弹，她下车修理时遇地雷爆炸，终因伤重不治牺牲，随后被追授"苏联英雄"称号。

在激励人民时，领导人的带头作用尤其重要。斯大林在战争开始时，便要求两个儿子必须到前线。苏联最高苏维埃主席（名义上的国家元首）加里宁的儿子、政治局委员赫鲁晓夫的儿子也都到第一线作战，并战斗到最后牺牲（赫鲁晓夫批判斯大林时，苏联有人谣传其子当飞行员时投敌而遭斯大林处决，因怀恨而报复。后来苏联人找到赫鲁晓夫之子掉到泥沼中的飞机和遗体，证明确已牺牲）。

★链接

斯大林之子在战争中的表现

1995年纪念卫国战争胜利50周年时，斯大林的办公室原主任发表回忆文章说："斯大林作为一个父亲是好是坏，是可以讨论的问题，不过在战争时期他确实不允许儿子利用特权逃避危险。"大儿子雅柯夫在部队开赴前线前只在车站打来一个电话，这位办公室主任在旁边见斯大林听了很久，只回答了一句话："孩子，去战斗吧！"盟国缴获德国的战时档案中有审问雅柯夫的记录，当问到他父亲最后同他说过什么时，回答也是这句话。

雅柯夫在俘虏营中为维护荣誉，严拒敌人引诱，最后跑出警戒线而被打死（一说自己扑到电网上）。搞清真相后，20世纪60年代雅柯夫被追授"苏联英雄"称号。

看见雅柯夫出事，保卫部门负责人贝利亚劝斯大林把当飞行员的次子调回后方，回答是命令不可更改——"瓦西里必须在前线打仗"。一些想溜须拍马的领导暗中做了一些规定，如不安排其飞到敌后执行任

✎
斯大林同小儿子瓦西里（左）和女儿在一起的照片。

✎
战后美国《时代》周刊还把斯大林的小儿子瓦西里当成封面人物（背景米格-15战斗机意味着他率一个师到中国东北参加了朝鲜空战）。

务，空战时安排周围保护。瓦西里却经常冲破限制，在战争中击落过 2
架敌机。至于战后他吃喝玩乐搞特殊化的行为，那就是和平环境下所造
成的另一种问题。

建立和巩固反法西斯统一战线

　　战争开始后，希特勒曾认为反对共产主义的英美等国不会援助苏
联，英美两国却因害怕希特勒称霸世界，在 1941 年下半年便开始援苏
并建立了战略同盟关系，苏联也马上恢复了 1939 年秋放弃的建立反法
西斯统一战线的政策。

　　1941 年 7 月，苏联政府同波兰流亡政府代表签订了对德作战互助协
定，然而设在伦敦的这个流亡政府对苏敌意甚深，在苏的原波军 17 万
人拒绝参战而从伊朗出境投奔英国阵营。

　　苏联同波兰流亡政府决裂后，就扶植在苏境内的剩余的原波兰共产
党人（多数人已在"大清洗"中遇害）组建政权和人民军。

　　当年西方阵营对指挥国际共产主义运动的总指挥部——设在苏联的
共产国际一直抱有敌意。1943 年 5 月，根据斯大林的意思，共产国际最
后一任书记季米特洛夫同包括中国共产党在内的多国共产党协商后，决
定解散这一组织。这一举动保障了各国共产党的独立自主发展，也有利
于维护美英苏在战时的同盟。

　　苏军在库尔斯克会战胜利后，展开了全面反攻，面对胜利前景在
望，如何同美英协调夹击德国并确定战后格局又成为新问题。早在 1943
年 1 月，美国总统罗斯福、英国首相丘吉尔在卡萨布兰卡会议上宣布德
国、日本和意大利只能无条件投降，斯大林对此并未表态而只提要打败
德国。到了这年 11 月，斯大林已不考虑对德议和，而是要同美英讨论
胜利果实如何分配。

　　1943 年 11 月，美英苏"三巨头"在伊朗首都举行了首次会谈。三
国协调了对德作战。罗斯福、丘吉尔还同意 1944 年 5 月 1 日前在西欧
开辟第二战场，斯大林同意日后参加对日作战。这次会议期间，斯大
林同意要求德国无条件投降，彻底断绝了德国某些人在东线讲和的幻

ДОГОВОР ДРУЖБЫ

想。对希特勒一伙来说，他们只有横下心拉上整个德国拼死顽抗并为自己殉葬。

苏军严厉惩办投敌者，对德国报复有根本区别

苏德开战后，苏联军队和社会上都有一些投敌者，纳粹起初是以傲慢的态度轻视他们，一般只是关押驱役，只是对哥萨克人、鞑靼人、车臣人能特殊对待。

1941 年 8 月 3 日，苏军首次出现整团建制叛变的事件，即哥萨克人构成的第四三六团在团长考诺诺夫少校（其父母在内战时被苏维埃政权镇压）率领下集体投敌。希特勒同意暂时保留其编制，却由德国人统领。1942 年夏德军进入顿河地区时，为哥萨克人建立了一个"共和国"，有 5 万当地人加入伪组织。德军在他们中编组了 4 个哥萨克团，却调到南斯拉夫"清剿"铁托的游击队，利用穆斯林组建的"突厥部队"也被

德军在苏联建立的哥萨克骑兵团，右为德军建立的伪军的库班车臣人。

派到西线，这一惯例说明纳粹对其他民族的武装都不信任。

苏军在战争中最有名的叛徒，是1942年7月突围时投敌的沃尔霍夫方面军副司令员弗拉索夫中将。他随后发表了《我为什么走上反对布尔什维克主义的道路》的公开信，在斯摩棱斯克建立"民族委员会"（后改为"解放俄国人民委员会"）。苏联缺席判处他死刑，"弗拉索夫分子"还成为祖国叛徒的代名词。

希特勒开始对弗拉索夫充满鄙视，只将其作为宣传工具，见自身人力缺乏才利用苏联战俘中的附逆者。至1943年5月，已有50万苏联战俘（包括投降者）被补入德军当"辅助人员"（主要当力工），并建立了人数为20万的"突厥营"、哥萨克军、鞑靼部队、伊斯兰部队等非俄籍的伪军。1944年9月，纳粹才同意弗拉索夫搜罗反共的俄籍战俘组建"俄罗斯民族解放军"，兵力达10万人。

战争末期，这些苏联叛徒见德国大势已去都想投靠西方，斯大林却在雅尔塔同美英议定，战后必须将为德国服务的苏联人交回（不过"突厥营"等一些反共穆斯林部队逃到慕尼黑未被遣返，战后几十年来那里都留下向东方煽动"泛突厥主义"的祸患）。率部逃到捷克西部的弗拉索夫想投奔美军，对方却不敢接收，跟随追击的苏军随即将其抓获并押回国，于1946年将此人执行绞刑。

后来西方国家为了渲染苏联"恐怖"，声称战后回归的被俘人员都遭到严惩。俄罗斯解密的档案却证明，苏联在德占区共接收了266万平民和153万军人回归，其中只有4.6万平民和22.6万军人被捕，仅占总数的6%。

苏军战时有77名将军被俘（6名中将，71名少将），除26人因被处决、虐待死于德国战俘营，另有3人失踪，战争结束时有48人被遣返或抓捕回国。这些人中20人（包括弗拉索夫）遭处决，有28人被认为忠于祖国恢复了原军衔。如战争初期被德军认为最难对付的第五集团军司令员波塔波夫在基辅会战中被俘，遣返回来后经短期审查认为政治上坚定，不久军衔得到提升，最后以上将军衔去世。赫鲁晓夫执政时，被处决的几名将军经调查还恢复了名誉。上述统计证实，对落入德军手中的多数苏联平民和战俘，斯大林并未追究。那些被捕和被处死的人，有些是蒙受冤屈，不少人却是在任何一个国家都会受到处罚的败类。

基辅会战中被俘的波塔波夫少将被遣返回国后还得到晋升。1947年，他入总参军事学院进修，随后任敖德萨军区第一副司令。1961年晋升为上将，1965年去世。

　　苏军反攻进入德国时，打击纳粹时也伤害了一些普通百姓。西方媒体曾大肆渲染苏军纪律败坏，以此把战争的受害者与加害者的位置颠倒过来。苏联红军进入东欧和中国东北时，官兵确有不少抢劫、强奸现象。从民族基因看，被列宁冠以"封建的、军事的"沙俄帝国一直带有残暴性和欺压其他民族的沙文主义，这给苏联红军也不可避免地带来消极影响。战时苏联片面鼓动复仇情绪而未对部队进行正确教育，加上高级军官带头占有"战利品"，都促成和滋长了下级官兵的违纪不良作风。

★链接

苏联档案中披露的朱可夫个人的战利品

　　朱可夫是进入德国的苏军最高指挥官。1948年1月，他在莫斯科郊外的别墅被侦察部门秘密搜查，上交的报告称："朱可夫别墅实际上成了古董店，或者是内部挂满各种珍贵艺术彩画的博物馆，而且数量是那么多，甚至有4幅画只好挂在厨房里。"另外，别墅里发现的"毛料、绸缎、锦缎以及其他料子共有4000多米"。斯大林派人就此事质问时，朱可夫辩解说："我认为，所有这些东西都归国家安全部所有……我的错误是，我没有过问，有些什么东西，在哪里登记。"

　　朱可夫的回答，反映出苏联体制的弊病。他认为自己是公家的人就能随意享用公家的东西。

苏军同德军相比，毕竟还有一个根本区别，就是没有对敌国居民实施过有组织屠杀。苏军占领东部德国后为稳定秩序还运去大量物资救济灾民，对此一些民主德国人还是感念的。其军纪不良虽在反法西斯战争中不属于主流，却在某种程度上败坏了社会主义在欧洲的声誉，还成为东欧各国长期对苏联有离心倾向的一个前因。

纳粹以侵略成果刺激士气，把全民绑上战车

希特勒执政头几年，国内是一片疯狂的欢呼声，随后德国军队作战也很强悍。过去有些宣传只把这解释为法西斯宣传诱惑的毒害，其实这一现象的根本原因还是纳粹做到了让普通民众与当局一时的利益相连。

纳粹上台后的理论基础是种族主义，对外搞民族压迫并鼓吹消灭"劣等民族"，在国内却鼓吹建立"民族共同体"，不讲阶级斗争而强调全民福利。对德国共产党原来的拥护者，纳粹只消灭和囚禁其领导骨干，而把多数下层争取过去。

纳粹要求参加"希特勒青年团"的"鼓动"画。

希特勒上台前，德国因经济危机导致几乎一半职工失业。纳粹上台后采取了国家管制经济和剥夺犹太人积累资金的方式，达到本族充分就业，还让职工休息日增加1倍。希特勒执政之初发展旅游业，要求达到"大众汽车"普及，保护农民收入并建立了养老金计划，从1932年到1937年国民收入也增加了一倍。

德国的媒体被纳粹完全控制，也涣散了民众对法西斯统治的抵制情绪。希特勒特别注重掌控思想，尤其在青少年中成立了"少年队""希特勒青年团""德国少女联盟"等组织，把所有的孩子都囊括进去。此时德国人虽没有民主权利，却因生活改善和国家地位提高，包括夺回许多一战的"失地"，多数人高呼"嗨里（万岁）！希特勒"还是发自内心。战后许多历史学家分析"第三帝国"史得出的结论是——纳粹"一方面在德国广受欢迎，一方面对外又罪行累累"。

纳粹官员们绝不清廉，希特勒、戈林都在掠夺世界名画和其他艺术品方面创造了纪录。德国将领也能根据受宠程度，经常从希特勒那里得到"红包"等赏赐，往往一次便有几十万马克，足以购买一座庄园。德军官兵占领一地后，也不断向家中邮寄战利品"礼物包"，国家性质的掠夺更是给民众普遍带来实惠。

战争刚开始时，德国民众因外部封锁有过短期生活水平下降，每人配给卡中的粮食虽够吃，平均一天只有100克肉。德军占领丹麦、挪威后，国内市场肉类马上敞开销售，因为大量原本销往英国的鸡蛋、牛油、炼乳、咸肉和各种鱼都被运到德国。随后法国和荷兰、比利时等国又被占领，德国民众的生活达到了战时最高水平，当然这是以被占领国家人民的贫困、饥饿为代价的。

★链接

1943年上半年德国和德占区平民每日热量配给统计：

德国：2400大卡

荷兰：1765大卡

比利时：1320大卡

巴尔干地区：1305大卡

法国：1080大卡

波兰：855大卡

德军占领有"欧洲粮仓"之称的乌克兰之初，规定对居民每天只配给400克面包，其余粮食全部掠走。1942年至1943年东线的德军粮食都由当地榨取，还向国内运回不少谷物和牲畜。

随着德军逐步失利，德国居民才感到供应有了变化。1943年意大利退出战争后，橙子就在餐桌上消失。同年末苏联几乎收复了乌克兰的全部国土，翌年法国也被盟国解放，肉、蛋和葡萄酒在德国人的餐桌上也大大减少。

1944年10月以后，德国居民配给卡上的面包掺了杂质，还让人感到不够吃。几个月后战争失败，被盟军占领下的德国居民日配给热量只有1400卡（平均每人维持每天正常活动就需要1800大卡），这时老百姓才终于尝到对外侵略带来的苦头。

Auch ein Propagandaminister

Hitler: "Goebbels, Goebbels, gib mir meine Millionen wieder!"

战争期间，纳粹靠民族优越感和物质诱惑争取民众，占领苏联西部后又强征100多万妇女分给国内众多家庭当女仆。当掠夺品送回时，多数德国人还认为这是"优秀民族"对"劣等民族"应该的占有。这一心理正是中了民族优越论毒素后的集体性麻木，按有良知的德国史学家讲属于"集体犯罪"。

战时德国大财团站在希特勒一边，是因为对外掠夺给他们带来高额利润。

战争末期，部分德国贵族军官想除掉希特勒，有的财团也给予了秘密支持。行刺希特勒失败后，纳粹审判处决的几千人却都是军官和失意政客，并没有追究一个大企业家，说明在最后关头还不敢得罪德国经济利益的主宰者。

纳粹发动战争时，曾有少数老派贵族军人反对，如原陆军参谋长贝克上将便是密谋集团的首领。贝克等人同样有扩张理念，只是感到原为下士军衔的希特勒过于冒险。进入1942年后，看到美英苏三强联合，已退休的贝克认为战争已打不赢而开始筹划议和，条件是回到1939年大战爆发前的国界。1943年初美英宣布德国只能无条件投降，密谋集团便认为只有消灭希特勒才能让盟国同新政府媾和。1944年7月20日，他们制造了"狼穴"爆炸事件，只将希特勒炸成轻伤。纳粹随后几乎全部抓捕了以贝克为首的密谋者，而军官团多数人还是同希特勒捆在一起。

希特勒和他的宣传部长戈培尔的宣传照，此二人都善于秀民族主义煽动德国人。

1944年，谋刺希特勒的密谋集团首领、战前陆军参谋长贝克上将。按预案，政变成功后此人将成为德国新政府首脑。

★链接

"7·20"刺杀事件说明德国部分上层人物想抛弃希特勒

对德国"7·20"事件，苏联曾将其称为"法西斯军人集团内讧"，这有一定依据。当年密谋集团准备成功后马上在西线停战，在东线却要继续抵抗苏军。

战时德国有过反法西斯斗争，却是少数人密谋。如慕尼黑大学绍尔兄妹的"白玫瑰"组织以及军政界的"红色乐队"和施陶芬贝格等贵族军官的行刺。这些活动没有群众基础，注定成不了气候。即使希特勒被炸死，戈林还控制着200多万空军人员，党卫军首领希姆莱又指挥几十万秘密警察（盖世太保）及几十万武装党卫队，他们可以轻易消灭贝克等人建立的新政府，继续维持纳粹统治。

　　如果正视历史，就应该承认一国的"群众"也经常会被邪恶势力诱惑。恩格斯在《路德维希·费尔巴哈和德国古典哲学的终结》中也说过："普鲁士国王的恶劣，只有用其臣民相应的恶劣来解释。"希特勒能够上台、能有牢固的邪恶统治，恰恰是集中了德意志民族的劣性一面并将其发挥到极致，从而导致"国家社会主义"对民众的吸引力和对外侵略的滔天罪行之间有着共生关系。

　　进入战争末期，德国普通居民看到大祸将至，纳粹宣传机构又采取"罪行均摊"方式，声称盟国对所有德国人都会实施惩罚，这又把众多民众绑架在战车上。德国军官团又犯下了太多侵略罪行，此时认为盟国会从整体上消灭传统的贵族军事阶层，因而仍跟随希特勒，并怀有美英能同他们联手对抗苏联的一线希望。

　　从意识形态看，德国人多数信仰天主教，其军队同西方其他军队一样设有神职人员。纳粹党在军中也利用宗教安抚官兵，另外又突出法西斯教育。德国空军从建立起就在戈林率领下实行纳粹化，海军也对希特勒效忠，陆军内却存在一个秘密的反抗集团。希特勒因对陆军不放心，才以"军外建军"方式成立党卫军。不过从总体看，作为军官团主体的陆军将领的对外侵略扩张意识同纳粹是一致的。战后审判时，剩下的军官团头目才把罪责全推到希特勒身上，西方一些政要出于反苏需要也努力将其洗白。像曼斯坦因等战犯被提前释放，还当上了联邦德国国防军顾问，战后德国对战争责任的

🖉 1944 年 7 月 20 日，德国大本营会议室发生爆炸后的照片，此时负轻伤的希特勒正向墨索里尼介绍自己得以幸存。

反省在军官团的问题上确实还很不彻底。

　　盟军攻入德国时，没有任何地方发生过反纳粹起义，当地居民只有恐惧和害怕报复的目光。战后德国社会上清算纳粹党时，对社会上普通民众的责任也进行了反思，因此认识战争责任比日本深刻。德国战后多数人得出的一个重要教训，就是要建立一个有效制约希特勒这类野心家滥用国力的机制，才能保障国家不被引向邪路。这一历史也证明，对侵略国不仅要将其打败，还要杜绝其借尸还魂，因此必须在其社会上对全民清算侵略思想的根源。

希特勒在国防军（灰色军常服）外又建立党卫军（黑军服），以后者监视前者，画中表现的是党卫军军官在盘问国防军。

战史上最大规模的坦克交锋——库尔斯克会战

库尔斯克会战，以世界上最大规模的坦克会战而在历史上留名。在此次钢铁机械大交锋中，苏军还处在对现代机械化战争的学习期，以远高于对手的巨量损失交了学费，在此领域的水平逐渐追上原先是这一领域『顶级大师』的德军。『虎』和『豹』这两款当时世界上最强的坦克在库尔斯克登场，曾被希特勒视为胜利的希望，结果在那个草原平坦广阔、夏季气候良好的最有利环境下仍攻击受挫，这就向世界证明了苏军的战斗能力终于超过了德军。

战史上最大规模的坦克交锋——库尔斯克会战

1943年初德军在斯大林格勒大败后，墨索里尼赶来向希特勒建议，应不惜一切代价尽快同苏联讲和。德国外交部长里宾特洛甫也提议谈判，争取用德苏分治东、西欧洲来抵制美英反攻欧陆。此时美英要求德国无条件投降却又迟迟不在西欧开辟第二战场，苏联方面很清楚这只是想让苏联流血，因而只强调"打败"德国而对谈判还留有余地。希特勒对里宾特洛甫的意见却批复说："我们只有取得一次军事胜利后，才能再谈其他。"他期盼的"军事胜利"，是想利用新产坦克的优势消灭库尔斯克突出部的苏军，然后争取在有利条件下和谈，就如同一个刚输掉赌注的赌徒还想翻一次盘再罢手。这种战略盘算不仅不切实际，而且苏军已用很长时间筑好库尔斯克防御阵地，战术上"以少攻多"也没有获胜可能，希特勒所下的这最大一笔装甲赌注就必然输掉。

希特勒等待"虎""豹"出厂推迟夏季攻势

1943年春暖之后，苏军按前两年的惯例认定德军在冬季失败后，又会再发起春夏季进攻，战场上却自3月末至7月初出现了难得的相对沉寂。

德军在斯大林格勒大败后，虽在3月中旬夺回哈尔科夫取得小胜，多数将领对前景已信心不足。坦克兵总监古德里安上将主张机动防御，主张进攻的中央集团军群司令克鲁格元帅竟然提出要同他决斗，并请希特勒做见证人。已升任南方集团军群司令的曼斯坦因元帅起初主张赶快进攻，随着时间的推移他又认为苏军防御增强已使攻击获胜希望不大。

部下争论不休，更让希特勒心烦意乱，他认为只有让奔驰公司刚研制定型的"虎"式坦克以及"豹"式坦克大量装备，才有可能打败苏军。由于新型坦克的生产和运输都不快，原定4月末发起的进攻推到7月初。

在苏联统帅部内，此时也有两派意见，有人主张先展开夏季攻势，

朱可夫元帅却提议先在防御中消耗敌军后再反攻。苏联方面这时已比较注意听取各种意见，认为苏联军队举行大规模进攻战还没有必胜把握，让德军进攻到筋疲力尽后反攻才稳操胜券。于是苏军把进攻主动权让给敌人，就如同在球赛中让对手先发球。

"虎"式坦克装上列车运向前线的画面。希特勒因等待"虎"到达一再推迟对库尔斯克的进攻。

德军"豹"式坦克在库尔斯克会战中首次登场。

★链接

库尔斯克会战前苏德军力对比

1943 年夏初，苏联一线作战部队达到 600 万人，德国和仆从国的一线军队总数为 400 多万人。此时意大利东线军队残部和多数罗马尼亚部队撤走，芬兰军队只采取防御避战，前线作战任务只能靠德军承担。

此时苏军在前线坦克有 9000 辆，德军只有 4000 辆，苏军的飞机更相当于德军的 3 倍。不过苏军坦克在德国的"虎""豹"式坦克问世后已丧失了过去的性能优势，飞机性能还大多不如德国，想取胜就主要依靠数量优势。

对德军进攻的地点，苏军已有准确判断，那就是在中部战线的突出部库尔斯克，因为在那里德军适宜打两侧迂回的合围战。从 4 月开始，苏军就在这西、北、南三面的宽度都不过 60 公里的"平台状"地域大修反坦克障碍和各种火力掩体，还集结了 130 万人和 3600 辆坦克。在后方不远的地区内，苏方还有拥有 60 万人和 2400 辆坦克的草原方面军作为预备队。德军为了这一代号"堡垒"的攻势集结了 90 万人的部队和 2700 辆坦克，却几乎没有什么预备队，纵然达成突破也难扩展胜利。战后一些德军将领在回忆录中指责希特勒，进攻拖到苏军严阵以待时进行，简直就是"向当时世界上最坚固的要塞"硬攻的愚蠢行动。

待斯大林去世、朱可夫失势后，苏军中也有人指责在库尔斯克拖延时间采取守势。他们认为，如果提前两个月主动进攻，德国的"虎"式、"豹"式坦克还未大量装备，苏军会以少得多的代价取得胜利。

历史是无法假设的，苏德双方在 1943 年 7 月 5 日至 8 月 23 日展开了库尔斯克会战，共投入 300 多万大军，1 万多辆坦克又进行了世界战争史上规模最大的一场坦克战。苏军在此役伤亡之重创造了战时最高纪录，却成功实施了防御，并就此转入全面进攻。

苏军坦克劣于"虎""豹"，只得以数量对质量

1943 年 7 月初，库尔斯克突出部还是一派"这里的黎明静悄悄"的景色。7 月 4 日，德军打破沉寂，派出几个营实施战斗侦察，以探明苏军在阵前的地雷阵和工事情况。战斗中苏军抓到的一个俘虏供称明天早上会转入进攻。当天又有几个德国兵投诚（系原德共党员和反法西斯分子），报告了同样的消息。在此指挥的第一副统帅朱可夫判定，德军攻势在明晨肯定开始。

苏军坦克手在研究战术对抗德国坦克的战术。

7月5日凌晨，当德军在黎明前的黑暗中向前沿推进时，苏军以几千门大炮向其纵深轰击，使德军一下子被打乱了部署，进攻推迟至中午才开始。

德军刚投产的重55吨的"虎"式坦克、重44吨的"豹"式坦克在突击中打了头

阵。此时苏军防御阵地以大量互相紧密配合的战壕、铁丝网、反坦克火力点和雷区组成，仅中央方面军就埋设地雷70万颗，数量居优势的苏联坦克、空中的强击机和重炮群也在德军前面构成了火网。在南线指挥进攻的曼斯坦因元帅当即感叹进攻开始得太晚，已难有胜利希望。

德军新型坦克虽具有性能优势，追求"高精"的德国人却忽视了一个规律，那就是战场上只有成熟的技术才是可靠的。希特勒要求投入刚研制成的"虎"式、"豹"式坦克，古德里安就提出，开战后肯定会出现意想不到的毛病。果然，进攻第一天"豹"式坦克就有一半出了故障待修，各种坦克的履带又屡屡被遍布的地雷炸断，苏联坦克乘机冲来打不能移动的"死虎""死豹"。为了给坦克开路，德军派步兵来清除地雷，又遭受到苏联枪炮打击，第一天步兵就死伤1万多人。

德军"豹"式坦克在库尔斯克会战中首次登场，战斗力虽不凡，却因技术不成熟多数出现故障。

★链接

苏军面对敌坦克优势如何"打虎降豹"

在这场会战中，苏联先后投入6000多辆坦克，德国也投入了3000多辆坦克（其中有1000余辆"虎"式、"豹"式）。苏军的KV和T-34坦克同"虎"式、"豹"式已难匹敌，还能有效打击德军装备最多的是Ⅳ号坦克。此时苏军一时生产不出新型坦克，便决定用大口径榴弹炮或装备152毫米炮的自行火炮"打虎"，因这种大口径榴弹命中敌坦克炮塔后虽然不能击穿，靠巨大的爆炸力也能震昏乘员。苏军还以伊尔-2强击机从空中打击德军坦克装甲比较薄弱的顶部，德国人一时将这种空中杀手称为"黑死神"。

描绘库尔斯克会战中苏德坦克激战的场面。画中 T-34 坦克向"虎"式坦克高速冲击以求得近战。

表现库尔斯克坦克战的一个画面。德军 IV 号坦克和苏军的 T-34 坦克都被击毁后，坦克手爬出后仍在交手。

由于库尔斯克一带地势平坦，"虎"式、"豹"式坦克依仗装甲厚、火力强打头阵，掩护后面的 IV 号坦克、强击炮冲击。苏联的 T-34 坦克的 76 毫米坦克炮打不穿德军"虎"式、"豹"式坦克的前装甲，只得待德国坦克接近后依靠数量多、速度快的特点蜂拥而上，绕到"虎"式和"豹"式的侧面和后面，用炮打比较薄的侧装甲和后装甲。双方战车咬成一团相互混战，苏军往往要损失 5~6 辆 T-34 才能摧毁一辆对手的重型坦克。坦克被打坏后，苏德两军的坦克手又爬出车外，用折叠冲锋枪、手枪射击，拼完子弹就用铁铲、钢刀甚至以牙齿、拳头搏斗。

苏军炮兵此时也在掩体内打击德国坦克，只是装备最多的 76 毫米口径加农炮也难打穿对方装甲，自己还被摧毁不少。苏军一些步兵还以反坦克手雷与敌车搏斗，战果虽不大却迟滞了对手推进。在苏军各兵种结合的综合阻击下，德军经 6 天进攻，在库尔斯克北面仅前进了 12 公

曼斯坦因元帅（右）部署撤退的照片。此人在东线违反国际法，下令杀害苏军俘虏中的伤病者，撤退时大肆屠杀平民，战后被定为战犯被判刑，后被美国提前释放。

里，在南面只前进了30公里，两个攻击矛头距离合拢还有一大半的路程，却损失了半数坦克。

德军的装甲铁钳再也无力合拢，这表明其过去拿手好戏即突击、合围作战在苏军面前已经失灵，从7月12日起开始撤退。

★链接

二战中规模最大的一场坦克战

1943年7月12日，苏、德两军在一个叫普罗霍罗夫卡的村庄旁边爆发了二战中最大的一次坦克战斗。苏军出动850辆坦克，德军则投入了650辆坦克。双方在15平方公里内进行了一天坦克"肉搏战"，损失数字有多种说法，不过苏军坦克战损肯定大于德方。战斗的结果，是德国SS装甲军（党卫军）在傍晚丢弃损坏的战车后撤，苏军认为在库尔斯克就此取得了坦克战的决定性胜利。

战后西方引用德国的历史档案，认为撤退的原因是希特勒得知美英军在意大利西西里岛登陆，为此将SS装甲军调走（坦克却留下交给其他部队），在后方重新装备以开往意大利。其实按苏德力量对比看，这几个师的增减对会战不起决定性作用，德军在南、北两线的攻势仅一个周期便势穷力竭的情形已不可逆转。德军对库尔斯克的攻势刚停顿，苏军便转入反攻，这又粉碎了德国宣传机构自吹的德军夏季攻势总能获胜而苏军只能冬季进攻的说法。

从双方的损失看，德军在库尔斯克的进攻仍然相当凶猛。据统计，从7月5日至23日德军战斗伤亡为6万多人，苏军却阵亡、失踪7.03万人，伤病减员10.7万人，人员的战损比几乎是1：3。不过苏军与前两年夏季的最大区别，是不仅能顶住德军的进攻，并能迅速转入反攻。

苏军夺取空中优势，德国装甲兵失去头顶掩护

库尔斯克会战不仅是规模最大的坦克战，也堪称规模最大的空战。会战之初，苏军在这一战区集中了4000架战机，德军集中了2300架战机，随后双方又增调飞机补充损失，总共有上万架飞机在地面部队头顶

交锋。

　　这时苏联已大量生产出勉强能与德军飞机抗衡的拉－5和雅克－9型战斗机，又得到美国援助的P-39"眼镜蛇"式战斗机，在拥有数量优势时质量差距也得到弥补，飞行员的技能也普遍赶上敌手。德军虽然集中了一半战斗机和多数轰炸机于库尔斯克前线，熟练的飞行员却损失严重，整体技术水平已下降。

库尔斯克大会战的油画场面，头顶的德军"斯图卡"俯冲轰炸机掩护地面的"虎"式坦克同苏军飞机、坦克搏斗。

　　"堡垒"行动前，德国空军抽调大量的航校教员到一线参战，完全是一种"杀鸡取蛋"方式。当时各大国因飞行员损耗巨大需要补充，都定期从前线抽调优秀飞行员回航校当教员，向新学员传授战斗经验并带飞。斯大林格勒会战中德国丧失了大量飞行王牌，又无法在短期内训练出大批熟练的飞行员，希特勒、戈林把熟悉空战的航校教员调到前线，其代价必然是飞行队伍建设失去后劲。做出这一决定，说明他们对待库尔斯克会战已是孤注一掷的赌徒心理。

　　库尔斯克会战之初，苏德双方空战几乎势均力敌，苏联的伊尔－2强击机和德国的J-87斯图卡式俯冲轰炸机又各自担任了从空中打坦克的任务。苏军强击机和德军斯图卡俯冲轰炸机都采取空中攻击，击毁了对方大量坦克。

　　在这次空战中，苏联女飞行员同样投入了格斗。当时世界上只有苏联有专门的女子飞行部队，这些巾帼英雄驾驶着拉－5式战斗机立下了不朽的功勋。其中最有名的"王牌"是莉莉娅·利特维亚克，她以击落敌机 12 架名列二战女飞行员战绩之首。1943 年 8 月 1 日，莉莉娅被击落失踪，因长期下落不明未被授荣誉称号，战友们却认定是牺牲并长期纪念。1990 年在旧战场的工地建设时发现她的飞机和本人的遗骸，她被时任苏联总统戈尔巴乔夫授予"苏联英雄"称号。因翌年苏维埃国家解体，莉莉娅·利特维亚克成了这一称号的最后获得者。

库尔斯克会战进行了不到一个月，德军就感到飞机和飞行员损失大而补充不上。苏联战报称会战期间共击落击毁 3700 架敌机，这一数字显然高估。德国战报称己方同苏机的战损为一比二十几，更是夸大得离谱。一个不可否认的事实是，苏军在会战后期夺取了空中优势。

德国坦克失去头顶有效的掩护，就失去了大集群进攻能力，只好分散成小群作战。苏联军队很快转入反攻控制了战

莉莉娅中尉的照片，生前她号称"斯大林白玫瑰"。1943 年 8 月 1 日被击落失踪。1990 年其遗骸被找到，被追授"苏联英雄"并举行隆重葬礼。右上为追授她的"苏联英雄"勋章。

1943 年以后的希特勒总显得十分忧郁，做出决策时经常犹豫不决。他身边的戈林元帅因空军丧失制空权而常受训斥。

场，己方被打坏了的坦克有很多又可以回收修好。当时人称，从打坏了的 3 辆坦克中拆零件下来，还可以装出两辆坦克。德国军队撤退时，损坏或出故障重坦克难以拖动，只得丢弃给对手。德军损失了多数有经验

的坦克手，这更难以弥补。时任草原方面军司令员科涅夫大将曾形象地比喻说："库尔斯克会战是德国装甲兵这只天鹅在临死时最后动人的鸣叫。"

防御胜利后马上反攻，苏军以重大代价连夺两城

7月12日德军"堡垒"攻势停顿，苏军就在库尔斯克北段集中128万人和2400多辆坦克，向原工业城市奥廖尔发起代号为"库图佐夫"的进攻战役。

在奥廖尔方向指挥德军第九集团军的司令，是莫德尔上将。此人在上一年秋天曾指挥所部击败了朱可夫在维亚济马的进攻，这时又采取了机动防御方式，即着重依托阵地用火力杀伤暴露在外的苏军，待对方倾泻火力时又撤到二线，再如此循环打击。苏军因航空兵、炮兵、坦克和步兵协同不善，只形成了一线平推。经过22天猛攻，苏军收复了奥廖尔，将德军击退了150公里。不过据战后的档案数字，德军伤亡10万多人，苏军伤亡多达42万人。莫德尔因擅长防御，还被德国誉为"防御大师"，不久获得元帅军衔。

苏军在库尔斯克北面的进攻只能算是惨胜，主要原因是此前指挥员一直缺乏成功地突破敌军坚守的经验，攻坚只是啃"硬骨头"，即先以火海覆盖，再以人海战术冲锋。加上苏军前两年兵员不可弥补的减员超过900万，匆忙把大量未经过训练的人补充送到前线，这些新兵战斗技能很差，有不少人刚学会放枪，打这种硬拼仗自然损失奇重，不过幸存的人日后就会磨炼成有经验的老兵。

此时德国在东线的不可弥补减员数为200万人，老骨干大都保留，补充兵的军事水准也不低。德国的军训从少年时便开始，男性中学生暑假时便都要进入野营，1944年以前的德国兵入伍后还要至少训练3个月。在库尔斯克作战时，德国兵作战可谓大都是熟练的老手，军事素质和作战技巧仍普遍高于苏军的新手。

苏军在库尔斯克反攻时，没有打歼灭战而只是驱赶德军。据朱可夫回忆录称，他发现部队对奥廖尔的德军形成了包围之势，曾向斯大林请示是否迅速使用坦克和机械化快速部队切断敌人后路，得到的回答是：

苏联所绘的库尔斯克会战全景画（局部），生动显现了激战场面。

"不要合围，现在的任务是尽快把德寇赶出国土，将来我们在敌人的领土上再合围他们。"

斯大林此时对合围德军顾虑重重，主要是想到此前在斯大林格勒消灭被围之敌用了两个月，还造成城市彻底毁坏。不过对敌军只是"驱赶"，并不能防止破坏，也不能对德军形成致命打击，最终还增加了自己的战损比。

苏军采取三面进攻、网开一面的进攻方式，8月5日在德军撤退后收复了奥廖尔城。这个战前苏联的重要机械工业和坦克生产中心已是一片死寂，残破不堪。莫德尔撤退前下令搞"焦土政策"，杀光成年男子并烧光房屋，苏联就此宣布此人是战犯。莫德尔后来又指挥镇压华沙起义并摧毁城市，战争结束前在鲁尔落入包围圈，因害怕受审判举枪自杀。

奥廖尔被收复后，8月5日入夜后莫斯科城内有120门火炮同时轰鸣12响。战争开始后就一直实行灯火管制的莫斯科夜空，突然间满天焰火，礼花映亮了人们兴奋的脸庞。这久违的礼炮，对苏联各族人民来之何等不易！

8月上旬之后，苏军攻击重点转到南面，指向乌克兰最大的工业城市哈尔科夫。曼斯坦因指挥德军不断实施战术反击，进行了机动防御。苏军经过20天激战，在8月23日攻克了这座战前第四大城市。南线反攻中苏军伤亡25万人，德军伤亡超过10万人，双方损失比例远低于北段，说明苏军战术水平有了提升。

★链接

库尔斯克会战中苏德两军伤亡比为 2.7∶1

苏军收复哈尔科夫，宣告了为时50天的库尔斯克会战结束。苏联在解体前为维护苏军胜利形象，讳谈1943年夏季的伤亡数字，90年代

苏军收复哈尔科夫后，跟踪败退的德军展开追击。画中表现了摩托兵进抵第聂伯河边，路边德军按"焦土政策"焚烧的农舍还冒着火光。

1943年夏季苏军的攻势付出战时最重的伤亡，苏联著名油画《同生死》正体现救护负伤的战友的场面。

俄罗斯公布的档案才披露令人震惊的数字：从7月至9月苏军阵亡高达68万人，失踪11.5万人，负伤183万人。同一时期德军死亡24万人，负伤75万人，失踪5万人。在库尔斯克会战中，苏军伤亡、失踪达84万人，德军伤亡、失踪却不过34万人。

苏军坦克在会战中战

苏军在库尔斯克会战以及整个夏季作战中的损失大大高于德军，不过评价一场战争、一次战役的胜败不是看谁损失大，而是看谁达成了作战目标。苏联打退德军进攻并全面转入了反攻，肯定是这一仗的胜利者。

"堡垒"行动失利，对德国民心士气又是一个沉重打击。饱尝了两个冬天失败的德国官兵，曾满怀希望期待着第三个夏季的胜利，库尔斯克会战中的结果却证明夏季也出现了节节败退，纳粹分子完全失去了打赢战争的希望。

库尔斯克会战，被苏联称为伟大卫国战争中的第三个里程碑。在此之前，莫斯科会战成为粉碎德国法西斯"闪击战"的里程碑；斯大林格勒会战成为扭转战争进程的里程碑；库尔斯克会战的胜利，又成为宣告德军最后全面转入守势并走向彻底失败的里程碑。可以说，希特勒在斯大林格勒的失败使自己睡进了棺材，在库尔斯克冒险的失败相当于在棺材上钉上了关键的一颗钉子。

苏军踏着"焦土"反攻，一直冲到第聂伯河

从1870年普法战争起，德国陆军的战术技术水平曾被公认为世界之冠，苏军要压倒那个强悍对手必须付出巨大代价。

1943年夏季成为卫国战争中苏军伤亡率最高的阶段，平均每天伤亡2.3万人，苏军各级指挥官以及士兵的军事水平也以这些鲜血为学费得到提升。

1943年8月23日，苏军以收复了战前第四大城市哈尔科夫结束了库尔斯克会战。为补充伤亡，此时苏联方面特准把西伯利亚流放的犯人也补充入部队，集中起5个方面军的263.3万人、坦克和自行火炮2400余辆和作战飞机2850架，沿着近千公里的南线全面发起进攻，目标是收复工业基地顿巴斯和号称"欧洲粮仓"的乌克兰。

苏军从8月26日开始的进攻，在战史上称为"第聂伯河会战"。同苏军交锋的德军是中央集团军群一部和整个南方集团军群，总兵力有

德军在乌克兰撤退时到处纵火以实行"焦土政策"的照片。

124万人，拥有坦克和强击火炮2100辆、作战飞机2100架。

苏军兵力数量虽有一倍略多的优势，新兵却占一半，坦克质量又劣于敌军，只是苏军掌握了局部制空权。加上德国统帅部判断苏军需要休整未做好防御准备，面对马不停蹄的反攻措手不及。在库尔斯克会战前，德军总参谋部就提议在第聂伯河修筑一道防线，希特勒却说将军们若知道这事就不会努力进攻了，结果在败退时仓促组织"东方壁垒"的施工已来不及。

顿巴斯是苏联原来主要的重工业基地，曾出产全国近一半的煤，希特勒要求德军要将此地守住，曼斯坦因却表示以现有兵力只能撤退。此时希特勒将后方刚拼凑起的两个集团军已调到意大利，无法增援东线，又害怕重蹈斯大林格勒第六集团军的覆辙，于是只得下令实施大破坏后迅速后撤坚守第聂伯河。

★链接

德军撤时实行的"焦土政策"

德军为了让苏联在新收复区得不到人力、物力补充，党卫军头目希姆莱曾下达命令："不应留下一个人、一头牲畜、一根铁轨、一座房屋、一口水井！"这一时称"焦土政策"的措施，同日本军队在中国实行的

"三光政策"一样，都是世界现代战争史上登峰造极的战争罪行。作为南方集团军群司令的曼斯坦因在乌克兰实施这一政策特别彻底，他下令撤走时要枪毙一切成年男子以防被苏军征用，并烧掉全部房屋，因而在战后被苏联以战犯起诉。战后西方舆论界出于政治偏见，总是宣传苏军进入德国后如何抢劫和强奸妇女。若设身置地想一下，在德军屠刀下能逃脱并参加了苏联红军的人，打入德国后的报复心情可想而知。

　　苏军中央方面军在追击中合围了德军4个师，很快将其歼灭（这也是当时少有的一例），南方面军于9月上旬收复了顿巴斯。苏军还抽调许多兵员帮助躲过德军屠杀的农民一起收割庄稼，并将收获物送到严重缺粮的莫斯科。

　　经过20多天进攻，苏军前进了200~300公里，前锋于9月21日进抵第聂伯河。根据命令，前卫部队不待舟桥部队到达，便用当地找到的小木船，自扎的木筏、木排，甚至是木桶等就便器材，在行进中开始强渡第聂伯河。德军就此全面转入防御，希望能守住希特勒在此给他们划定的"东方壁垒"。

　　对靠进攻起家的法西斯政权来说，一旦丧失了攻击性而转入退守，便意味只有被对手一步步扼死。通过残酷攻防战争锻炼，苏军的作战素质又得到日益提升。与此相对应的是，德军武器装备的质量也越来越好，希特勒一伙的战略指导能力却越来越显得笨拙，这也说明法西斯走向穷途末路导致其头目也陷入思维混乱。

以持续反攻收复乌克兰

苏军结束库尔斯克会战后，就全线展开进攻，重点是收复战前重要的工业、农业基地乌克兰。苏军的进攻方式，由平推发展到合围战，说明战役指挥和战术水平都有了提高。相反，德军已无法发挥过去机动战的优势，根据希特勒「固守不退」的命令只能被各个击破。经过半年的持续反攻，苏联不仅收复了战前的乌克兰全境，又重创德军投入南线的精锐，苏军由相对优势变成了绝对优势。

以持续反攻收复乌克兰

从 1943 年夏季起，苏军开始全面反攻，在 2000 公里广阔的战线虽有进展却形成一线平推。此时德军以步兵师分布在一线防守，装甲师在二线充当堵塞突破口的预备队，在后撤中仍保持了一条完整战线。进入 1944 年后，苏军开始实施合围战，每次都集中力量以重锤猛砸向德军一段防线，以歼灭战给德军最严重的打击，在乌克兰方向最早取得了收复战前国土的大捷。

表现苏军反攻收复失地的油画《我们的队伍打回来了》，从德军屠刀下逃脱的民众大力支持苏军。

苏军强渡第聂伯河成功，又收复斯摩棱斯克

1943 年 9 月 22 日到 30 日，苏军中央方面军、沃罗涅日方面军、草原方面军、西南方面军各部在将近 750 公里正面进抵第聂伯河，不待德军组织好防御，就迅速在对岸夺取了 23 个登陆场。

表现苏军到达第聂伯河边并准备渡河的油画。

据历史亲历者回忆，苏军刚到达这条宽达700米的大河边，指挥员下令马上用"就便器材"渡河，士兵们只得"找到什么用什么"。能找到小船算是幸运，一些人只好抱着木板奋力游过河去。此时苏军炮兵部队大都落在后面，航空兵也未能及时转场而出动次数大减，火力掩护很不足。在敌军火力拦截下，被打死或因水性不好淹死在河里的人相当多。苏军便改为利用夜晚渡河，抢占的登陆场虽多是平坦无掩蔽的沙洲和小土丘，靠官兵顽强和数量优势还是站住了脚。

为配合突破第聂伯河，苏军统帅部还组织3个空降旅，实行了一次军级规模的空降作战，因没有完全掌握当地制空权采取夜间空运。9月24日夜间苏军飞机起飞218架次，以跳伞方式降落了4575人。不巧的是，德军5个师增援部队恰好前进到苏军预定的空降地点附近，苏联伞兵在黑暗中难以准确判定地面目标，着陆时竟然分散降落在30公里宽、90公里长的地区内，甚至有些人还落到河里。空降兵着陆后，多数人马上同德军混战成一团儿，虽牵制了敌人却未完成占领登陆场的任务，苏联方面从此不再采取大规模空降。

✎ 苏联时代所绘的表现苏军强渡第聂伯河后激战的油画。

✎ 1943年10月，苏军强渡第聂伯河的历史照片。

9月底，苏联舟桥部队抵达第聂伯河边，他们在敌人猛烈火力下架设起许多座浮桥，把大量坦克和步兵运过河去。苏军航空兵此时也大都完成向第一线转场，对地面部队的支援也大大增强，德军想消灭登陆场的企图终于破产。苏联军事学术在此次会战中得到了发展，学会了如何实施高速度、

宽正面的进攻，以及如何在行进间强渡大水障碍，从而积累了大规模渡河进攻战的经验。

　　苏军重点反攻乌克兰时，也向俄罗斯西部展开进攻。从 1943 年 8 月 7 日至 10 月 2 日，苏军西方面军和加里宁方面军以 125 万人，向号称"俄罗斯西部门户"的战略要点斯摩棱斯克发起进攻战役。当地的德国中央集团军群有 85 万人左右，已构筑了大量防御工事，人称每个村落都成了火力点。苏军中部战线的部队开始时形成对敌军坚固据点一个个"啃骨头"，用了两个星期才向纵深推进 30~40 公里，因正面平推伤亡重大且进展不利。随后苏军采取了集中火力、兵力于重点突破口的攻击方式，终于打开突破口，于 9 月 23 日切断了斯摩棱斯克后方的铁路，德军为避免陷入合围，克鲁格元帅下令弃城，不过撤退前还是进行了大规模破坏。

　　据俄罗斯档案公布的数字，此役苏军总减员 45.1 万人，德国中央集团军的总损失只有 10 万人。苏军伤亡虽大却毕竟是胜利者，向西推进了 200 至 250 公里，夺回了斯摩棱斯克州全境，并前进到白俄罗斯东部。

1943 年下半年苏军作战时的形象，此时刚转入进攻，因组织有缺陷损失很大，如在攻克斯摩棱斯克的作战中伤亡便 4 倍于敌军。

顺利收复基辅，苏军战术水平日益提升

　　面对 1943 年夏秋季苏军的全线进攻，11 月间希特勒召开了最高军事会议讨论对策。任南方集团军群司令、指挥乌克兰方向作战的曼斯坦

因主张实施机动防御，不固守一地。一些将领则建议，撤至波罗的海到黑海的一条距离最短的战线，这样可以腾出 20 个师兵力作为机动，希特勒的决定却是"不轻易放弃寸土"。

曼斯坦因等将领在战后抱怨希特勒，认为这等于丢弃了过去德军机动作战的长处。希特勒此刻其实没有更好的选择，因为战争初期德军能以机械化部队实施高速"闪击战"，是能掌握制空权。1943 年秋，德国在东线已丧失了制空权，加上油料不足，德军步兵师已减少汽车配备而大量装备马车，苏军却因得到美援的几十万辆汽车而具备机动能力的优势，德军若以机动战为主只能失败得更快。

苏联方面对 1943 年夏秋的全线进攻也不满意，认为兵力和武器分散导致战果有限，于是决定针对敌之弱点集中绝对优势兵力打击一点，战场形势马上有了改观。

1943 年 11 月 3 日，苏军向乌克兰首府基辅发起进攻，第一天进攻便突破了德军防线。随后指挥员要求坦克不要怕脱离步兵而大胆前进，这些钢铁战车便在晚间开着大灯在德军后方高速冲击，第二天便切断防守基辅的德军的后路。德军面对意外打击惊慌失措，为免受包围弃城逃走。

1943 年下半年至 1944 年春的德军南线指挥官曼斯坦因元帅，他主张的机动防御也无法抵挡苏军反攻。

从 1943 年秋季起，苏联空军已在空战中压倒德机掌握了制空权，能有效打击德国地面车辆和人员。

苏军收复了这座苏联第三大城市，让全世界都认识到苏军反攻已取得决定性胜利。气急败坏的希特勒要求曼斯坦因元帅立即夺回这座大城。苏军却不给德军调兵的时间，其坦克部队不停顿地继续西进，不到一星期便又推进了 150 公里，攻占了多个铁路枢纽，仅在一个火车站就缴获了德国 22 列军车、3000 吨燃料和 15 万吨粮食，保证了部队下

一步急需。

解放基辅后，原任第一乌克兰方面军政委的赫鲁晓夫中将（右）受命担任乌克兰共和国党组织书记，领导恢复建设。

改装后的Ⅳ号坦克在1943年、1944年内仍是德国产量最大的坦克，在东线也是德军装备最多的坦克。

画中描绘的是乘坐装配85毫米口径炮的KV-1坦克进攻的苏军步兵，苏联因其火炮威力不足于1944年初停产此车。

此次进攻战役的损失对比，几乎是苏德战争开战后最有利于苏联的。苏军只付出了3万人伤亡，便击毙、击伤德军近10万人，还抓到1万多俘虏。随后，德军虽调动包括"希特勒师"等最精锐的装甲部队对基辅展开反扑，重新占领了基辅以西的城市日托米尔，却只前进了30公里便被苏军挡住而向西败退。这一事实证明，曼斯坦因主张的机动战，因装甲力量衰落和丧失空中优势也已不灵。

从基辅附近的作战可以看出，苏军除了作战技巧日益成熟，武器也有了改善。新型T-34坦克和"斯大林-2"式（西方称为JS-2）重型坦克问世，宣告了此前德国一度掌握的装甲兵技术优势就此丧失，曾经威风八面的"虎""豹"也变成了"病猫"。

★链接

苏联改进后的坦克性能提升

1943 年秋末，苏军新装备了 T–34/85 型，这种改进的坦克将原来 76 毫米口径炮改装成威力更大的 85 毫米口径炮（系使用原来的高炮），能在较近距离内打穿"豹"式坦克的正面装甲和"虎"式的侧装甲。苏联又在 KB 坦克的基础上，发展出一种重量为 45 吨的新式重型坦克"斯大林 –2"型，装配了 122 毫米大口径炮，可谓当时世界上坦克炮口径之最，虽然瞄准装置还不及擅长精密仪器制造的德国，火炮威力却胜过德制坦克炮，装甲厚度也占优势。

1943 年末，装配 85 毫米口径炮的 T–34 坦克开始装备苏军，大大提升了苏军作战威力。

1943 年末，苏军开始列装的"斯大林 –2"重型坦克终于能对抗德国的"虎"式坦克。

在 1943 年下半年的反攻中，苏军收复了 60% 的沦陷区，解放了 2000 多万本国民众。苏军由于战斗伤亡惨重，到达新解放区的首要任务便是将 17 岁至 55 岁的男子征集入伍，几个月内征召达 200 万人。德军虽下达了撤退前处决一切壮丁的命令，多数居民特别是男子还是在屠杀前躲藏起来，随即参加了苏军。

看到纳粹德国即将败亡，1943 年 11 月，美国总统罗斯福、英国首相丘吉尔和斯大林在伊朗首都举行了三巨头首次会谈。这三大国为避免胜利前出现分裂和冲突，反攻时自然要划定势力范围，并谈妥胜利果实应大致如何分配。

三国首脑会谈地点选择在德黑兰，是因当地由苏联红军和英国军队联合占领，同时也有美军人员进驻。斯大林不肯到自己军队占领之外的地点，美国和英国的领袖也不愿意到苏联。选择有三国军队存在的伊朗首都，三个领袖的面子上都过得去。

在德黑兰会议上，美英承诺在 1944 年 5 月 1 日前登陆西欧开辟第

德黑兰会议后，德国已最后绝望。当时苏联漫画讽刺德国军队走向死亡，画中的小个子是德国宣传部长戈培尔。

二战场，斯大林同意对德战争结束后就参加对日本作战。会议值得肯定之处在于苏联能同美英在反法西斯战争中保持合作，会上却也显示了强国主宰弱国的特点。尤其恶劣的是，美国总统罗斯福没有同当时还是自己盟友的中国打招呼，就主动向斯大林提出可以把旅顺、大连在战后交给苏联使用，换取苏联尽早参加对日本的战争。这种慷他人之慨的行为，也是衰弱的旧中国的悲哀。

德黑兰会议期间，斯大林同意要求德国必须无条件投降，即使表示愿撤军、赔款、让地也不同其谈判。此时意大利已投降，希特勒失去一个盟国还被迫抽调20多个师到那里，此外还部署了60个师在西线准备对抗登陆。德军主力虽有180个师仍被拖在苏德战场，苏军大反攻的形势却比过去更有利。

从德黑兰回国后，斯大林请朱可夫、华西列夫斯基等元帅吃饭，在宴会上满怀信心地说："我们更加强大了，我军更有经验了，现在我们不仅能够，而且应该实施合围德军的战役。"

回顾1943年，可称苏联对德国的全面反攻年。在这一年，苏军付出了700多万人伤亡的代价，相当于德军的两倍半，却毕竟学会了如何组织大规模进攻。1944年，苏军就以实行包围歼灭战为主创造出"十次打击"。

南线再现"小斯大林格勒"

在1944年上半年的反攻中，苏军的主要矛头放在乌克兰南部。在第聂伯河右岸的进攻，被称为这一年度的"第二次打击"。

1月5日至16日，重新得到信任的科涅夫大将指挥第二乌克兰方面军在南线开始进攻，接着又会同瓦杜瓦大将指挥第一乌克兰方面军对德军在南线突出部实施相向突击，此战成为苏联所称的"科尔孙—舍甫琴

画中的"虎"式坦克仍是德军装甲进攻的中坚,不过在 1944 年 2 月的"切尔卡瑟之战"中它仍无法冲破苏军的包围圈救出被围部队。

柯夫斯基战役",西方战史则称"切尔卡瑟之战",有人还称其为"小斯大林格勒"式歼灭战。

1 月 24 日,第二乌克兰方面军突破了德军阵地,向纵深猛插,第一乌克兰方面军也在东部协同,至 1 月 28 日,将德军 6 个师、6 万多人装进"口袋"。德军随即调集了 10 万兵力来解围,前锋坦克冲到距被围部队不到 30 公里处,苏军以 15 万人的部队在外线阻击,使德军解围部队损失很大而无力继续攻击。

战斗进行到 2 月 14 日,被围半个月的德军知道等待援军已无望,同一天包围圈内最后一个野战机场陷落,再守下去只能重蹈斯大林格勒德军的覆辙。2 月 16 日晚间,战场上出现了暴风雪,目视距离只有 10 米至 20 米,被围德军留下几千名重伤兵(事后这些人几乎全部死亡,苏德都称系对方所杀),5 万余人向南突围。

这一夜因风雪太大,苏军大都躲进掩蔽部取暖,第一批突围的德军静默行军几小时后同 20 公里外的援军会合,居然未被发现。随后的大队伍行军终难隐蔽,苏军虽看不清目标,在黑暗中就以炮火和机枪向有动静的地方射击,将德军纵队打乱。突围车辆看不清道路,除少量越野性好的坦克外全部翻倒或陷入烂泥中。

2 月 17 日天亮时,突围德军连以上的建制都不存在,掌握了制空权的苏军飞机在头顶投弹和扫射,坦克和步兵出动拦截,骑兵则挥刀砍杀。德军陷入各自为战的境况,虽有近 3 万人突围,却多在涉过冰河时严重冻伤或负弹伤,他们大都需要入院治疗,6 个建制师中有 3 个已不

苏联画家克里沃诺戈夫所绘油画《科尔孙一舍甫琴柯行动之后》，显现的是苏军在德军横尸遍地的路边前进。

存在。

科尔孙—舍甫琴柯夫斯基战役的战果，未像苏联战史所说的"歼灭"了被围之敌，不过这股德军死亡、被俘约半数，突围的人也大多丧失战斗力。

★链接

战场上令人恐怖又心酸的一个故事

科尔孙—舍甫琴柯夫斯基战场的情景，让久经战阵的苏联老兵看来也惊心动魄，有一个人曾回忆说：

"发现那些被打死的德国人竟然个个一丝不挂！这时我身旁的人察觉到了我的惊奇，就告诉我德国人所采取的焦土政策搞得当地居民一无所有，所以现在有许多平民来到战场，剥取战死的德国人身上的衣服。这个说法很快被我自己证实了。我发现一个妇女，披着一件德国军大衣，她一手拿着一把斧子，怀里鼓鼓囊囊不知道抱着什么东西，她看见我注视着她，于是她解开大衣，我简直不敢相信我的眼睛，她怀里竟然是一对被砍下来的大腿，腿上还穿着一双上好的军用皮靴！她只是简单地告诉我，她很喜欢那个被打死的德国军官的靴子，但由于冻得十分结实，她无法把它取下来，她又不想弄坏那双靴子，于是她只能把那个德国军官的两条腿砍下来，希望拿回去化冻以后，能脱下那双靴子！"

战后德国以及西方一些人总愿意大谈苏联人野蛮。若仔细想想，不正是德军的可怕暴行，才引发了他们采取的那些让后人也感到骇人听闻的行动吗？

在这次战役中，德军装甲部队的解围突击一再受挫，显示出雄风已不再。一个苏联老兵如此评价说："德国人的装甲部队是他们的精英部队……如果说起他们在战争中有什么变化，那么在 1943 年前他们给我们带来的是威胁，1943 年后他们带给我们的是麻烦。"

科尔孙—舍甫琴柯夫斯基战役后，科涅夫获得了元帅军衔，从此地位接近朱可夫。斯大林提拔这个战争初期差点被他送上军事法庭的科涅夫，也含有同威望日益提高的朱可夫搞平衡的意味。从苏德战争进程看，此役之后苏军的确结束了斯大林格勒会战后对德军只是"驱赶"的作战模式，终于实施了大规模合围。

担任第二乌克兰方面军司令员的科涅夫因科尔孙—舍甫琴柯夫斯基战役的胜利获元帅军衔。

选择泥泞冬季进攻，未围歼德军却缴获多数装备

2月下旬至3月间，气候转暖引来大地一片泥泞，按前两年的惯例，苏德双方激战应该停顿。当时德国统帅部决定转入休整，苏军却选择了这个泥泞时机，调动了 100 多万人的部队向南乌克兰发起总攻。

这幅画表现苏军1944年春在泥泞中进攻的场面。

泥泞对进攻一方困难更大，刚获得元帅军衔的科涅夫曾回忆战前准备说："汽车在土路上行驶极端困难。没有牵引设备就不能上山或下山。""刚刚从德军占领下解放出来的当地居民给了我们巨大的帮助，妇女、儿童、上了年纪的人都自愿地帮助军队，献出自己尚有的牛马来运送物资，修建道路，徒手

向前线运送弹药。"

　　3月6日早晨，苏军沿着300公里战线发起总攻。德军第一线只有少数警戒部队，苏军进攻第一天大都推进了30~35公里。苏联的T-34坦克的履带比德国坦克宽，压强较低，在一般泥泞地还能前进，德国的"虎"式、"豹"式坦克却行动艰难，加上苏军已掌握了空中优势，能保障地面部队势不可挡地推进。经过3天突击，苏军在敌纵深前进了100余公里，于3月9日攻入重要城市乌曼。

★链接

苏军一次缴获500辆坦克创下纪录

　　苏军攻占乌曼的第二天早晨，又占领了德军设在附近的南线坦克修理基地。科涅夫回忆："希特勒匪徒扔下了技术兵器、火炮、坦克、汽车。在由乌曼到朱林卡渡口我坦克第二集团军行动的重要道路上，到处都是丢弃的技术兵器和装备。当我通过这条道路的时候，我确信，敌人是在不顾一切地逃跑，真是像当地居民所说的'只穿了一条衬裤'。"

　　德军撤逃仓促加上道路泥泞，在此处竟丢下坦克500余辆，其中200辆是刚从国内运来或刚修好的。苏军一次俘获如此多的德国坦克，是前所未有的。

　　苏军在翻浆的大地进攻同样极其艰难，靠履带行走的T-34坦克还能勉强行动，轮式车辆却陷了进去，汽车牵引的火炮和后勤部门大都被丢在后面。不过同性情强悍却生活水平较高的德国人相比，过惯了艰苦生活的苏联官兵更能克服自然环境困难，步兵和骑兵蹚着泥水前进了几

1944年3月，苏军在乌曼附近缴获了500辆德国坦克的照片（200辆完好，其余待修）。这一惊人的战果，表现出德军指挥官曼斯坦因元帅在撤退时的慌乱。

苏军拍摄于1944年春季在泥泞中进攻的照片，靠部队和民众维护道路才勉强保障了车辆前进。

百公里。苏军所需的油料和粮食弹药一部分靠马匹运输队输送，还有一部分依靠空投，因此时苏军已掌握了制空权。

此刻德军南线主力遇到合围威胁，只以少数部队坚守交通枢纽以掩护撤退。3月26日，苏军第二乌克兰方面军在追击中强渡普鲁特河，把战斗行动移到了罗马尼亚境内，这是卫国战争中苏军首次前出到国界外，莫斯科有324门礼炮齐鸣24响以示庆祝。此举说明苏军不仅能打退德国进攻，还要担当欧洲的"解放者"。罗马尼亚人就此想尽快脱离德国阵营，美英也要考虑尽快开辟第二战场。

在这次远途攻击中，苏军形成一个规模超过斯大林格勒的包围，3月28日，把胡贝上将指挥的德国第一坦克集团军截断，多达18个师约30万德军被装进一个称为"胡贝口袋"的包围圈。尽管"肥肉"已经到口，苏联人却咽不下去。此时苏军物资供应不上，4月7日，从西欧调来的德国党卫军以200多辆坦克为先导，在包围圈上冲开一个缺口，胡贝部队虽逃出去却丢掉了大部重装备。德军此次败退后，希特勒恼怒之际，将曼斯坦因和冯·克莱斯特这两个元帅解职并让其退休。

从1943年12月24日起至1944年4月17日，苏军在乌克兰南部发动的"乌克兰右岸会战"包括了一系列大规模的进攻战役。苏军参战的5个方面军共减员110.9万人，其中阵亡和失踪27万人，伤病减员83.9万人。德军的损失据曼斯坦因回忆有45万人，事实上不止此数。此时，苏军的兵员素质大多不高（新兵太多且老弱参差不齐），伤亡代价要高一些，不过毕竟收复了南部乌克兰。这块世界农业地图上少有的黑土地带过去是苏联最重要的商品粮产地，在春耕之前将其夺回，对增加这一年粮食产量以缓解国家的半饥饿状态显得非常重要。

解放克里米亚半岛，德军残余从海上逃走

苏军收复南乌克兰后，克里米亚半岛上的德军便呈孤悬之势。希特勒却认为这个半岛不能丢弃，否则罗马尼亚、保加利亚和土耳其都可能转而反对德国。

为夺回克里米亚，苏军以乌克兰第四方面军在彼列科普地峡向半岛北部实施主要攻击，以独立滨海集团军在半岛东部的刻赤登陆场实施配

合。参战的苏军有 47 万人，坦克和自行火炮 559 辆，作战飞机 1250 架。黑海舰队奉命实施支援，却因苏联高层要求不得损失大型军舰，只得用潜艇和飞机攻击敌海上运输线。

防守克里米亚的德军是第十七集团军，辖 5 个德国步兵师、1 个德军高炮师、7 个罗马尼亚步兵师，总兵力有 22 万。半岛上只有德军坦克和强击火炮 215 辆、作战飞机 148 架，守军又士气沮丧，只想通过海路撤退而无心坚守。

1944 年 4 月 8 日，苏军向彼列科普地峡发起总攻，首先以强大的炮火和航空兵向预定突破口实施了两个半小时攻击，步兵再投入冲击打开突破口。第三天，苏军坦克部队从突破口向纵深猛冲，当天便前进了 50~60 公里。前线德军 3 个师丢弃阵地逃向塞瓦斯托波尔，罗马尼亚部队更是毫无抵抗意志，都逃向港口。

在克里米亚半岛东部的苏军 6 个师，此前被阻击在刻赤登陆场长达半年，也于 4 月 10 日转入进攻，11 日晨便解放刻赤。苏军随后猛追德军，岛上的游击队也实施拦截，将撤退之敌消灭一部，并缴获了其绝大多数车辆和火炮。

至 4 月 15 日，苏军在半岛上前进了 150 公里，坦克进抵塞瓦斯托波尔城郊。此前一个星期中苏军击毙、俘虏敌军 6 万（俘虏 3 万多），大部分还是德军。

逃进塞瓦斯托波尔这一港口城市的德军、罗马尼亚军队多达 15 万人，希特勒又以空运、海运送来将近 1 万德军增援。1942 年 7 月以前，苏军坚守这一城市达 8 个多月，希特勒也希望德军同样能长期固守。罗军却已无心再战，希特勒明白留下他们只能增加供应负担，同意罗马尼亚派船将其接回，留下 8 万德军守要塞。

苏联杜 -2 轰炸机攻击从克里米亚撤退的敌舰的画面。

塞瓦斯托波尔的德军急忙修复当年苏联的防御工事，不过其 5 个步兵师都已残破不堪，火炮在撤退中丢失大半，只好将高炮师的高炮分拨各部做反坦克武器，并从国内紧急运送反坦克炮。德国守军看到盟友纷纷登船，自己的后勤和工程部队人员也以"对防御战无益"为由撤退，大都失去了坚守信心。号称德国头号王牌飞行员的哈特曼此时在围城的机场内，形势危急时也驾机逃向罗马尼亚。

城外的苏军却是斗志昂扬，经过 20 天准备，于 5 月 5 日向塞瓦斯托波尔发起总攻，仅 3 天时间便夺取了城北制高点萨蓬山（当初苏军坚守此山达 240 天），并于 5 月 9 日解放全市。德军部队在防线被突破后只顾向码头逃命，运输船又遭苏联航空兵和潜艇的拦截。5 月 12 日，苏军坦克冲上克里米亚半岛上最后一个码头，未能逃走的德军 2 万多人在一名中将带领下投降当了俘虏。

苏联著名油画《收复塞瓦斯托波尔》，表现了 1944 年 5 月向这一要塞阵地中的德军发起总攻的激战情景。

★链接

苏军用很小的代价便取得克里米亚大捷

在克里米亚战役中，德罗守军中有 11 万人通过海运、空运撤退到罗马尼亚（其中包括近 2 万伤兵）。按苏联统计，在克里米亚歼灭 10 万敌军（内有 7 万德国部队），抓获的战俘达 6 万人，另外有 2 万多敌人上船后遭飞机、潜艇攻击而葬身海底（一半以上是德国人）。在此次称为"第三次打击"的战役中，苏军阵亡和失踪只有 1.75 万人，伤病减员 6.7 万人，这反映出苏军作战技巧已大大提高。

战后许多德国将领在回忆录中谈到克里米亚的惨败，都推诿于希特勒的坚守政策。其实，德军部队若像苏军那样坚守塞瓦斯托波尔，肯定能在南线长期牵制苏军，只是当地德国官兵的意志崩溃导致了短时间失

陷了坚固的要塞工事。

克里米亚半岛交战"一边倒"的结果，表明德军斗志已趋沮丧。战后，曼斯坦因、古德里安等人在回忆录中把乌克兰的失败都归咎于希特勒的死守命令，只说明他们缺乏战略头脑。纳粹此时唯一的希望是拖延时间以等候盟国破裂，为此在东线只能坚守。不过希特勒德国已是恶贯满盈，丧失了媾和以求得苟延残喘的可能，一处处防线失守又只能导致内讧爆发和东线走向崩溃。

苏联空军转败为胜最终主宰天空

读过有关苏德战争书籍的人往往特别关注坦克战，若仔细考察，当时的工业技术进步已使空战能决定地面装甲部队的胜负。苏军坦克在战争初期虽有性能优势也连连大败，关键是德军掌握制空权，「闪击战」的成功是靠头上有号称「坦克开罐器」的「斯图卡」俯冲轰炸机做保障。苏军后期能掌握地面进攻主动权，也在于空军的成长壮大和技术提升，这在世界航空史上也是一项炫目成就，并为战后世界空军形成的「两极」平衡格局奠定了基础。

苏联空军转败为胜最终主宰天空

　　希特勒上台后虽重视发展坦克，投入最大的项目还是他最大帮凶戈林指挥的空军，其装甲铁流是靠头顶上的"纳粹之鹰"开路。斯大林在战前也非常重视航空业，据报道，苏联在飞行中创造了14项世界纪录，然而其空军总体上大而弱，开战后涂着"卍"符号的战机几乎控制了战场上空，肆意从头顶猎杀苏联的车辆和步兵群。不过，令德国人和英美盟国都感意外的是，仅仅一年多之后苏联空军便壮大起来，随后还逐步夺取了制空权，朱可夫感慨地说："我们几乎是眼看着空军在战争中壮大起来的。"

战前苏联空军重数量、轻实用的弊病遇敌突袭暴露无遗

　　俄国在世界上是最早关注空中飞行的国家之一，这说明俄罗斯民族因地处东西方交会之处，非常愿意汲取各方长处，并在研制武器方面很有创意。国际上说起飞机的发明者，人们耳熟能详的是美国的莱特兄弟在1903年制造出了第一架飞机并试飞成功。俄国人却长期声称，制造出世界第一架飞机的是沙俄海军上校莫扎伊斯基，1882年就在圣彼得堡进行过首次试飞。另外，巴西人和部分法国人也说最早的飞机是本国人

1881年，俄国海军上校莫扎伊斯基在世界上最早试飞成功的飞机彩图。

研制的。

客观地讲，一项划时代的科技发明，往往汇集了不少人的研究成果，各国人为本民族的先人摆功劳也都有些依据，例如对谁最先发明了蒸汽机、汽车和无线电台，在国际上都长期有争议。俄罗斯人说，莫扎伊斯基研制飞机确有其事，不过它是靠蒸汽机驱动，没有发展前途，莱特兄弟的飞机由内燃机驱动，才成为日后飞机的始祖。不过人们公认的是，世界上最早的轰炸机、最早的直升机都是俄国人西科斯基（十月革命后移居美国）发明的。航空业又被称为一个国家的"科技之花"，俄罗斯在近代的工业科技水平上落后于西方，在 20 世纪 20 年代以前的飞机发展水平也远不及美、英、法、德等国。

苏联自建立便重视航空业，这是 20 世纪 30 年代初发行的宣传画《年轻的飞行员上飞机》，鼓励青年男女学习飞行。

苏德在 1922 年以后开始秘密军事合作后，苏联利用德国专家和技术提升了本国航空业水平。斯大林对飞行一直极为重视，在 20 世纪 30 年代建立了航空爱好者培训制度，10 余万青年就此有了初步飞行技能，这远超过德国的后备飞行人员，后来苏联空军在 1941 年的灾难中能很快得到恢复的重要基础便在于此。

这是德国重建空军两年后即 1937 年的宣传画，当时的一种说法称"空军是德国的宠儿"。

德国在第一次世界大战时便是空中强国，战败投降后被禁止建立空军，却能在苏联秘密建立了飞机制造厂和训练基地，紧跟世界新潮制造新机和培训飞行员。1933 年希特勒上台后便中断对苏合作，于 1935 年公开建立空军，并在 1936 年西班牙内战时以志愿者名义派出"秃鹰军团"参加对苏联"志愿队"的空战。这次空战中，德国登场的"梅塞施密特"战斗机的性能压倒了苏军的主力战机伊－16，这说明了其迅速重建的军用航空业水平还是优于苏联。

从 1937 年至 1940 年，苏军又以"志愿航空队"名义派出 2000 多名飞行员和 1200 架飞机，到中国同日本飞机进行空中交锋。1939 年夏天诺蒙坎之战时，苏联空军还占了优势。1940 年夏，当日本的零式战斗机（仿德国"梅塞施密特"－109 型还有所发展）参战后，苏制伊－15、伊－16 战斗机就不是其对手。

苏联空军转败为胜最终主宰天空　**201**

面对这一严峻情况，斯大林要求尽快研制新一代战斗机，并扩大航空工业。

曾经的"大清洗"重创了空军和航空部门，苏联空军高级军官约有四分之三被消灭，航空工业部门头号航空设计师图波列夫也曾被捕，此前积累起来的许多宝贵智力财富付诸东流。1941年初，新研制的米格-1、雅克-1虽然按上级要求在航速、火力等主要指标上接近和超过德国战机，机动性却很差，且事故频发很不可靠，被飞行员讽刺地称为"涂着油漆的棺材"。

苏联计划经济体制，往往出现强调完成数量却不重质量的弊端。战前苏军作战飞机数量达1.8万架，高居世界第一位，装备最多的却是过时的伊-15、伊-16战斗机，其中伊-16装备量即占全部战斗机的四分之三。新型飞机米格-1、雅克-1性能还不可靠，装备的数量也只有1800架。

苏联装备的飞机多而不精，又导致用油不足，飞行员训练时间只及德军的三分之一。苏联战机又几乎都未装配电台，德军单机却普遍装备，双方空战时联络和配合能力相差更大。

德国"梅塞施密特"-109在1943年以前成为德军战斗机的代名词。画中所绘的便是此种飞机，它作为先锋对苏联发起空中突袭。

★ 链接

苏德战争开始时双方主力战斗机性能对比

苏军伊-16、伊-24型：空重1490公斤，最大时速525公里，航程800公里，装配2挺7.62毫米口径机枪、1门20毫米口径机炮。

苏军米格-1型：空重2602公斤，最大时速657公里，航程580公里，装配2挺7.62毫米口径机枪、1挺12.7毫米口径机枪。

德军"梅塞施密特"-109E-3型：空重2800公斤，最大时速624公里，航程800公里，装配2挺7.92毫米口径机枪、2门20毫米口径机炮。

苏联米格-1的设计重点

是高空高速，中低空性能较差，德机与其相遇后便低飞与之盘旋，性能马上占据优势。

　　德国对苏开战时，三分之二的作战飞机调到东线，总数约4000架。德机数量虽少却能压倒苏军，说明建设空军这个技术性极强的军种首先更注重质量和技术，而非片面追求数量。

　　1941年6月22日，整齐停在边境机场上的大量飞机成了德军突袭的靶子，一天便损失1200架。其中三分之一的飞机系升空后遭击落。德军在当天损失飞机78架，却大多是被地面火力击落，这又反映出双方空战能力有巨大差距。

　　开战后几天内，苏联方面曾下令轰炸德国机场，苏军轰炸机队明知不可为仍被迫出击，因缺乏战斗机掩护而被德机像打靶一样大批击落。随后苏联飞机只能做零星袭击，或实施命中率极低的夜间轰炸，效果欠佳。

　　1941年6月至年末，是苏联空军的灾难时期，档案证明此间损失飞机2.12万架，有许多是在场面被炸毁或撤退时抛弃。据苏军估计，此时作战损失约1.1万架。同期德国空军在东线损失了飞机3300架，大都是地面防空火力和恶劣条件下的事故造成的。据俄罗斯空战史研究人员估算，此时苏德战机的空战损失比竟然是12∶1，有些绝望的苏联飞行员看到格斗无法胜利便索性去冲撞敌机。苏联空军看到这种情况，甚至研究推广了一种对飞行员极危险的"撞击战术"，力争以机翼撞落敌机后自己跳伞。

苏联战争初期的宣传画《撞击是英雄的武器,斯大林雄鹰的光荣,法西斯匪徒的克星》,鼓励空中撞击是在战机性能落后时的无奈。

轴心国渲染德机击落苏军飞机的宣传画。战争初期苏机损失大大高于德机。

伊尔－2强击机被苏军称为"如同面包、水和空气一样不可缺",画中所描绘的正是该机在对地攻击。

苏空军保存有生力量,又得美英援助,逐步增强战斗力

德军战斗机在初战时掌握了制空权,J-87"斯图卡"这种俯冲轰炸机就可以在空中对苏军步兵、炮兵集群发起低空攻击。苏军性能优越的坦克在交战时大都毁于空中打击,在 1941 年和 1942 年内对德军坦克的战损比竟高达 6∶1。

此时德军轰炸机的比例虽大(数量超过战斗机),却只让其充当"空中炮兵",而且装备的是近程轻型、中型轰炸机,没有远程战略轰炸机。希特勒在对苏作战之初还要求全力保障前线攻击,不得分散力量。结果苏联工业企业能从西部顺利东迁,后方也未受多少空袭,这又成为恢复军工生产能力的有利外部条件。

苏军初期的军机损失惨重,飞行员却大都保存下来。机场遇袭时空勤人员损失很小,空战中被击落的飞机绝大多数又落在己方地区,在敌后跳伞的飞行员还有很多在游击队和群众掩护下脱险返回,他们随后又能驾驶新飞机继续作战。

战时苏联得到的空中外援,对扭转空中形势也起到了不小的作用。从 1941 年末起,美英每月提供给苏联几百架战斗机,主要为美制 P-39、P-40 和英制"飓风"。这些战机在生产国不被看好而用于外援,

性能还勉强能同德机抗衡，因而苏军将优于本国战机的美英飞机主要用于莫斯科等要点防空。

苏联空军的作战指导思想，也是直接支援前线陆军，战前就研制出伊–2强击机，并在1941年秋天投入使用。它载弹不过400公斤，却能在距地面几十米处做超低空攻击。整个战争期间，伊尔–2在攻击坦克和前沿火力点时有"黑死神"之称，斯大林评价它对苏军"如同面包、水和空气一样不可缺"。该机结构简单，下部虽有装甲，尾部为节省金属还用木质，3年间共生产了3.6万架。

苏联能集中战机于对德战场，并有外来援助，德国在初期需要将三分之一的空军力量部署在西线，后期又将一半战斗机用于本土防空，这决定了苏联空军在东线一直能保持数量优势。德国法西斯的"超人"思想又导致注重少数精英飞行员，在大规模持久战争中会出现飞行人员的青黄不接。

希特勒攻苏时认为能以"闪击战"获胜，德国空军过冬准备严重不足。1941年11月，德军对莫斯科发动第二轮总攻，空军因野战机场积雪难除，油料器材供应不上，加上缺乏严寒中保养飞机的经验，起飞率急剧下降。苏军却有莫斯科完善的机场保障体系，在12月间首次形成空中优势，掩护地面部队在数量居劣势的情况下反攻。苏军在追击中发现，德军有数万辆各种车因遭空袭，被击毁后堵塞在莫斯科以西有限的几条道路上。不过，苏军飞机远程攻击力差，一旦战线西移，空中掩护又跟不上，德军得到空中增援后便稳住了战线。

1942年春夏德军再度转入攻势，并装备了梅塞施密特–109G这种新型号战斗机，性能优于苏军战机。此时苏联飞行员素质也普遍不高，苏德空战损失比约为4∶1。德军因掌握了制空权，能保障陆军攻占塞瓦斯托波尔，并在8月23日以东线做战史上规模最大的轰炸，把斯大林格勒炸成一片火

在斯大林格勒会战中，苏军大量使用美援的P–39"飞蛇"战斗机，已能与德机匹敌。苏联飞行英雄波克雷什金的座机即该型机。

海。不过德国没有战略轰炸机队，一直未能有效破坏苏联内地工厂和巴库油田。

1942 年秋，苏军装备了国产新型战斗机拉 –5，综合性能接近德国战斗机，被称为"斯大林格勒的小救星"。此时美英援助的战斗机特别是 P–39 "飞蛇"也大量投入使用，苏联飞行员的作战水平也大大提高。实施反攻前，苏联空军总司令诺维科夫将军报告有把握夺取制空权。斯大林就此指示说："战争经验表明，对德军的战斗活动只有在具备空中优势的条件下才能取得胜利。"

果然，同年 11 月下旬，苏军在两个方向发起反攻，有无制空权决定了胜负。朱可夫在莫斯科以西的尔热夫地区指挥的"大土星"进攻计划时，因这一方向有德军航空兵最精锐部队，在森林地区沿有限道路推进的苏军坦克和步兵纵队连遭猛烈轰炸，在一个月攻击中伤亡 21 万人，仅杀伤敌军 5 万，未达成合围也未突破敌阵，人称是朱可夫仅有的败绩。在斯大林格勒展开反攻的苏军机械化部队却能顺利向敌后驰骋，关键是己方航空兵部队在头顶掩护，而德机在前一段攻击时超限出动，导致发动机磨损严重不能正常出击。加上苏军坦克部队插入敌后摧毁了德

军一线机场，保证了己方经常能控制天空，德机从空中救援斯大林格勒被围，德军的努力也最终失败。

苏联战机和空战水平赶上德国，最终掌握制空权

据苏军将帅回忆和战史记载，1943 年空军才真正壮大起来。这年春天，苏德战场南线库班上空进行了激烈空战，双方都损失了数百架飞机。苏军战史认为这一仗是苏德空战的转折点，苏联飞行员的空中格斗技术水平也赶上了对手。

1943 年 7 月 5 日至 8 月 23 日，苏德双方在库尔斯克展开会战。德国空军此时采取了近乎竭泽而渔的办法——抽调航校教员参战，并投入新式的梅塞施密特和福克战斗机，苏联则改进了拉–5 战斗机，还大量生产雅克–3 这种空军满意地称为"红军飞行员梦中坐骑"的战斗机，同德军战斗机的性能差距也不大。

库尔斯克会战初期，德国空军略占上风并导致苏军飞机损失严重，不过最终还是数量多于敌一倍的苏军飞机占了优势。会战以苏军反攻结束后，德军又将一些航空部队调到本土应付英美轰炸，在东线就永远失去了制空权。

进入 1944 年，德国生产的战斗机数量更多，质量也更好，世界上最早的喷气式战斗机也开始服役，多数飞行员的素质却越来越差。这一年，德国燃料工厂持续遭受盟军轰炸而减产，罗马尼亚油田又丧失，到年末只有让三分之一飞机升空的油料。苏联空军服役的拉–7 和雅克–9 战斗机的性能已同德国战斗机基本相当，加上油料供应和训练充足，基本上都能控制战区上空。

★链接

苏军战争后期主力战斗机

拉–7 战斗机：最大时速 680 公里，装备 23 毫米机关炮 3 门。

雅克–9 战斗机：最大时速 648 公里，装备 37 毫米炮 1 门，12.7 毫米机枪 2 挺。

德军战争后期主力战斗机：

雅克-9战斗机是苏联在战争后期产量最大的战斗机。这是该型机攻击克里米亚半岛撤退之敌的绘画,当时哈特曼正是从这里飞逃的。

德国 FW-190 在战争后期也有一种对地攻击机改型,画中是它轰炸苏联车队的场面。

这是第五八八夜间轰炸机团团长波斯安斯卡娅上校(左三)在出击前交代任务的照片。这个团的飞行员都是女性,被德军称为"黑夜女巫"。

"梅塞施密特"-109K-4型:最大时速 715 公里,装配 2 挺 12.7 毫米口径机枪、1 门 30 毫米口径机炮、2 枚火箭。

FW(福克)190A-3 战斗 / 对地攻击机:最大时速 635 公里,装配 2 挺 12.7 毫米口径机枪、2 门 30 毫米口径航炮。

德军在东线失去制空权后,慢速的 J-87 即"斯图卡"轰炸机只能用于有限偷袭,容克-88 和亨克尔-111 轰炸机的出击在苏联战斗机拦截下也难突防,只得将 FW-190 这种战斗机改型生产出一款对地攻击机,遇到对方飞机攻击时也兼有空战性能,后期主要由它攻击苏军装甲车辆、桥梁和步兵,一直战斗到最后。

苏军对德军的轰炸,一般集中于前沿和敌方浅近纵深,还大量使用简单的波-2 教练机实施袭扰,德国人形容为"讨厌的蚊子叮咬"。令德军意外的是,苏军竟大量使用这种他们蔑称的"胶合板飞机"波-2,还

主要由女飞行员驾驶在夜间出击，通常挂 2 枚 100 公斤炸弹低空投掷。其战果虽不大，却让德军前方车辆夜间行驶时不敢开灯而事故严重，官兵睡不好觉，她们被咒骂为"夜间女巫"。这说明落后装备如恰当使用，也可发挥特定作用。

★ 链接

闻名苏联和俄联邦的女飞行英雄

  战前苏联为体现"妇女解放"，航空俱乐部广泛吸收女学员，并培养了一些尖子，格里佐杜博娃就是其典型。1936 年，她和另外两名女飞行员完成了从莫斯科到远东的 6400 公里中途不着陆飞行，创造了世界纪录，3 人都被奖励一辆轿车，成为苏联最早有"私家车"的人。战争开始后，她和两名战友召集了 2000 多名战前受过波－2 教练机培训的女飞行员，建立起 3 个航空团。第五八六团装备雅克和拉式战斗机，第五八七团装备佩－2 轰炸机，第五八八团是装备波－2 教练机的夜间轰炸机团，格里佐杜博娃和她的两名战友分

格里佐杜博娃上校任第五八七航空团团长时的照片。战时，她个人完成 200 次以上战斗出动（包括 132 次夜间行动）。

2010 年 1 月 14 日，俄罗斯邮政发行年度首套邮票，纪念女试飞员、俯冲轰炸机团团长格里佐杜博娃上校诞辰 100 年。

1946 年，格里佐杜博娃上校转入预备役，在民航从事雷达测试等工作。后任科研中心主任，1986 年 1 月被授予社会主义劳动英雄称号，1993 年病逝。

进入1944年初，苏德双方空战的损失比是1.5∶1。春季以后，德国空军老牌飞行员越打越少，新补充的"菜鸟"又缺乏时间和油料训

练，德机空战损失便开始多于苏机。同年夏天，苏军向白俄罗斯和罗马尼亚发起攻势，战机完全控制了天空，地面德军白天活动大都遭受轰炸扫射，后撤队伍也被炸得七零八落。

1945年1月至5月初，苏军攻入德国本土。德国空军将能动用的战机大都用于

德国在战争末期以飞机对苏军桥梁进行自杀式攻击的画面，其实这种行动不多，也未起到多大作用。

保卫柏林，因油料不足而最高日出动量只有890架次，苏军日出动量最高达1.7万架次。德军虽投入少数新研制的Me-262喷气式战斗机，其速度虽高却性能不稳，苏联老练的飞行员仍能将其消灭。

柏林危急时，为切断其东部60公里外苏军桥头堡的后方运输线，德国空军组织百余名飞行员"全员"出击（类似日本"神风队"的自杀攻击），想以满载炸药的飞机撞断奥德河上的浮桥，结果在苏军战斗机和高炮拦截下并未成功。

4月29日，即红旗插上德国国会大厦前一天，纳粹空军拼出最后力气向柏林上空出动了346架次，苏军记录是空战中击落其46架，自损仅2架。这一悬殊战损比不一定精确，不过城内苏军和德国人对空观察结果却是一致的，那就是德机至多短暂出现，马上会被苏机击落或赶走，头顶始终由涂红星的飞机控制。

个别突出战绩不能改变大局，德国"王牌"水分太大

交战时各方为了激励士气都需要树立楷模，二战期间，苏联和德国都把"王牌"飞行员作为头号英雄宣传。德国空军是失败者，所宣传的飞行员个人战绩却耸人听闻，例如被称为头号王牌飞行员的埃里希·哈特曼共击落了352架敌机，战果绝大多数又在东线。德军还宣布东线的战绩最大的第五十二战斗机联队（代号G52）击落过1万架苏机，其他战斗机联队也称有巨大战果。若将这些数字相加，苏联空军早就覆没了几遍，无可辩驳的史实却是苏联空军最后压倒了德国空军。

★ 链接

苏联长期不公布档案且僵化地自话自说，西方一些人出于政治偏见便认为德国战果报道属实并长期引用。国际二战飞行员协会研究德国飞行员哈特曼所称战绩后，发现其所称1944年夏某日击落美国飞机的记录在美方档案中无此事，由此认为有虚假而不承认其战果。俄罗斯史学家在20世纪90年代苏联空军档案解密后，对照了德国宣传的"王牌"战果，发现夸大之处太多。例如1944年8月23日和24日在波兰中部桑多梅日的两天空战中，苏军的记录是己方战机有11架被击落（其中8架还是损失于地面火炮），哈特曼及其中队却声称共击落苏机32架。

从作战时间看，哈特曼在1942年秋季以后才参战，从这时起德国空军战况日非，苏军飞行员战力越来越强，此人能击落352架战机令人诧异。哈特曼确实击落过很多飞机，他也承认被对方飞机击落或中弹后迫降共16次，有一次跳伞后还被苏军俘虏，却乘隙逃回。在二战中平均击落2架战斗机，死亡1名飞行员，哈特曼被击落这么多次都跳伞或迫降成功且不死不伤，倒真是个奇迹。

从走向败亡时纳粹德国的心理战需求看，宣

被德国宣传有着击落352架飞机战绩的头号王牌飞行员哈特曼。

描绘鲁德尔加强"斯图卡"俯冲轰炸机攻击苏联坦克的油画。

传哈特曼这种"王牌"正是在地面和空中都节节败退时，夸大个别胜利的目的是掩饰军队整体颓势。此时一些飞行员和坦克手"王牌明星"如哈特曼、魏德曼、鲁德尔等被吹得天花乱坠，包装出这些"超常"人物，又用于显示日耳曼民族是"最优秀"的"超人"。

德国空军大肆宣扬的轰炸机王牌是 J-87"斯图卡"飞行员汉斯·鲁德尔，所称战绩是摧毁 519 辆坦克、150 个炮兵阵地，近 1000 辆其他车辆、70 艘登陆艇、3 架战斗机和强击机，并击沉了战列舰"马拉"号。不过了解苏德海战史的人都知道，"马拉"号只受重创搁浅而未"沉没"（经修理很快又参战），其他战果是否属实也可想而知。鲁德尔被击落或因战机受伤迫降共 32 次（这等于他一人在战时便损失了 32 架德国飞机），自己在迫降后还被俘过一次（随即乘看押的苏军不备逃回），身体5 次负伤并在最后一次因重伤截肢。此人在战后又参加新纳粹组织，仍鼓吹对苏复仇，吹嘘战果也出于这种需要。

★链接

俄罗斯档案解密后戳穿德军王牌战绩的许多水分

苏联解体后，俄罗斯将许多史实解密，使人能对照双方资料客观地研究战绩。战时苏军王牌飞行员、两次"苏联英雄"称号获得者维塔利·波普科夫在 2006 年 2 月向记者宣布，纳粹德国飞行员的战果被严重夸大，他还说明："战后我曾与德军王牌飞行员就此事有过对话。被我击落的（德军）第五十二战斗机联队队长巴茨在审讯中宣称他击落了 250 多架飞机……查证当时升空的我军飞机数量，结果明显不一致。最后他只得承认虚报战果，把自己击落飞机数量减少了五分之四。"

按减少五分之四的数量算，巴茨也击落过 50 架以上的飞机，这个王牌的战果也算可观。战后巴茨被苏联释

放，回联邦德国空军任职，最后以上校军衔退役。

战时苏联的宣传也有夸大之处，其王牌飞行员的战绩不一定都很准确。在苏联的战果宣传中，王牌飞行员阔日杜布共击落 62 架德军飞机（自己从未被击落，因战机负伤迫降过一次），波克雷什金击落过 59 架德机。不过战时苏联人心目中的头号王牌飞行员是波克雷什金，因为他在 1941 年便参加空战，对手普遍是敌军有经验的飞行老手，取得如此战果真不容易。1944 年以后苏联方面担心损失这个英雄偶像会影响士气，禁止他再作战，战果才被阔日杜布超过。

阔日杜布于 1943 年开始参加空战，对手多半是羽毛未丰的"菜鸟"，而且是在波克雷什金不再升空的 1945 年春天才超过他的纪录。当然，阔日杜布也是功勋卓著的飞行员，从确凿记录看，他用拉 –7 击落

✎ 在 1945 年胜利阅兵中，三次"苏联英雄"称号获得者、空军战绩居第二位的飞行员波克雷什金（中）成为擎旗手。

✎ 苏联空军战绩第一（击落 62 架）的飞行员阔日杜布在授奖式上同女战友握手的照片。

✎ 苏联头号飞行王牌阔日杜布驾驶拉 –7 击落德军 Me-262 喷气式战斗机的画面。

苏军英雄飞行员阔日杜布少将（右二）在抗美援朝战争期间来中国传授经验的照片。

过多名德军王牌飞行员，还开创了击落 Me-262 喷气式战斗机的纪录。他和波克雷什金在战后都逐步升到元帅（1985 年阔日杜布 65 岁时被授此军衔），一直被苏联和俄罗斯人引为骄傲。

对中国空军而言，阔日杜布是老朋友。抗美援朝战争期间，他作为少将师长并同另一名师长瓦西里（斯大林的小儿子）率部来到中国东北参加防空，并教授中方如何空战，深受解放军空军第一代飞行员敬佩。中苏关系正常化后，阔日杜布应邀准备重来中国访问时，不幸在 1991 年启程前夕突发心脏病去世。

据解密的苏联空军档案，卫国战争中投掷和发射弹药 122 万吨，超过德军在东线的投弹量。德军损失的 8 万架飞机有 4.7 万架损失于东线，其中四分之一即 1.1 万架在空战中被击落（其他损失于地面炮火、机场遇袭、事故和磨损等）。苏军战时损失飞机 8.8 万架，扣除地面遇袭、事故、磨损、过时报废等损耗，作战坠毁共 3.71 万架。在这些战损飞机中，约一半系德机击落。如此算来，苏德之间空战的战机损失比约为 1.6：1。

战时苏联所产飞机多不精良，却产出 13 万架，超过德国 11 万架的产量，又得到美英 1.8 万架援助。按西方标准，苏联的波-2 这类简陋的教练机算不上作战飞机，战斗机拉 –7、雅克 –9 的主要空战性能却基本追上对手。苏军注重飞行员整体水平提升，德军却只重"精英"，少数尖子的战绩改变不了群体性失败。

苏联空军战时一个弱点是没有远程轰炸机，产量最大的伊尔 –2 强击机只相当于"低空炮兵"，其佩 –2、杜 –2 轰炸机也很少轰炸纵深，而多用于一线作战支援。除国土防空外，其主要任务就是争夺前沿制空权，并直接以火力支援地面作战。

★链接

苏德战争中双方主要轰炸机性能对比

德国：

J–87（斯图卡）：最大时速 410 公里，航程 1300 公里，标准载弹 900 公斤。

J–88（容克 –88）：最大时速 490 公里，航程 1960 公里，标准载弹 3 吨。

亨克尔 –111：最大时速 450 公里，航程 2060 公里，标准载弹 2.4 吨。

苏联：

佩 –2：最大时速 540 公里，航程 1500 公里，标准载弹 1 吨。

杜 –2：最大时速 545 公里，航程 1630 公里，标准载弹 1 吨（最大 3 吨）。

一个国家空军的装备和作战思想，主要由自身工业基础决定（无

画中苏军的佩 – 2 轰炸机战时一直是轰炸机主力。

苏军杜 –2 轰炸机在 1944 年以后大量列装。这幅画描绘的是它轰炸时的场面。

此基础就要看外购情况）。当年苏联以自身的航空工业实力，能保障国土防空和战场支援已属不易，研制大型飞机就力不从心了。德国航空业总体水平比苏联高，与英国相当却逊于美国，却犯了野心与实力不符的大忌。它同三个强国同时作战，发展机型多又分散了力量，导致发展轰炸机不足，战斗机数量又被对手远远超过。加上油料日益缺乏，战争后期，德国飞机升空率越来越低，对地面支援和防空这两项任务都完成不了。希特勒后来气得大骂戈林："你的空军不配作为一个独立军种。"

从1941年夏至1945年春，德国空军主力都用于东线（在头两年和最后半年都是以三分之二的作战飞机对苏军作战），同苏联空军的交锋失利使其从巅峰跌落下来。德军丧失了制空权，性能占优势的"虎""豹"式坦克在对手强击机、轰炸机猎杀下便无法逞威。不过，苏德都缺少战略轰炸能力，双方空军都充当陆军的配角，衡量战机交锋的成果最终还是看陆战前线的胜负。

轮到苏军在白俄罗斯合围德军

苏德战争初期，德军擅长实施大合围，到1944年春夏之后却轮到自己的整个军、集团军甚至集团军群落入苏军的「口袋」，尤其是白俄罗斯合围战规模超过斯大林格勒之役。苏军实施这种合围战，能成建制歼灭敌人的作战骨干，同平推式击退相比是由「伤皮肉」变成「断筋骨」。

不过，打出国境的苏军又遇到一个难题，就是如何对待同自己有历史积怨的民族国家。

轮到苏军在白俄罗斯合围德军

苏德战争在 1941 年 6 月下旬开始之际，苏军遇到德军第一次大规模合围歼击正是在白俄罗斯平原。3 年之后在同一地点又出现了一场大合围战，只是围者与被围者调换了位置。1944 年 6 月下旬至 7 月末，苏军在白俄罗斯合围歼灭了德军中央集团军群主力，并推进了 700 公里，被称为 1944 年的"十次打击"中的"第五次打击"，而且规模最大，歼敌最多，战略意义最大。有的德军将领得知中央集团军群覆没后，只感叹地说过一句话："这就是终结。"

希特勒拒不撤出三面受敌的"白俄罗斯平台"

进入 1944 年初，占领白俄罗斯的德国中央集团军群已三面受敌，形成一个突出的"平台"态势。此时德军统帅部内只由希特勒一人独

1944 年 1 月，苏军彻底粉碎了列宁格勒城下之敌，这幅油画表现了德军败逃的狼狈状，不过这座俄罗斯古城还是遭受了焚烧破坏。

断，提出后撤以缩短战线的建议就会遭他怒斥，这正好给苏军提供了一个合围机会。

上一年9月，苏军攻克斯摩棱斯克后抵达白俄罗斯东部边界，11月解放基辅后又推进到白俄罗斯整个南部边缘，1944年初的反攻又在北面威胁着德军中央集团军群。

苏军在北线的攻势，从1944年元旦过后开始。此前列宁格勒处于被德军包围、半包围状态已达900天，在这座苏联第二大城市外围发起的进攻被称为这一年的"第一次打击"。苏军的列宁格勒方面军、沃尔霍夫方面军在波罗的海舰队的舰炮和航空兵支援下，投入了82万兵力，向城南部的30余万德军展开猛攻。尽管苏军在突破德国构筑了两年的坚固防线时伤亡很重，加上积雪很厚，坦克和其他车辆行动困难，苏军只能在有限的几条道路上进攻，两个月内推进了120~180公里，把德军驱赶到爱沙尼亚境内，并抵达白俄罗斯的北部边界。

在此次攻势中，苏军阵亡、失踪共7.66万人，伤病减员23.7万人，德军伤亡、失踪总数不足10万人，这说明苏联北方部队因长期防御还缺乏大规模进攻经验。不过苏军毕竟取胜，北面的芬兰人看到德军败退，终于在2月间向苏联求和，这使北线的战略形势有了根本变化。

罗科索夫斯基元帅照片，他是波兰血统的苏联元帅。

芬兰参加对苏战争是"押宝"错误，也是对1939年冬季苏联侵略自己的报复。进入1943年后，芬兰人通过美国向苏联转达了媾和愿望，条件是恢复1939年的国界，只能做少量有利于苏联的调整。1944年2月，芬兰又同意恢复1940年苏联强加的国界，苏方却要再割让北方的镍矿产地贝辰加，还要6亿美元的赔款（相当芬兰政府3年财政支出）。芬兰感到条件过于苛刻拒绝接受，苏军又于6月初向芬军发起攻势。这次攻势规模不大，又带有迷惑德军的作用，只攻击了半个多月就将空军主力南调。

进入1944年春季，苏联开始筹划夏季作战计划时就把目标指向白俄罗斯。最初苏联方面对两翼迂回包抄实施大合围还缺乏信心，白俄罗斯第一方面军司令员罗科索夫斯基大将却认为可行，并在讨论时坚持己见，他的坚持己见一度引起了斯大林的不满。在 1937 年"大清洗"时被加上"波兰间谍"罪名关押过 3 年且被打断过肋骨、打掉过牙齿的罗科索夫斯基，随后仍像坐牢时那样不肯低头，回到会议室仍说大迂回方案最好且能完成。斯大林犹豫再三终于同意一试，事后证明罗科索夫斯基是正确的，战役结束后他就被授予元帅军衔。

进入 1944 年以后，斯大林对苏军的合围战能力增强了信心，平时也经常穿元帅服。

为达成最大的歼灭战，苏军向白俄罗斯的三个方向调集了 4 个方面军，大本营派来第一副统帅朱可夫作为代表调协各部。集结到第一线的部队达 140 余万人，拥有 5200 辆坦克和自行火炮，并有 4500 架作战飞机配合。

斯大林对实施大规模纵深突破有顾虑，是考虑到白俄罗斯森林很多，南面又有大片沼泽，不利于坦克开进。苏军却通过总结经验和探索，找到以建筑木排路等方式通过沼泽的办法。白俄罗斯敌后又有苏联最强大的游击队，1944 年春天已发展到 30 万人，其中 14 万人编为集中行动的支队，可有效配合主力进攻。

防守白俄罗斯的德国中央集团军群，此时经过消耗再加上向南线调兵，已减少到 54 个师，70 万人，拥有坦克和强击炮不过 900 辆。德国空军在这一方向只剩 400 余架飞机，其中战斗机不过 80 架，对苏军主要采取零星袭击和夜间轰炸。其司令布施元帅认为自己三面受敌，战线长达 1100 公里，建议撤出"白俄罗斯平台"以拉平战线，希特勒却要把前线重要据点当成"要塞"坚守。

★链接

希特勒为何对苏军主攻方向判断错误

1944 年 6 月之前，希特勒认为苏军主攻方向会指向德国主要的原油供应地罗马尼亚，把多数装甲部队都调到那里。德国统帅部判断，白俄罗斯境内森林、湖泊和沼泽众多，苏军不易发挥装甲部队的威力，因而会进攻南线。希特勒在各条战线都要求固守，也是出于拖延时间等待反法西斯盟国破裂的战略需要。

3年后苏军报仇雪耻，攻击开始就插入敌纵深

苏军解放白俄罗斯的作战，命名为"巴格拉季昂行动"。巴格拉季昂是1812年抗击拿破仑入侵的俄军名将，以此人命名新战役是想激发历史自豪感。苏军还选择了6月22日这个悲剧性日子，在同一地点、同一日子，进攻者采取了同样的战术——以坦克集群为先导，大纵深突破，高速推进，最后达成对敌合围。

正规军同游击队紧密协同，又是苏军此次攻势的特点。此前游击队就得到空投的500吨炸药，1944年6月19日夜间又根据统一部署，对白俄罗斯全境的铁路线实施了1.05万次爆破，使德军的骨干运输线立即陷入瘫痪。

在1944年白俄罗斯会战中，苏军完全掌握了制空权。画中是伊尔-2强击机从空中打击德军地面车辆的场面。

6月22日晚，苏联步兵先利用夜暗发起突击，目的是减少德军火力杀伤，并扫除了前沿障碍。翌日天亮后，坦克兵就大批冲入了突破口，在大量超低空攻击的强击机掩护下迅速突破德军的前沿防线。

据此役幸存的德国老兵回忆，他们最感到震撼的是，苏军开始进攻时有大批强击机出现在头顶，在几十米超低空一波又一波实施攻击。德

军纵深的炮兵刚一开火拦截苏军，马上就会遭到头上的伊尔 –2 强击机扫射或以火箭弹猛袭。这样紧密协调的攻击方式，以及对面苏军坦克的强大，是他们前所未遇的。

1944 年，苏军重型的 JS–2（斯大林 –2）式坦克大量服役，重 46 吨并配备 122 毫米口径炮，在夏季反攻中能有效打击德军重坦克。

布施元帅在德军将领眼中以死板执行命令著称，在白俄罗斯战役中，他反应呆板迟钝，随后被希特勒当作替罪羊撤职。

★链接

苏军在白俄罗斯投入新型坦克显威力

苏军在白俄罗斯投入的坦克，已大部改换成新装备的 T–34/85 坦克，其装配的 85 毫米口径炮能在 400 米内打穿"豹"式坦克。新服役的 JS–2 即斯大林 –2 式坦克也代替了装配 85 毫米口径炮的 KV 重型坦克成为突击主力，其装配的 122 毫米口径炮能击穿包括"虎"式在内的任何德国坦克的装甲。苏军工程能力也大大提升，在沼泽地区能筑起木排路保障人员和车辆通过。

苏军攻势开始刚两天，德军前线指挥官就提出立即后撤才能挽救部队，中央集团军群司令布施得不到希特勒同意，拖了 3 天不敢下令。苏联坦克兵利用敌人的反应迟钝和战线混乱，以每天 40~50 公里的速度迅速向德军后方突击。

6 月 24 日，驻守维捷布斯克的德国第五十三军的 4 个师已陷入被围状态，布施元帅想挽救部队又要执行希特勒设"要塞"的命令，要求第五十三军只留下一个师固守，其余部队突围。准备突围的德军把坦克、装甲车和汽车都集中到树木旁边时，突然遭受苏军几百架飞机的猛烈突击，在硝烟烈焰中这些车辆大都遭摧毁，徒步撤退的德军很快又被打散，当即横尸遍野，除少数人逃入丛林外全部投降。

在苏军装甲洪流突击下，德军中央集团军群的4个集团军在几天内就分成几股自行撤逃。希特勒虽下令调兵增援，却因铁路线遭破坏而调动迟缓。6月27日，德国第一批援军第十二装甲师才赶到。前来迎接他们的第九集团军参谋长对该师师长说的第一句话是："很高兴见到你，第九集团军已经不存在了！"

在白俄罗斯的德军被围后实施突围的场面。

地空配合、步坦协同，合围后迅速歼敌

在白俄罗斯进攻战役中，苏军空军在战役中首次能完全控制战区上空，少量德机到达前线就被消灭或驱逐。自6月26日后，白俄罗斯的德军后撤虽得到希特勒默许，却出现秩序混乱。苏联游击队在夜间不断袭击公路上的车辆，使德军主要在白天沿公路后撤，这又成了苏军数千架飞机的攻击靶子。

公路上撤退的德军遇到空袭，还能躲到路边密林中，车辆却暴露在外。在一些重要的桥梁边，德军人员和车辆拥挤不堪且难于隐蔽，苏军轰炸机、强击机便不顾高炮射击轮番攻击各个桥梁渡口。一天中德军竟然有3个将军被炸死，许多部队也被炸得七零八落，又因桥梁中断被迟滞在明斯克以东的道路上。

7月3日，苏军以坦克为先导的南北两支突击部队对进，在明斯克附近会合，使原先相距400公里的铁钳两端合拢起来。这次会合不仅解放了白俄罗斯首都明斯克，在他们身后还有10万名德军落入合围圈。

明斯克以东被包围的德军仅战斗一个星期，剩下 6 万人就在米勒中将带领下投降。这个中将据说是密谋反对希特勒的军官集团成员，投降时还要求不得破坏武器。苏联方面为了振奋全国人心，马上又以丰富的想象力提出在莫斯科搞一次游行式，让5.7 万名德国俘虏列队走上莫斯科街头。

从 1944 年 7 月起，德军将新产的重 69 吨的"虎王"坦克配给少量重型坦克营，在白俄罗斯首次登场就遭 T-34 伏击而被歼。

1944 年 7 月 17 日，"中央集团军群进入莫斯科了"，却是作为俘虏进入的。在白俄罗斯被俘的 5.7 万德军被押到了莫斯科游街。

这些被俘的德军属于中央集团军群，3 年前正是这些部队奉命进攻了莫斯科。如今苏联让这些历来注重修饰并擅长搞检阅的德国军人走进莫斯科，却是作为俘虏供街道两旁的苏联军民观看。多名被俘的德国将军神色沮丧，走在队伍的最前列游街示众。盟国派到莫斯科的军官和记者们则争先拍照，所摄下的镜头在美、英、法等国放映，大展了苏联的国威、军威，显出打败纳粹德国的实力。

白俄罗斯战役进行了三个星期，苏联军队便基本解放了这个加盟共

和国，并于 7 月下旬向波兰首都华沙迅猛推进，不过后方一些残敌还需要解决。在 8 月 29 日才最后结束的白俄罗斯战役中，德国中央集团军群遭受到毁灭性打击，共有 28 个师被全歼，17 万官兵被俘，死亡官兵超过 23 万人，另外还有 14 万伤兵后送，损失之严重程度超过了斯大林格勒之战。

在 1944 年夏季作战中，德军一再被合围，士兵日益沮丧。此画形象地表现了这种情景。

德国中央集团军群经此次惨败，只剩下 8 个师勉强还有战斗力，因而德国将领大都认为它作为一个战略集群等于覆没。

苏联在此役共毙、伤、俘敌 54 万人，自己阵亡失踪 18 万人，负伤、生病减员共 59 万人，减员量仍高于德军，不过不可弥补（死、俘）的损失却大大小于德军。苏军的战斗伤亡较大，表现出德军仍有强悍的战斗力，尤其是 7 月下旬以后，德军援军到达实施反击，并在一些要点坚守，让进攻者付出不小的代价。

德军遭此惨败，主要原因是空中力量缺失、装甲部队衰落，指挥又出现紊乱。从部署看，战役前德军将绝大部分作战师摆在一线，纵深的 5 个保安师还受游击队牵制，只有 3 个装甲师作为预备队，前线被突破时根本无法应付，希特勒要求坚守又错过最好的撤退时机。

同德军相比，此役中苏军的战术水平已超过对手，只是苏军仓促补充的新兵太多且训练水平差，导致伤亡较多。苏军此役不仅战果巨大，而且其陆空一体的大纵深进攻战术经过此战终于成熟。

1944 年 7 月末，苏军经一个月进攻前进了近 700 公里，兵临波兰首都华沙。此时苏德战场的中央形成一个 400 多公里宽的缺口，苏军像潮水般涌了进来，希特勒在西线也吃紧的情况下仍紧急抽调兵力去堵塞，连元首警卫营都被派去。前进过快的苏军因后勤供应困难和减员严重，于 8 月间停顿在华沙和维斯瓦河边。此役不仅粉碎了中央集团军群，北方集团军群也遭切断，南部两个集团军群又陷入危险状态，德国战史专家后来都承认，白俄罗斯的惨败是整个东线崩溃的开始。

苏军又重创另一个德国集团军群

朱可夫元帅指挥苏军 4 个方面军在白俄罗斯告捷时，科涅夫元帅指挥的第一乌克兰方面军也在乌克兰西部对德国另一个重兵集团北乌克兰集团军群展开攻势，这在后来被称为"第六次打击"。

1944 年春季以后，德军退到西乌克兰（战前属于波兰）的军队，组成了北乌克兰集团军群。希特勒学习苏联的办法，按作战地域为集团军群命名，意思是要其坚守当地。北乌克兰集团军群有兵力 90 余万（其中近 70 万是德军，其余主要是匈牙利部队），拥有 900 辆坦克和强击炮，700 多架飞机，由号称"防御大师"的莫德尔元帅指挥。

德军这个集团军群虽拥有最强实力，但因中央集团军群溃败被抽出几个装甲师北上，莫德尔元帅也被北调中央战线，苏军正好把打击的铁拳挥到这里。

在西乌克兰方向投入进攻的第一乌克兰方面军，是苏军规模最大的一个方面军，有 120 万人，有坦克自行火炮 2200 辆、飞机 3000 架，

进入 1944 年后，苏军部队，尤其是其坦克部队连获胜利而士气高涨，这是反映当时情绪的画面。

由地位快要赶上朱可夫的科涅夫元帅任司令员。相比之下，他手下的兵力、兵器优势不算太大，却乘着北面胜利的威势，于7月13日发起进攻。

苏军总攻开始时，德国强有力的装甲部队马上反击，第二天便阻止了苏军突破。朱可夫当即批评科涅夫指挥不当，未能很好地组织突破。不过，德军的一次失误给了科涅夫一个机会，那便是德军精锐的第一、第八装甲师在7月15日出动反击时没有走森林公路，按过去习惯在空旷原野中开进。苏联空军侦察发现后，马上抓住这个机会实施了德军前所未遇的空中突击。

★ 链接

苏军以轰炸粉碎德军两个装甲师

1944年7月15日，在5小时内苏军出动了1800架次轰炸机、强击机，对公路上行进的德军第八装甲师进行了一波波的轰炸和低空射击，将其大多数车辆摧毁。德军另一个精锐的第一装甲师在开进道路上也遇到了空中打击，车辆损失过半。丧失了战车的德国官兵四处逃窜。此次空中打击，不仅说明了苏联空军力量已大为增强，也证明了若无制空权则再精锐的坦克部队也难逞威风。

佩-2轻型轰炸机是苏联在二战中的主力轰炸机，在1944年夏天的进攻中，有效地轰炸了德军。

德军的前沿因得不到纵深装甲部队增援，很快被打开缺口，苏军于7月18日合围了德军第十三军的6个师。经4天激战，这股德军基本被歼灭，有1.7万人被俘，3万多人被击毙，只有几千人突围。7月27日，追击中的苏军占领了西乌克兰最大城市利沃夫（1939年以前属波兰），在8月底推进到波兰中部的维斯瓦河边。

苏军这次进攻战役持续了48天，歼灭德军8个师，另外击溃了5个师，德军总损失在20万人左右。据俄罗斯档案证实，苏军在战役中总减员28.9万人（其中死亡、失踪6.5万人）。这一损失比说明德军战斗力仍很强悍，不过最后的战果是苏军推进了200~300公里，占领了全部西乌克兰和波兰东部。败退的德军丢弃了波兰重要工业区，其本国第二大工业基地西里西亚也受到直接威胁。此时德国正好出现了"7·20爆炸"事件，希特勒更要独揽全权，德国将领过去的一些自主机动权也就此丧失，这更便利了苏军作战。

反苏派发动华沙起义

苏军大举向波兰推进时，除德国出现慌乱，还有一个惊恐者是设在伦敦的波兰流亡政府。这个既反德又反苏的政权的追求，是想抢在苏军之前占领华沙，这一完全不切实际的想法，最后只能招致悲剧性结局。

波兰在18世纪因受俄国、普鲁士、奥地利瓜分而亡国，1918年11月由英法扶植复国。它建国时既占有部分原德意志帝国的土地，又向东扩展同苏俄开战。波兰政府把在西面抵御德国的希望寄托于英法，将主力放在东方对付苏联，又不惜承认伪满洲国以同日本结成反苏联盟，后来还在希特勒入侵捷克时参加瓜分。这种与强盗合伙分赃的愚蠢行为，只招致恶报，德国在1939年9月发起"闪击战"摧毁了波兰，其东部又被苏联占领。

1941年6月苏德战争开始后，流亡伦敦的波兰政府同苏联复交，1943年4月双方因卡廷事件而断交，随后斯大林下令组织亲苏的波兰人建立人民军。1944年7月苏军占领了波兰东部，波兰工人党领导的人民军跟随其前进解放祖国，亲苏派还在波东部建立了"民族解放委员会"。伦敦流亡政府面对自身合法性将被否定，急忙命令国内地下组织起义占领首都。

　　1944 年 7 月末，苏军逼近华沙，前锋因供应不济已处于强弩之末。伦敦流亡政府派到华沙的布尔将军却误判德军要弃城，于 8 月 1 日发动地下的"国家军"起义。起义武装 1 万多人，只有 4000 余支枪（不少还是猎枪）和自制的手榴弹、燃烧瓶。起义打响后，华沙市民出于对德国侵略者的仇恨踊跃支援起义，有些还赤手空拳参战，两天内就解放了城区三分之二，却没能攻下坚固据点。因德军调兵镇

1944 年华沙起义时，"国家军"战士在巷战中的形象，他们没有正规的军装，受伦敦流亡政府遥控。

压，3 天后城内形势便恶化，华沙以东的苏军也停止了前进。

★链接

苏联为何不愿理睬华沙起义的领导者

　　波兰"国家军"司令布尔下令华沙起义时，并未通知城东的苏军，仅指望美英空投武器并运来伞兵，所发布的宣言还有这样的结尾口号："德国人正在仓皇逃窜。起来同苏维埃斗争！自由波兰万岁！"

　　后来西方一直指责苏军见死不救，人们若设身置地想一下，苏联会愿意支援仇视自己的波兰流亡政府吗？西方史书和 1989 年后的波兰政府提到华沙起义，一般只讲伦敦流亡政府领导的"国家军"，其实还有几千名工人党领导的地下人民军成员参加。"国家军"同人民军的关系又十分紧张，大敌当前时还常有火并。

　　8 月 4 日，英国首相丘吉尔看到华沙局势逆转，本国只能空投点武器而不愿空降伞兵到危城，便电请苏联援救。苏联则声称流亡政府是"冒险""犯罪"，一度还不允许美英向华沙空投物资的飞机在苏军机场

着陆。领导华沙起义的布尔将军就此斗志消沉，从 8 月中旬起同德方进行投降谈判，只是还对外部救援抱有希望而未下命令。

苏军为照顾国际影响，进入 9 月后允许美英援助华沙的飞机利用苏军机场，自己也派飞机向华沙城内空投了部分武器和物资，布尔却抱怨数量既少又不合用。9 月上旬，苏军在华沙东郊发起攻势，13 日，占领了维斯瓦河以东的普拉加区，河西城区可清楚地听到炮声，起义群众感到有了希望。9 月 15 日，苏军以火力支援波兰人民军强渡维斯瓦河，经 10 天激战被德军击退，城内人民军成员也随之分散突围，撤到东岸苏军阵地上。

对苏军和波兰人民军这次渡河失利，后人有着力量不够和故意不尽力两种解释。其实就算苏军能攻下华沙，也绝不会让奄奄一息的"国家军"掌权，必然把刚在波东部卢布林建立的"民族解放委员会"（西方称为"卢布林政府"）送到首都。

苏波联军这次渡河救援失败，成了布尔向德军投降的借口。10 月 1 日，华沙以缴械和让武装人员进入战俘营结束了起义，在 63 天战斗中估计有 20 万波兰人死亡，德军则伤亡 1 万多人。投降的波兰起义者沦为苦工后有不少被折磨致死，城内居民也被驱赶出城，希特勒还下令把华沙夷为平地以示报复。

华沙起义失败后，美英看到只有苏联能控制波兰，便在国际全局上做了一笔交易，即承认亲苏的新波兰政府，交换条件是苏联不支持美英占领范围内的法国、意大利和希腊的共产党游击队，在亚洲也不要支持中共夺取政权。美英政治家对那场华沙起义，只发出了一点空洞的"同情"之词，这说明利益总会压倒道义。

苏联过去的油画，描绘了苏军军官救护波兰人民军的场面，以表示两国友好。

波兰的华沙起义纪念碑。

英国接受苏联提出的"卢布林政府"是合法政府的要求，对此前四年多一直设在伦敦波兰大使馆内的流亡政府便撤销承认，还让其成员立即搬出馆舍以便将此楼交新主人。流亡政府的官员从此星离云散，据说有人还保存着原来的国印和相关文书，在1989年亲苏的波兰政府下台后又送回华沙。

回顾华沙起义的过程，波兰民众的勇气和献身精神可歌可泣，政客的手法却可憎可悲。设在伦敦的流亡政府对距华沙很遥远的西方充满幻想，结果在苏德两个近邻挤压和盟友抛弃下成为牺牲品。历史早已证明，一个国家想强盛必须靠自强，献媚和依附其他强国只会被当成棋子利用，既损人又害己。

华沙起义失败后，苏联更大力支持工人党领导的波兰人民军，1945年初将其扩充到两个集团军，兵力超过30万人。这些部队跟随苏军作战，一部分还参加了攻克柏林的战斗。当时在纳粹铁蹄下获救的多数波兰人视苏军为解放者，不过，苏联在战后长期对波兰新政权持"老子党"态度，还派华沙籍的苏军罗科索夫斯基元帅回故国担任国防部长统率军队。这类伤害了他国民族利益和自尊心的做法，也为后来苏波关系酿下了苦果。

横扫东南欧，再激战北极

1944年夏天是苏军实施大合围战的凯旋时候，在罗马尼亚境内也实施了一次战果不亚于斯大林格勒的围歼战，被消灭的德军番号恰恰又是重建的第六集团军。斯大林在战争末期对美国人说过，反攻时苏军取胜的诀窍就是能够把60个师的机动部队调来调去，加到主攻方向上，美国租借物资中提供的42万辆汽车在此发挥了不小作用。不过最重要的因素，是苏军完全掌握了大纵深、高速度进攻的技巧。此时德国老练的官兵愈打愈少，新补充的兵员多是后方原不适合服兵役的老少病弱者，自然不是已有丰富战斗经验的苏军对手。

横扫东南欧，再激战北极

进入1944年夏季，德国军人看到传统的两线作战的噩梦已成现实，都知道末日已近，希特勒却镇压了反叛者而坚持顽抗。此时美、英、苏三大盟国一方面争取尽快取胜，另一方面又为自己多占地盘而筹划进军方向。打出国境的苏军暂停波兰方向的进攻后，把重点转向南、北两翼，向罗马尼亚发起总攻并席卷巴尔干半岛（只有希腊划入英国势力范围），并占领波罗的海沿岸和迫使芬兰屈服。国际上强力争夺时有个基本定律，势力范围的划分总是以实际占领为基础，苏军此时的进攻方向正是考虑到如何确定胜利时的欧洲边界。

1944年秋季以后的斯大林已着重从政治上考虑对德作战和战后欧洲的势力范围划分。

利用罗马尼亚反戈，再合围德军重兵集团

罗马尼亚对纳粹德国十分重要，天然石油大部分来自那里。当苏军兵临华沙时，希特勒不得不剜肉补疮，从相对沉寂的南方抽调几个装甲师北上。苏军利用这一机会，于8月下旬在这里发起了1944年的"十次打击"中的第七次打击。

进攻罗马尼亚的苏军，是第二、第三乌克兰方面军的131万人部队，对面德国南方集团军群有50万人，罗马尼亚一线部队也有40万人（加上国内后备部队、机关和训练人员，罗军总数共85万人），不过，德罗联军飞机、坦克远少于苏军。

战争后期德国飞机产量虽很高，合格飞行员的补充数和油料供应却在不断下降。在1943年秋，汉堡大轰炸后的一年多时间内，德国战斗机的一半被调到国内防空，1944年夏天，在罗马尼亚只剩43架轰炸机、57架攻击机和72架战斗机。至于罗马尼亚弱小的空军力量几乎可忽略不计。苏军在南方的作战飞机则在2000架以上，战斗机性能和飞行员作战水平也赶上对手。

苏军在南线有1800辆坦克和自行火炮，对面的德军只有400多辆坦克和强击炮，罗马尼亚的坦克既少又陈旧，不值得一提。对德国人更大的危险，是罗马尼亚上层多数人已经准备倒戈。

这是罗马尼亚王国军队在1943年时的形象。左为担任首相的安东尼斯库元帅，他指挥罗军跟随德军作战。

这是苏军坦克部队越过喀尔巴阡山向前突击的历史照片。前车为美国供给的"谢尔曼"坦克，后车为T-34坦克。

★ 链接

罗马尼亚上层多数人密谋脱离德国

长期夹在大国之间的欧洲中等国家罗马尼亚，在历史上一向随机应变，经常反复倒戈。1941年德国进攻苏联时，亲德的安东尼斯库首相决定参战并派出了50万人军队，夺回了苏联上一年占领的比萨拉比亚，并得到德国同意将敖德萨等地划给自己。斯大林格勒一役使参战的罗军损失大半，随后罗马尼亚人大都看清了形势，没有实权的国王在一些上层人士簇拥下秘密向英国、美国提出媾和。英美因自己无法进军那里，只能让他们同苏联接洽。希特勒支持的首相安东尼斯库仍自信地认为多数大臣和军队忠于自己，未多加防范。

自1944年春季在乌克兰大败后，撤到罗马尼亚的德国南方集团军群主要依托河流构筑

防线。德军认为左翼的喀尔巴阡山脉易于坚守，右翼的东北方地形平坦又有三条河流，如能有效地利用便形成阻碍机械化部队突破的屏障。曾经迂回过阿登山区的德军，此时竟未料到苏军坦克同样会通过山区迂回自己的后方，这大概是自认是"超人"并视对手为"劣等民族"的心理所致。

指挥进攻罗马尼亚的苏军指挥员是马林诺夫斯基大将（此人在 1957 年被赫鲁晓夫选中接替朱可夫长期担任国防部长），是由沙俄士兵成长起来的指挥员。

马林诺夫斯基性格拘谨，用兵也比较慎重，进攻罗马尼亚时拟定的作战方案是实施多点突破，分割围歼敌军，并争取罗军投降。根据这一方案，8 月 20 日，苏军发起了雅西—基什尼奥夫进攻战役。

战役发起的第一天，苏军以绝对优势的炮火、飞机和坦克做掩护，在多点达成了突破。这时部署在第一线的罗马尼亚部队迅速崩溃，尤其是德国人曾寄予厚望的"大罗马尼亚"装甲师几乎是一枪未放就向后奔逃了。

苏军突破防线后，又让随队前进的原流亡在苏的罗马尼亚共产党员用大喇叭向逃窜的罗军喊话："我们是来打德国人的！罗马尼亚人不

要怕，站在那儿别动，我们不会伤害你们！"这种宣传瓦解了罗军斗志，他们纷纷缴械，苏军很快由此通过迂回到一线德军的后方。

战役第二天，德军抽调预备队想堵

住突破口，苏军第六坦克集团军却从喀尔巴阡山脉东部实施了崎岖山地的突破（该部因有此出色表现，不久被调到远东作为对日本关东军实施西部突击的主力）。德国第八集团军在西部防线被冲开缺口后，苏军乘势向东迂回，那个用覆没于斯大林格勒的第六集团军的番号重建的德军集团再度面临合围。

看到苏军入境，罗马尼亚上层感到再不能错过反戈的时机。8 月 23 日，以首都布加勒斯特为中心，全国爆发了推翻旧政权的起义，亲德的首相安东尼斯库被捕，随后又受审判被处决。当时起义领导成分很复杂，有刚从监狱中解救出来的共产党人，也有亲英美派上层人物，还得到国王赞同。新政府马上宣布退出战争，并要求本国军队（共 37 个师）驱赶德军出境。

苏联马上宣布承认这个政府，却坚持要进军布加勒斯特，目的是控制罗马尼亚而不能让其倒向英美。

德第六集团军再次被歼，苏军以最小代价获大捷

8 月 23 日的巨变，使前方作战的德军陷入腹背受敌的窘况。希特勒次日就下令以飞机轰炸布加勒斯特，还让防守内地油田的几个师高炮部队进军罗马尼亚首都，这不仅不能挽救局势，反而促成罗马尼亚新政府在 8 月 25 日对德国宣战。

驻守罗马尼亚油田的德国高炮部队面对周围罗军形成包围之势，只能考虑脱身，便以不破坏油田为条件，换取罗军允许他们撤走。罗境纵深内的德军只顾自己撤逃，丢下了前方被围的第六集团军的 14 个师和第八集团军的 2 个师。

前方德军第六集团军的司令官却没有采取斯大林格勒被围时保卢斯与部队在一起的做法，而是带司令部先撤，下属的通信系统又大都中断，从而各自逃生。

这是表现罗马尼亚军队在 1944 年 8 月举行反德起义的绘画。

在 1944 年下半年，败退的德军总是遭受空中打击，不得不以自行高炮防空掩护后撤。

德军逃跑时遇到第一个灾难，便是原设于罗境内的后勤供应系统在政变后不复存在，途中无法得到供应。第二个灾难是后方机场突然被罗马尼亚人控制，几乎没有飞机支援突围部队。在撤退时，高射炮又大都被丢弃，只能任由苏军飞机轰炸。

从 8 月 23 日至 29 日，面临包围的 20 多万德军因公路受阻丢弃了重武器，拿着步兵武器走小路，开始了长距离的狼狈撤逃。苏军在实施长途追截时，又以轰炸机和强击机超低空飞行投弹、扫射。一个德军幸存者回忆说："我们整天遭到苏联空军的轰炸，可是我们的空军呢？整个战役期间，我一架德国飞机也没有看到过！"苏军追击部队也形容说，德国人逃跑之路当时都成了"血河"。

几天后，根据希特勒的命令，包括著名的鲁德尔中队在内的德国空军部队向罗马尼亚上空出动，却马上被占绝对优势的苏联空军所压倒。撤退的德军在白天只能躲到路边防空袭，夜间再赶路，这样根本不能摆脱苏军坦克的追击。

经过 6 天奔逃，撤退的德军弹药逐渐耗尽，食品也快吃完，一旦负伤或患病便只能留下等死。他们虽已经筋疲力尽，却认为只要在罗马尼

在 1944 年苏军向罗马尼亚发起攻势时，德军被围部队总是从头顶遭受猛烈轰炸。

亚西部渡过最后一条河，就可以抵达喀尔巴阡山进入匈牙利后方。8月
29日这一天，似乎快要逃脱的德军刚渡河，远处却传来苏联 T-34 坦克
的履带声，苏军一个坦克军、一个步兵军赶到那里拦住了他们。后面的
苏军追兵也赶到，这支德军再也无法逃掉。

德军第六集团军再次覆没的情景，据幸存者回忆只能用凄惨来形
容。陷入绝境的众多德国兵近乎疯狂，因此前他们干过太多屠杀居民和
虐待战俘的事情，自认为落到苏军手中肯定会受报复。面对对面猛烈的
机枪火力，德军竟然一波接着一波扑去，导致成批倒下。苏联老兵回忆
说："当时德国人在我们阵地前尸体堆积如山，甚至妨碍了我们射击！"
有人说，这种惨状简直就是苏德战争初期战况的翻版，只不过调换了
角色。

苏联官方战史记述，战役在8月29日基本结束，残剩德军在无粮
无弹无力战斗后才投降就俘。据历史记载，德军有组织的战斗持续到9
月3日才结束。

此次苏军战史上的"雅西－基什尼奥夫进攻战役"，宣布的战果是
歼灭德军18个师（其中在包围圈外歼灭了2个师），击毙15万人，俘
虏10万人。此役罗马尼亚人也打死1万多德军，并将其扣留俘获的5万

✎
1944年8月31日，
苏联红军开进罗马尼
亚首都布加勒斯特的
照片。

多德国军人交给苏军。若对照德国记载看，苏军统计基本准确，此役德军不可弥补的损失超过30万人，而苏军只阵亡1.3万人、负伤5.3万人。苏军以如此小的伤亡比取得这样大的战果，在卫国战争的大规模战役中可算是唯一的一次。马林诺夫斯基大将因指挥此役获大捷，被授予了元帅军衔。

此役苏军缴获了包括坦克、强击炮在内的丰厚战利品，还包括后方修理工厂和输送中心来不及后撤的装备，以及3.5万辆各种车辆。更重要的是，过去向德国提供燃料的罗马尼亚油田，此后变成苏军南线作战的油料供应地。

★链接

苏联虽保留罗马尼亚王国却让其易色

苏军进入罗马尼亚后，宣布不干涉其内政并仍让国王在位，却以军管地位支持在这个1300万人口的国家中仅有的几百名共产党员进行宣传和发展队伍，并在1945年春建立的联合政府内掌握要职。此刻广大民众正痛恨原来的上层追随德国参战导致几十万人死亡，生活又困苦，普遍能接受打倒贵族和建立工农政权的鼓动。苏军进入罗境不过一年，罗共就迅速发展成为国内第一大党，1947年以选举掌权建立共和国，并放逐国王和上层权贵到西方。以乔治·乌德治为首的罗共后来实行独立自主反对苏联控制，却因自己没有建政经验并在此前缺乏群众基础，仍模仿苏联模式并在有些错误方面还有过之，他战时的狱中学生和后来的接班人齐奥塞斯库（战前就担任罗共青团书记）更是滥用权力，最终酿成大悲剧。

罗马尼亚起义时从狱中救出的共青团书记齐奥塞斯库。他10岁当童工，15岁参加共产党，因苦大仇深投身革命，自己执政后却受权力的腐蚀。

画中显示的是苏军的雅克-9战斗机在罗马尼亚上空有效攻击并驱赶了德军轰炸机。

在罗马尼亚战场上德军遭到惨败，最重要的原因还是战略判断错误。当波兰方向激战正酣时，希特勒和新任陆军参谋长古德里安都不相信苏军有能力向南方发起大规模进攻，对罗马尼亚战线没有加强反而抽兵。德国情报部门也得到罗马尼亚有些人密谋反德的消息，希特勒却认为其上层跟随自己很久不会变心。在纳粹得势时，曾靠分给利益拉拢到罗马尼亚和匈牙利、芬兰、保加利亚等国充当仆从，殊不知一心趋利者必然见利忘义。希特勒一贯擅长背信弃义袭击他国，别人也会对他如法炮制。另外，希特勒过去占地太广，形势逆转时又对哪个战略方向都不想放弃，分散兵力只能导致到处失败。

苏军顺利开进保加利亚，在匈牙利陷入苦战

罗马尼亚被苏军迅速占领，后背受敌的巴尔干德军不得不急忙从希腊、阿尔巴尼亚和南斯拉夫南部撤退。希特勒仍指望守护匈牙利，因为那里是最后的石油基地且有丰富铝矿，再失去这些能源和矿产地便无法生产和使用飞机。

此时英国舰队完全控制了爱琴海，驻守克里特岛等岛上的4万德军已难渡海撤回。丘吉尔却害怕苏军抢先占领巴尔干，便在战争中首次与德军达成了一个不成文默契，海上巡逻的英舰眼看着德船在旁边运送部队而不开火，德方的回报则是在马其顿一线抗击苏军不让其进入希腊。

1944年4月，德军进驻其仆从国匈牙利，迫其跟随自己一同顽抗到底。

德军撤出希腊后，英军将领斯科尔带着原来流亡在开罗的希腊王国政府回到雅典，对当地坚持武装抗德斗争的希腊共产党游击队实施镇压。这一"斯科尔事件"，马上引发了毛泽东为首的中共中央的高度警惕。苏联过去是希腊共产党的支持者，在打败德国前却不想同美英闹翻，马上提出就巴尔干问题进行谈判。10月间，英国首相丘吉尔飞到莫斯科，表示承认罗、保、匈几国为苏联势力范围，换取了苏联承认希腊为英国势力范围并不支持当地共产党游击队。

保加利亚因民族、宗教原因，在历史上一向亲俄，虽参加了德国为首的轴心集团却未敢对苏联宣战。1944 年 9 月上旬，苏军以保加利亚参加侵略集团为由，从罗马尼亚进入其境内。亲德政府立即崩溃，原来在地下活动的保加利亚共产党发动起义，欢迎同为斯拉夫民族的"解放者"。从罗马尼亚退到保加利亚港口的德军黑海分舰队再无处可逃，只好自沉了舰艇，并向到达那里的苏军投降。

苏军控制罗马尼亚后，又以一个坦克军西进南斯拉夫，帮助铁托为首的南共领导的人民解放军攻占首都。10 月间，苏军在南线的主力攻入了匈牙利。

✎ 苏联油画描绘了进军东欧时的"解放者"形象，这是表现坦克部队进入南斯拉夫时受欢迎的场面。事实上苏军在当地纪律不好也招致南方抱怨。

向匈牙利首都布达佩斯的进攻，在苏联归纳的 1944 年对德军"十次打击"中算是"第九次打击"。出乎苏军意料的是，在匈牙利境内他们遇到顽固抵抗，激战近半年才占领了这个不过 900 万人口的国家。

★链接

苏军在匈牙利遇到顽固抵抗而实施报复

苏军进入东欧时，在许多地区被民众当作"解放者"欢呼，进入匈牙利的苏军却感觉好像进入了一个敌对国家。除一些原先躲藏起来的犹太人跑来请求保护，民众大都投以冷漠或恐惧的眼光。从历史原因看，沙俄派军队镇压过 1848 年匈牙利革命，抓走了著名诗人裴多菲并流放西伯利亚，在一次大战中俄匈又交过战，当地有传统的仇俄思潮。匈牙利亲德政权虽经更换，却又是战时跟随到最后的"铁杆"仆从国。匈牙利战场进展艰难和许多人的不合作态度，导致苏军采取了报复，如将抓获的俘虏大都送到苏联服劳役，对民众也有不少劫掠强奸现象，战后又要该国交纳赔款。这些行为自然留下积怨，苏联支持建立的亲苏政权也长期基础不稳。1956年，匈牙利发生反对苏联的暴动，就有着上述历史前因。

苏德战争之初，实行法西斯统治的匈牙利派出一个集团军跟随德军侵苏，还参加占领其他一些国家。因能够分享到掠夺成果，匈牙利多数民众在战时还有较高的生活水平，加上美英为争取该国又不实施轰炸，布达佩斯在1944年秋季以前成了欧洲大陆上少有的一块灯红酒绿的平安绿洲。苏军逼近边境时，匈牙利国内已被开入的德军控制，政府也难以下贼船。当时德国从其他战场抽调十几个师到布达佩斯附近，从10月下旬至11月间，两次打退了苏军。苏军便集中在南线的主力投入匈牙利方向，战争末期这里成为东线作战的一个重点方向。

1944年匈牙利军队的形象，装备的是德军淘汰的装备。

从1943年起，德国武装党卫军不断扩编，翌年兵力达50万人，希特勒认为其比国防军更可靠，在匈牙利布达佩斯投入的主要是党卫师。

德军被压到库尔兰半岛，苏军又在北极圈内反攻

德国中央集团军覆没后，德军北方集团军群的后路就被包抄。7月

29 日，苏军坦克部队猛冲到里加湾沿岸，第一次切断了北方集团军群与本土的陆路联系。当时苏军统帅部都怀疑能进展如此之快，曾让先锋部队"用飞机送几瓶波罗的海的海水来"。结果坦克手真到海边用瓶子装了海水，再用波–2 轻型飞机送往莫斯科，成为卫国战争史上的一段趣谈。

德国北方集团军群由撤退下来的第十六、第十八集团军和一个战役集团组成，兵力达 70 万人。这个庞大集团见后路被抄，便集中装甲部队向里加冲击，德国海军残剩的"欧根亲王"号重巡洋舰等大舰也驶来以炮火支援，至 8 月下旬打通了里加湾边一条不过 10 公里宽的通路。

此前感到苏联媾和条件过于苛刻的芬兰，已在 6 月间苏军的攻势中失去了维堡等边境城市，此刻知道再不屈服只有灭亡。9 月 4 日，芬兰同苏联签订停战协议，同意割地并赔款 3 亿美元。芬军又拆除了拦阻苏联潜艇的防潜网，此前 3 年间被封锁在芬兰湾东端的苏联波罗的海舰队终于从"囚笼"中脱身。

从 9 月 14 日起，苏军集中北方的兵力共 90 万人，还有 3080 辆坦克和自行火炮、2640 架作战飞机，开始进行库尔兰战役，目标收复 1940 年并入苏联的波罗的海沿岸地区。在 1944 年对德军"十次打击"中，此役算是"第八次打击"。

波罗的海沿岸的德军大都是强悍的老牌师，拥有 1200 辆坦克、强击火炮和近 400 架作战飞机，被希特勒称为"德国最好的部队"。不过，这一集团最大的弱点是沿着海岸拉成长达 800 公里的战线，容易被突破一点。苏军再度向里加湾狭窄通道发起进攻受阻后，马上将近 50 万兵力西移，于 10 月 10 日冲至梅梅尔以北海岸，第二次切断了北方集团军群与东普鲁士的联系，而且成为永久性切断。

在这次波罗的海沿岸进攻战役（后来也称为库尔兰战役）中，因德军依托坚固阵地顽固防御，苏军付出了死亡、失踪共 6.1 万人，伤病 21.8 万人的代价，德军的损失只相当其一半。不过苏军这次战役取得了战略上的巨大胜利，过去围困列宁格勒的第十八集团军和第十六集团军从此陷入了为时 7 个月的被围困状态。

苏联的狙击兵在消灭顽抗的德军时发挥了重要作用。

1944 年苏军在北方极地发起了最后一个冬季进攻的照片。

★链接

困守库尔兰的德军为何不撤退？

德军被困在库尔兰半岛的北方集团军群，按作战地域改称"库尔兰集团军群"。1945 年初，德国陆军参谋长古德里安向希特勒建议，应通过海路撤出这支拥有 23 个作战师、还剩 50 万人的精锐部队。希特勒却只允许撤出少量装甲部队，其余仍要坚守在苏军后方起牵制作用，而且想让这支部队威慑瑞典不敢参加对德作战，其实瑞典作为中立国在两次大战中从无参战之意。

1945 年前 4 个月内，苏军曾向库尔兰半岛连续发起攻击，付出伤亡 16 万人的代价，仍未能歼灭守敌。2 月 23 日，向库尔兰运送补充兵的"格丁根号"轮船被苏联潜艇击沉，5000 余名补充兵员仅 2000 人获救，其余 3000 人淹死，这也是德军战时在海上受到的最大损失之一。看到再进攻库尔兰会付出较大代价，苏军才等待德国整体投降后再招降这股德军，并将困在半岛上的对手称为"武装战俘营"。事后证明，围困待降是以少的代价解决敌军的有效方法。苏联高层此前下令一再发起进攻，除了要保障侧翼安全，更重要一点是担心德国投降后会发生同西方盟国的战争，守

在库尔兰的德军若投降美英会是大患。

芬兰退出战争后，苏军于 1944 年 10 月 7 日又向战线最北端、北极圈内的德国第二十山地集团军发起进攻，此役也称为 1944 年对德军"十次打击"中的"第十次打击"。当地气候恶劣，道路又很坏，德军据守的 3 年间又修筑了坚固工事，因此苏军攻击非常艰难。德军也无心恋战，经过一个月战斗后撤出了有重要价值的镍矿基地，苏军还进入了挪威北部。此役德军损失了 1 万余人，苏军伤亡却达 2 万余人，不过胜利者还是苏联人。

1944 年苏军的反攻取得了辉煌胜利，除了库尔兰半岛外已经收复了开战后的全部失地，而且进入了东欧多国土地，并打到德国边境。苏军成建制地歼灭了德军 80 个师，给敌人造成如此严重的损失等于打断了东线德军的脊骨。

从俄罗斯解密的档案看，1944 年内苏军对敌作战的损失比，较上一年已有大幅下降。这一年苏军死亡、失踪共 175 万人（其中被俘人员已不足 10 万），负伤、生病减员 513 万人次（其中四分之三经治疗后可以归队），总计不可弥补的损失为 300 万人。德国在东线的死亡数为 123 万人，被俘超过 60 万人，负伤、生病减员约 300 万人。此外，德国仆从军（罗、芬、匈和其他国志愿兵）战斗伤亡也有 60 万人以上。

对比 1944 年苏德战场上交战双方的损失，不可弥补的人员丧失数目基本相当，这说明苏军在装备和技术水平的发挥上已占有优势，士兵的战斗素质和作战技巧也赶上对手。昔日号称世界上战斗素质最精良的德军士兵，则如同一个衰老的拳王，虽然拳法还熟练，出手的力量却日益不足，已明显地走向败亡。

1944 年入冬后，苏军地面火力也对德军具有很大优势，这是表现苏军炮兵夜间攻击的油画。

苏军反攻直捣法西斯德国本土

1945年初之后，苏军大举攻入德国本土。此时德军在西线的抵抗已十分微弱，却在东线拼命顽抗，苏联方面为争取战后在欧洲优势地位而强调加速进攻。从战术水平看，此刻苏军才真正熟练掌握了机械化战争，其突击能力超过了德国1941年的水平，那种大纵深、宽正面、高速度的突破也奠定了此后几十年的苏联战争行动的理念。

苏军反攻直捣法西斯德国本土

战争进入 1945 年，世人都能看清德国失败就在眼前。这时德军还有 750 万兵力，除后方人员外，还有 550 万作战部队，其中 350 万较强的部队在东线抵挡苏军。此时流行在德国地下掩蔽部的一首歌是"和平比战争更糟"，就是说投降后遭受的报复会更可怕。此时东线有近 600 万士气正盛的苏军，还有归其指挥的近百万波兰、罗马尼亚、保加利亚等军队，正向德国东部展开猛攻。苏联除了要消灭纳粹，更要考虑战后欧洲分界是要由坦克履带到达处来划定。

✎ 苏联油画《黎明》表现了接近胜利时战士们的喜悦。

✎ 1944 年下半年苏军的攻坚水平大有提高，这张画便表现了强击组用反坦克手榴弹在背后攻击德军碉堡的情形。

苏军已学会"闪击"，两星期前冲500公里逼近柏林

1944 年内苏军不可弥补的减员虽有 300 万人，通过新解放区征集到的兵员还勉强能补充，后方武器装备产量也大为增加。苏联国内坦克产量超过了前线损失，再加上盟国援助和缴获，苏军现役坦克超过 3 万辆，只需将一半用于前线。苏联飞机在数量上几倍于敌，又有充足的油料，日均出动量超过德机十几倍，德军部队只有在天气很差、飞机不宜出动时才敢在白天大规模行动。

此时德国征兵年龄已划定在下至 16 岁、上至 60 岁，昔日的精锐之师已是老少参差不齐，新研制出的许多飞机、坦克产量小又缺乏油料。自阿登攻势后，德国官兵在西线多无心再战，在东线却要坚守，不过士气也普遍沮丧。当年的苏军官兵战后都总结说，斯大林格勒会战前不仅抓到的德国俘虏很少，而且有些人被俘后还喊："嗨里（万岁）希特勒！"到了 1944 年下半年以后，德国战俘差不多都说"希特勒完蛋

了"。此时他们还要抵抗，主要是担心受过本军蹂躏的苏联人进行报复。

★链接

纳粹模仿苏联政委制向军队派政治督察员

1944 年 7 月出现暗杀希特勒事件后，党卫军派出特别分队到各部队监督并大量处决意志不坚定者。希特勒又称，苏军所以强大就是因为有政委制，他也要向各部队军官身边派"督察员"，实行"党化"监督（多数德国军官尤其是保持贵族气质者还不是纳粹党员）。这个恶魔还下令实行古老的"连坐"制，对率部投降的军官要将其家属送进集中营甚至处决，靠恐怖威胁迫使德军打下去。

1944 年末，希特勒抽调装甲部队向西线美军发起阿登攻势，妄图获胜后迫使美英媾和。德军因油料不足和没有空中掩护，攻势仅两星期便停顿下来，还伤亡了 9 万官兵并损失了近千辆坦克。

过去苏联长期请求美英开辟"第二战场"，此时反倒是美英请求苏军快些在东线发动进攻以牵制其在西线的反扑。苏军在波兰、东普鲁士方向发起总攻，其中在波兰维斯瓦河方向使用了 180 个师共 220 万人和 6000 辆坦克，而当面的德军"维斯瓦集团军群"只有 40 万人、1100 辆坦克和强击炮。

1945 年 1 月 12 日，苏军在维斯瓦河沿线的总攻开始，第一天便对德军战线实施了分割，显示出大纵深进攻战术已十分娴熟。第二天苏军投入坦克集团军，在航空兵掩护下向德军后方高速冲击。虽然德军从纵深调来装甲预备队阻击，却马上遭到成千架苏军伊尔－2 强击机和坦克的联合打击，反击两天内便被粉碎。

在 400 公里的防线上达成多点突破后，苏军各坦克军绕开德军坚固据点大胆向纵深挺进，留下步兵、炮兵部队来包围消灭留下的那些"气泡"。1 月 17 日，苏军在德军逃走后进入了华沙，该城上一年起义失败后被德国人炸成废墟。随同苏军进城的波兰人民军官兵看到这一惨状，几乎个个难过得流下泪来。后来，波兰人对德国居民的报复常甚于苏军，只是西方舆论着重丑化苏联而不愿提这些事。

战役发起 7 天后，苏军前锋已前出了 200~300 公里，连过去擅长"闪击战"的德军也感惊愕。希特勒急忙从西线和内地抽调 21 个师来阻

挡，这些部队来不及构成防线即被冲垮，有些还落入了苏军的"口袋"。

这次攻势的目标又指向德国腹心，朱可夫所率苏军 20 天内便前进了 500 公里，先锋越过了德波边界，于 2 月 3 日冲到距离柏林只有 70 公里的奥德河。

据朱可夫回忆说，当苏军越过冰冻的河流进入奥得河对面的德国小

城时，发现德军士兵仍在街头漫步，酒馆内军官满座，通向柏林的列车仍按时刻表运行。看到苏联军队出现，德国军民四散而逃。有的苏联高级军官建议，应该利用德国首都还未组织好防御，以前锋部队直捣柏林，攻下那里就可以胜利结束战争。

此时朱可夫和斯大林都表现出谨慎态度，没有同意

冒进。他们知道柏林虽未组织好防御，苏军前锋的两翼却已经暴露。党卫军头子希姆莱在苏军右翼建立了一个新的集团军群，准备包抄前出奥德河的苏军后方。苏军飞机还未来得及跟随转场，重炮部队也跟不上，若冒失地进攻柏林会有极大风险。在奥得河对岸夺取了几个桥头堡后，苏军便奉命停顿下来做攻城准备工作。

轻取德国第二工业中心，斯大林称西里西亚"都是金子"

苏军发起维斯瓦—奥得河战役后，科涅夫指挥的第一乌克兰方面军攻向德国第二大工业区西里西亚（战后割给波兰）。在长60公里、宽30公里的这片区域内，工厂林立，铁路密布，是工矿和城市交错区。斯大林在召集将领们讨论进攻德国时，曾在地图上手指这一地区，带着感慨说："这都是金子啊！"

苏联在战争后期一直想夺取德国工业区作为赔偿，因最重要的鲁尔区在美英进攻矛头下，东部的西里西亚便成了主要目标。攻下此处又

能使当时德国煤炭产量损失一半（西部煤炭中心萨尔已因美法军逼近不能生产），主要兵器产量也会大降。德国经济部长施佩尔就说过，"丧失了西里西亚，我们的军工生产就只能再维持几个星期"。这句话虽有夸张，却也反映出这一工业区的重要性。

科涅夫知道完整夺取西里西亚比消灭敌军还重要，军事毕竟服从政治经济利益。

1月12日苏军发起总攻后，第一乌克兰方面军突破德军防线，所属坦克集团军平均每天向前推进40公里，最远时脱离方面军主力达100

公里以上。此举虽有很大风险，科涅夫却认为再按过去稳健的方式推进，德军就有机会把新的部队拉到红军对面坚守，结果这一大纵深突击的战果竟超出自己的预想。

1月23日，苏军坦克冲进波兹南附近的一个德国空军主要的训练和作战基地，猝不及防的德军空地勤人员惊恐而逃，机场上竟丢下700架飞机！这一数字超过东线德军飞机数的四分之一（不过此时德机多数因缺少油料已难以使用），最高统帅对此数字表示怀疑，派人到现场查看后证明确实如此。

1月25日，苏军前锋到达西里西亚两翼，德军混乱地退入工业区，形成了三面被包围之势。据科涅夫估计，当地德军兵力约有20万人，他指挥的部队虽能将其歼灭，却费时费力还会彻底打烂工业区。于是，科涅夫故意在工业区南面留下一条狭窄的口子不加封闭。

此时希特勒已经下令把一些城市当作要塞，却未料到西里西亚会那样快遭到进攻，还未下达死守命令。德军在斯大林格勒会战后都畏惧

表现苏军在最后一个冬天以坦克进行城市突击的绘画。

包围，看到西里西亚南部尚有一条通道便争先恐后地撤逃，当地上百万职工包括老幼妇孺也同军队混在一起。苏军飞机从空中清楚地看到地面汇成连绵数十公里的南逃人潮，为让其快走也未攻击。当地居民仓促逃命时，几乎丢弃了除身穿手提之外的一切。1月29日，西里西亚的德国军民已跑光，苏军完好地占领了这一欧洲有名的工业中心。

根据科涅夫元帅回忆，西里西亚区内大多数机器设备完好，有一些工厂可以立即开工。数以百计的刚造好的150毫米和105毫米口径的榴弹炮以及数十万发炮弹，都被丢弃在厂内，这些武器很快又用于攻打德国的首都柏林。

★链接

苏军解放奥斯维辛集中营

在西里西亚工业区附近，建有臭名昭著的奥斯维辛集中营。按照惯例，德军撤退时要处决全部被关押者，此次集中营的党卫军因过度惊慌，逃走时竟丢下了7000名囚犯，一些焚尸炉等罪证也未来得及炸毁。苏军进入集中营时，不仅看到那些幸存下来的囚徒形同骷髅，还看到受害者身上被剪下准备运到德国做垫子的成吨毛发，官兵们都不禁气得发抖，更增强了复仇的意志。

战后西里西亚划归波兰，奥斯维辛集中营原址也归波方管理，当地成为揭露德国法西斯暴行的重要历史展示场所。

表现苏军解放集中营的油画。

为时22天的维斯瓦－奥得河进攻战役，是苏联卫国战争中最成功的战役之一，也是缴获最多的战役之一，苏军同德军的损失相比之低又仅次于进攻罗马尼亚之战。据俄罗斯档案说明，此役苏军阵亡4.3万人，负伤和生病减员15万人，总损失不足20万人。相比之下，德军有30个师遭围歼，仅被击毙就达24万人，还有14.7万人被俘，负伤后运和逃散者在混乱中难以统计。

苏军在短时间内以如此小的代价获得重大胜利，说明其作战水平已经攀上一个新高峰，德军的狼狈逃窜和惨重损失则表明其战斗意志同前几年已不可同日而语，临机反应和指挥水平也降到低下的程度。方寸已乱的希特勒此时打一次败仗就撤掉当地指挥官，还把有的将军一撸到底降为列兵以示

1945年1月，苏军占领奥斯维辛集中营时，营救出来几百名儿童的历史照片。

惩罚，派来接替的新指挥官更不熟悉情况，仓促上阵时又会招致新的大败。

猛攻柯尼斯堡，地图上抹掉东普鲁士

德国最东部的领土东普鲁士，是被苏军最早攻入的本国领土。虽然此前美国、英国在德黑兰会议上同意战后将这块土地割给苏联和波兰，斯大林却坚信真正拿到手的东西才是自己的，不造成既成事实就很难担保美英战后会同意德国交出此地。他要求必须将该地攻下，从军事上看也是为进攻柏林消除侧后威胁。

1945 年 1 月，苏军向东普鲁士发起了战略性进攻战役，投入了 167 万兵力、2.5 万余门火炮和迫击炮、3859 辆坦克和自行火炮、3097 架飞机，用以围歼当地 58 万德军和 20 万冲锋队（民间纳粹武装）。

此役是在敌国境内实施攻坚，从 1945 年 1 月 13 日打到 4 月 25 日，直至 5 月 9 日德国投降当地的一些残部才最后放下武器。负责指挥这一仗的苏联华西列夫斯基元帅曾说："历史上从未有哪一次战役消耗过这么多弹药。" 3 个多月内，苏军发射和投掷的弹药达 50 多万吨，等于广岛原子弹爆炸当量的 30 倍。苏军战史学家也认为，这一仗 "是靠炮火赢得了胜利"。

守卫东普鲁士的德军是为守卫本土拼杀，战况异常惨烈，而且还能得到海运增援并以当地人补充。其被击毙者超过 30 万人，另有 30 万人

这幅画表现苏军用 152 毫米口径榴弹炮猛烈轰击德军，东普鲁士攻坚战被称是用炮轰打赢的。

苏联女英雄卓娅和她的弟弟舒拉（右）的照片。舒拉作为一个坦克手，牺牲于 1945 年 4 月 13 日柯尼斯堡附近的战斗。

投降就俘，从海路逃走的不过10万多人（多数是伤员）。苏军阵亡和失踪人数约12.64万人，伤病45.83万人，虽阵亡者大大少于敌军，战斗总减员数却同对方相差不多。

苏联著名女英雄卓娅的弟弟舒拉作为坦克手，也参加了胜利前的这场最后战斗，在当地的一场村落战中被德国反坦克炮射中战车而牺牲，亿万人熟悉的《卓娅与舒拉的故事》在这里画上了悲壮的句号。

1945年1月13日，苏军从三个方向攻入东普鲁士，随后歼灭了德国3个师，并将其余32个师的兵力分割成3个孤立集团。进入4月以后，苏军向柯尼斯堡这个东普鲁士首府发起强攻，将守城和外围的德军分别围歼。

4月6日至9日苏军实施的柯尼斯堡城区攻坚战，打得最为惨烈。德军起初死守这个德意志军国主义的东方堡垒（老元帅兴登堡的故乡和安葬地便在此），苏联飞机在3天内便向这个只有20万人口的城市投弹3000吨，成万吨炮弹也发射到城中。苏军攻入柯尼斯堡城中后，丧失了斗志的德军司令拉施将军下令投降，据统计有4万德军在城中战死，9万人当了俘虏。

攻下柯尼斯堡，对已近垂死的纳粹德国是一个重大的心理打击。希特勒怒不可遏，下令将投降的该城司令拉施缺席判处死刑，却不能挽回沮丧的军心。

尽管苏军攻下东普鲁士各重镇，仍有近10万德军退到海边坚持到战争结束。此役期间，德军的陆路交通被切断，还能够坚守3个多月，重要原因是始终保持了海运，除运来给养外还实施了撤出居民、伤兵的"汉尼拔计划"。

东普鲁士被苏军从陆路上切断前，当地德国官员怕影响民心士气未撤退老百姓。苏军完成陆地包围后，当地还剩下的300余万居民，多是对作战无用的老弱

情景倒转——1945年初，轮到东普鲁士的德国人携家带口逃难了。

妇孺。希特勒听说苏联对居民采取报复的消息后,要求海军司令邓尼茨用船把他们撤出。邓尼茨经估算后说,在苏军飞机和潜艇攻击下,撤退时可能要损失 10% 的人员,希特勒对此回答说:"这也比他们被押到西伯利亚损失 90% 要好。"后来证明,德国海军集中能用的各种舰船,共撤出 250 万人,损失量不到 5%。

苏联海军未能在海上有效封锁敌军,主要是因最大的波罗的海舰队此前被封锁在列宁格勒达 3 年,许多熟练水兵作为步兵消耗于城防,舰艇缺乏维修,苏联方面又要求大舰不得出击以免遭损失。此时用于攻击德军的是为数不多的潜艇,其技术并不先进,却创造了击沉舰船的世界纪录。

1945 年 1 月 29 日,苏联 C-13 潜艇击沉了德国 2.4 万吨的潜艇训练舰"古斯塔夫"号,从但泽港撤退的 9000 军民葬身海底。由于舰上还运载近千名刚训练好的潜艇艇员(这足以装配 20 艘潜艇),这场"世界史上死亡人数最多的海难"倒是减少了德国潜艇的出航攻击率,挽救了众多盟国船员的生命。该艇还击沉了"冯·施托伊本将军"号运输舰,导致 6000 人左右(约一半为伤兵)丧生。

苏军攻占柯尼斯堡后,将其改名为加里宁格勒,成为俄罗斯直属地。当地残留的少数德国人在 1949 年以前全部被驱逐回德国,"东普鲁士"的原属土地分别划给苏联、波兰后只成为一个历史名词。

★链接

世界文物史上的"琥珀屋"谜案至今未解

苏军攻占柯尼斯堡后,马上派出建筑家、美术家、考古学家和军官组成搜寻队查找"琥珀屋"。这个著名西方世界的珍宝,在 18 世纪后期由女沙皇彼得罗夫娜在圣彼得堡的夏宫建成,四壁完全由珍贵的琥珀和宝石构成。1941 年 9 月德军攻到列宁格勒近郊,苏联人来不及拆走的"琥珀屋"四壁在纳粹洗劫沙皇夏宫时被拆卸，随后捆扎运到柯尼斯堡，还做过公开展出。

苏军听说，柯尼斯堡美术馆馆长罗德博士知道"琥珀屋"的情况。当苏军探宝队即将找到此人时，他和妻子却在柯尼斯堡郊外的一幢房子里暴亡，再搜索也一无所获。"琥珀屋"的神秘失踪，激起了全世界长盛不衰的寻宝热。2003年，俄罗斯在夏宫旧址重建一座琥珀屋，外表看似有昔日风采，可惜只是仿制品。

苏军攻入德国本土后，一些官兵出于报复心理，对居民实施了抢劫、强奸。有些出身贫苦山区的战士看到德籍居民讲究的住房，更是气愤地咒骂："德国人的马厩比我们住的房子都好，他们这么富为什么还要侵略我们！"于是一些人抢完了东西后还放火烧房。对这类情况，苏联上层也了解，《红星报》在1945年2月9日专门发文向官兵说明："'以眼还眼，以牙还牙'——我们的父辈曾这样说……当然，我们完全不应该简单地理解这个提法……不能将事情想象成这样：比如，两条腿的法西斯野兽在光天化日之下公开强奸我们的妇女，或者进行抢劫，而我们为了报复，也干他们那种事。"

苏军机关报的这篇专文，其实是间接地承认了部队出现了严重的违纪现象，虽采取过教育措施却在战争结束前一直未能有效制止。出现这一情况的原因很多，苏联一些宣传者以复仇情绪鼓动士气就负有责任，如著名作家爱伦堡曾公开说德国人是"匪类"，对他们应该"没有什么怜悯"。苏联上层到进攻柏林时才提出严整军纪，强调部队要以"文明、有教养的形象"出现在德国，不过纪律并未马上好转。另外，战争后期苏军深感兵员不足，将国内监狱的刑事犯大都送到一线部队的"惩戒营"，进入东欧和德国后又将解救出的成十万计的本国战俘和劳工匆忙补入部队，不少人还来不及换军装而仍着集中营囚服（只给一顶军帽做识别）。这些人在作战间歇时最为放纵，尤其是那些刚受尽德国人奴役虐待的苏联战俘奴工进入已无成年男人的德国居民区后，就向妇女施暴以发泄怒火。战后一些德国女人也回忆，她们最怕"不穿军服只戴军帽的俄国人"，还有那些充满复仇心理的波兰人。德国纳粹头目做下的孽，结果倒是让本国的弱女子们遭殃。

苏军攻占布达佩斯，在巴拉顿湖粉碎德军最后反扑

1945 年 1 月至 3 月，苏德战场南端的激战主要在匈牙利这个德国最后的仆从国进行。苏军经过 6 个星期的城市攻坚战，拿下了布达佩斯，此战也成为随后攻克柏林的预演。

表现 1944 年末德军在匈牙利首都布达佩斯同苏军激战的绘画。后面有"突3"强击炮，左边的德国士兵手持"铁拳"反坦克火箭。

在上一年圣诞节，苏联军队切断了从布达佩斯到维也纳的公路，包围了匈牙利首都，约有 7 万守军（德军、匈军各占一半）和 80 多万刚过完节的市民还留在城内。希特勒声称布达佩斯是要塞城市，守军要战至最后一人。

起初苏军想劝守军投降，派出的两名军事使节不仅被拒绝会见，在返回路上还被枪弹打死。愤怒的苏军以 20 万兵力在上千门火炮掩护下攻城。德国官兵起初顶住了攻击，却普遍抱怨说："俄国人可以随时补充损失的人员和装备，对我们来说这显然是不可能的，一想到这点就会让人产生强烈的挫败感，这真令人沮丧。"

画中的德国党卫军掷弹兵在布达佩斯伏击苏军坦克，拿着"铁拳"反坦克火箭和 35 型反坦克地雷。

指挥布达佩斯城防的是党卫军上将维登布鲁赫，他下令将市内一条赛马场临时改造成跑道，让运输物资和运走伤员的飞机降落。苏军的炮火很快使德机难以着陆，德机只好在夜间实施投掷，随着包围圈缩小，只有很少量空投品能收到。

包围圈外面的德军集中约20万兵力，在1945年1月间3次试图解围，都被苏军击退。此时转入苏联阵营的几个罗马尼亚师也调来加入攻城战，不过许多人称他们战斗能力很差却长于抢劫。逐屋争夺的残酷战斗在市区内持续了6个星期，皇宫和许多著名建筑都弹痕累累，苏联老兵们也说自斯大林格勒后再未见到这样激烈的巷战。2月11日，德匈联军从布达佩斯突围，苏军终于占领全城。

★链接

布达佩斯突围者的结局

布达佩斯城内的德军和匈牙利部队坚守了45天，伤亡过半又接近弹尽粮绝，只得把城内伤兵交给罗马教廷的代表，剩下的3万余人向北突围。这些人遇到苏军猛烈的拦截火网，大批匈牙利官兵投降，冲出城的德国官兵也大都在搜捕中落网，只有700多人逃回德军阵线。党卫军上将维登布鲁赫见突围无望，投降当了俘虏。指挥攻城的马利诺夫斯基元帅见到此人后愤怒地说："如果我不是得到了斯大林本人的直接命令，我会为了你给我们带来的所有麻烦和损失而把你吊死在布达城堡的中央广场上。"这个党卫军上将被苏联关押了10年，才受特赦释放。

布达佩斯落入苏军之手后，希特勒采取了一项令许多人长期感到不解的愚蠢行动。他没有集中兵力保卫柏林，却把从西线撤下的最后机动力量——党卫军第六装甲集团军调到匈牙利，在巴拉顿湖附近发起战争中最后一次进攻战役。

时任德国陆军参谋长的古德里安上将建议，应集中力量保卫柏林，并收复西里西亚工业区，希特勒却将最后能机动的20万兵力和900辆坦克调往匈牙利。这个狂人的愿望是重新攻下布达佩斯，既可保住油田，又能把苏军兵力从柏林方向调开。他不知道衰落的德军已无力进攻，此举只能白白消耗掉装甲机动力量。

此时在德军大本营内，只有古德里安敢提不同意见，听了心烦的希特勒在3月间索性让他去"养病"几星期。据在场者回忆说，那个"德国装甲兵之父"向元首鞠了一躬就转身离开，此时他知道这将是二人的永别。5月初，古德里安赶赴西线投降，同美军将领见面后就详细介绍同苏军作战的经验。随后在纽伦堡审判中，他被认定未下令实施过屠杀战俘、平民，因而被免予起诉。

调到匈牙利的德军，只听从了希特勒丧失理智的尽快进攻命令，从3月6日起开始行动。这时正值大地解冻，打头阵的400多辆"虎王""虎""豹"式重坦克很快陷入泥泞，成了苏军飞机和反坦克炮的靶子。最精锐的"阿道夫·希特勒师"和"希特勒青年师"此时补充了大量缺乏陆战训练的海空军人员，战斗力大幅下降，6天进攻只推进了60公里。3月12日，苏军以优势兵力和坦克力量展开反攻，巴拉顿湖边的德军马上由撤退转入溃逃，坦克和火炮基本都被遗弃。苏军跟踪追击攻入奥地利，4月11日占领了维也纳。

得知这一败绩，希特勒下达的命令是摘去"阿道夫·希特勒师"所有官兵佩戴的象征自己名字的"A"字袖章，说"他们已不配享有这一荣誉"。过去最狂热的党卫军部队此时士气都一落千丈，说明他们也知道第三帝国的气数已尽。

这幅画表现了1945年3月德军在匈牙利发起最后一次战役反扑。

从1945年1月至4月，苏军在东线以较少的代价击毙了100万以上的德军，这超过1941年和1942年德国人在东线死亡的总和。空、炮和装甲车辆上都处于绝对劣势的德国乌合之众，此时以正面防御迎头抵挡兵力、火力和战斗经验都居优势的苏军，就只能轮到他们血流成河。

取得战胜德国的最大荣誉——攻克柏林

攻克柏林，是反法西斯西方战场最后的关键一仗，苏军以 16 天时间便粉碎了保卫德国首都的 100 余万敌军。这一胜利，使苏联当之无愧地成为世界头号陆军强国。此后每年莫斯科的胜利日阅兵中，高举在最前面的旗帜，都始终是插上柏林国会大厦的那面第一五〇步兵师的军旗，这也象征着俄罗斯军事史上最大的光荣。

取得战胜德国的最大荣誉——攻克柏林

1945 年 2 月间，苏军重炮已在距离柏林 60 公里处轰鸣，面对"西境壁垒"齐格菲防线的美英军距离柏林还有 600 公里。随后德军采取了"东顶西放"战略，集中力量坚守东线，至 4 月中旬，美军在西线未遇多少抵抗就顺利进抵距德国首都 70 公里处。此刻，斯大林要求红军一定要夺取柏林的"头奖"，为此将对德作战的近一半作战部队约 250 万人都调往这一方向。在通往德国首都的道路上，此时出现了苏联作家所描写的场面："望不见边际的坦克、火炮牵制车、汽车、马车滚滚向西驶来，无穷尽的队伍高唱着战歌豪迈地向西行进。穿着肥大军装的少年在挥手，年老的战士坐在野战炊事车上，女调度兵站在街心指挥着交通……到处是'乌拉'的呼声，好像整个俄罗斯都呐喊着冲杀过来了……"

"同志，前面就是柏林！"这幅画表现了苏军临近胜利的欢愉心情。

希特勒不离开柏林，挣扎中盼望盟国分裂

苏军、美军从两面逼近柏林时，一些纳粹要人建议希特勒撤到他家乡附近的阿尔卑斯山上建立要塞作为"民族精神堡垒"，以指挥从北极边的挪威直至南欧意大利这几千公里战线上的德军，还能持续周旋。希

特勒却知道，自己离开首都只能使这个国家象征地迅速失陷，到荒凉的高山无法坚持很久，还不如留在柏林能刺激几百万残军的精神，并有等待盟军破裂的一线希望。

此刻纳粹德国的人力、物力已枯竭，开战6年来已征兵1700万人，40%的男性都被征集入伍。纳粹还下令能拿动武器的男人都参加类似民兵的"人民突击队""冲锋队"，只好召集社会上征兵后留下的60岁以上的老人和16岁以下的少年，以及因伤残复员的军人。"冲锋队"配备的武器杂七杂八，多是缴获品或旧品，也没有军装，有些地区还让他们穿纳粹党褐衫。一些了解战争法的老人担心，穿便衣作战当了俘虏会被当成游击队处决，穿纳粹党服更会让苏军看了分外眼红，不少人上阵即

这幅画表现出面对苏军强大的攻势，年纪大的冲锋队员纷纷投降。

这幅画表现的是1945年柏林战役中的德国人民冲锋队，老少参差，拿着杂式武器，纯属乌合之众。

苏联画家法叶诺夫1946年的油画《雅尔塔会议》，显示了会议的实况。

扔下武器作为老百姓躲了起来。指挥他们的各地纳粹党首领大多带头溜走，只剩少数无知的少年盲目拼命，也因无战斗经验只能送死。

面对战争接近胜利，1945年2月斯大林同罗斯福、丘吉尔在苏联的雅尔塔会谈上，对战后势力范围做了划分，对同为盟国成员之一的中国的权益也做了不光彩的交易。美英苏三国商定了占领德国后的占领区划分，柏林城区也要由美英苏法四国分区占领，不过位于苏占区中心。从地图上看，柏林应由苏军夺取，不过斯大林已经得到情报，英军统帅部已在秘密布置准备下一步对苏作战，只有在攻克柏林中显示苏军的强大威力才能震慑这个今后的潜在对手。

纳粹此时的寄望，就是挑拨盟国关系以促成其破裂。德国上层通过表面上中立的西班牙法西斯头目佛朗哥向英国表示，如消灭德国等于"为布尔什维克统治欧洲创造条件"，同时又故意显示要同苏联议和以要挟英美。3月间，古德里安离职后，希特勒选择了战前任驻莫斯科武官、人称"唯一被斯大林拥抱过的德国军官"克莱勃斯上将接任陆军总参谋长，并放风要对苏谈判。据时任苏军第八近卫集团军司令员崔可夫回忆，有一位德国总参谋部的军官前来投降并面见他表示，希望同苏联讲和，德国可充当抵挡英美进入欧洲大陆的屏障。

此时纳粹政权已奄奄一息，盟军哪一方都没有兴趣同它谈判，唯一要求便是"无条件投降"并要审判战犯。希特勒明白，自己若被盟国抓获就要受审上绞架，尤其是落到苏联手中下场会更可怕，不过他在最后时刻仍盼望美英苏会发生冲突而放德国一马。英军统帅蒙哥马利进入德国时，所遇的向他投降的德军将领大都讲："我们已经同布尔什维克打了4年，现在该轮到我们同你们联合起来对付他们了。"不愿受挑拨的蒙哥马利则马上驳斥说："你这可是在诬蔑我们的盟友。"

纳粹最高层的成员，此时大都想自寻生路。过去定为元首接班人的戈林秘密通过中立国向美英联系，声称希特勒已掌握不了全局，应由他谈判议和。有魔王之称的秘密警察头子希姆莱也向美英表白，声称他要率能够指挥的部属在西线投降，还说盟国想维持欧洲稳定就离不开自己。他们知道西方盟国不可能同希特勒谈判，就想抛开过去口口声声表示效忠的元首。其实戈林、希姆莱等人在西方公众眼中同样罪恶滔天，也指挥不了德军多数将领，二人没有可能同西方盟国媾和。希特勒死前得知这些事，马上下令逮捕戈林并连同希姆莱一同开除出党。

此时纳粹德国很快要被苏、美军从中部截成南北两段，希特勒便命令邓尼茨、凯塞林这两个元帅分别为北方、南方的总司令。由于纳粹德国传统崇拜元首的精神支柱仍未倒，只有攻克柏林并消灭希特勒才能使其彻底崩溃。

4月中旬，德军抽调到柏林及其前方奥得河防线的部队有82万人，国内最后一支预备队第十二集团军在文克将军指挥下也丢下背后的美军向柏林前进，统计德军有100万之众参加柏林战役之说并没有夸张。大批从东部逃难到柏林的德国居民讲述苏军的报复行为，也在某种程度上刺激了守军的顽抗意志。

油画《柏林上空》，表现了苏联轰炸机主宰了城市上空。

攻克柏林的荣誉，被斯大林交给朱可夫

苏联方面认为必须由苏军攻克柏林，因为这是反法西斯战争中无可替代的荣誉，这在战后重建欧洲政治版图时也是一个重要砝码。由于美军距离德国首都也不远，所以苏联也很担心艾森豪威尔会先下手，不过这个美军统帅倒是在3月末就向苏方保证会遵守《雅尔塔协定》的作战区划分。据赫鲁晓夫回忆，斯大林对艾森豪威尔一直抱有好感，认为他是正直和守信义的，比过去厌恶的丘吉尔要好得多。

据美国后来揭露的史实，盟军总司令艾森豪威尔身边确有人鼓动他先下手攻打柏林，得到的回答是至少会付出10万军人伤亡，事后还要让出这个城市给苏军。此时美国总统罗斯福突然去世，新总统杜鲁门刚接任，一时也难下决心。艾森豪威尔此举对自己也造成了一些不利影响，如1952年他竞选总统时，被支持者宣传为"最后打败希特勒的人"，美国多数人马上对此说嗤之以鼻，认为这一荣誉只能归朱可夫，

或者归斯大林。

苏军中由谁来指挥攻克柏林，斯大林也颇费心思。在战争中屡建大功的罗科索夫斯基元帅，被公认为是仅次于朱可夫的第二颗"胜利之星"（其地位尚不及科涅夫）。他率领的第一白俄罗斯方面军在兵临华沙时距柏林最近，斯大林却在 1944 年 11 月突然任命第一副统帅朱可夫元帅去接任这个方面军的司令员。

罗科索夫斯基接到改任第二白俄罗斯方面军司令员的命令，马上明白这意味着他不能成为华沙和柏林的解放者，忍不住在电话中问："为什么把我从主要方向调到了次要方向？"斯大林解释说，需要他掩护攻克柏林，任务也很重要。

斯大林让朱可夫获得这一荣誉，除考虑他在战争中功绩最大，也是因他是俄罗斯人。罗科索夫斯基的籍贯却是华沙，他因家境贫寒，14 岁就当童工，很早接受布尔什维克的革命思想，参加红军后作战勇

敢，在 1926 年率部穿越蒙古草原向中国冯玉祥的国民军运送军械又大受赞誉。苏联高层想突出俄罗斯民族的地位，自然不会让一个波兰人获得攻克柏林的荣誉。不过罗科索夫斯基的委屈最后也得到安抚，1945 年 6 月，莫斯科胜利阅兵时罗科索夫斯基被任命为阅兵总指挥，是仅次于朱可夫的荣耀，因此他一生对斯大林感念不忘。

波兰裔的苏联元帅罗科索夫斯基在卫国战争中被认为是仅次于朱可夫的第二位"胜利将星"。

★链接

罗科索夫斯基元帅在苏、波之间两头为难

战后斯大林为了确保波兰服从苏联领导，让罗科索夫斯基在保留苏联国籍时返回故国担任国防部长，在当地受到党内、军内普遍抵制甚至几次遭遇暗杀。这位两国元帅曾自叹："好命苦啊！在苏联我被看成波兰人受歧视，到波兰又被看成苏联代理人。"1956 年波苏矛盾激化时，他被迫返回莫斯科，为保全面子得到苏联国防部副部长职务，1968 年病故于他所说的为之奉献了一切的苏联。

苏联高层在战争结束时也不愿让朱可夫威望太高，攻克柏林的荣誉也要分给科涅夫一部分。1月间，柏林作战计划图上的分界线是将科涅夫指挥的第一乌克兰方面军画在了柏林之南。4月间攻城开始时，又让科涅夫向柏林城南区进攻，不过，攻占国会大厦等主要标志性地点还是由朱可夫负责。

1945年2月初，苏军突破奥得河，已进抵距离柏林60公里处，并夺取了三个大的登陆场。

经过两个多月时间调兵，苏军在柏林前线集中了分别由朱可夫、科涅夫和罗科索夫斯基指挥的3个方面军250万人（其中约有20万波兰军人），有火炮和迫击炮约4.2万门，坦克和自行火炮6250余辆，作战飞机7500架。

在柏林以东的主要攻击地域，苏军平均每公里正面集中了280门火炮。如此密集地安置炮兵，自然需要掌握绝对制空权，此时德军只能以少量战斗轰炸机偷袭甚至采取"自杀"式攻击，却在苏联空军紧密的拦截下基本不能飞过战线。

这幅画表现了苏联空军在战争末期掌握了战场的天空。

研究进攻柏林的方案时，朱可夫向斯大林说明应该根据战场实际灵活执行，得到的回答是："你认为需要怎么做就怎么做，因为你在战地更了解情况。"这说明前线指挥员已经拥有了很大的自主权。

战史上最猛烈的炮击开路，合围柏林再攻城

1945年4月16日，苏联红军开始了柏林战役。冲击选在黎明前的黑暗中进行，目的是让德军隐蔽火力点不易打中目标。因坦克看不清目标冲击有困难，苏军便打开140部探照灯用强光向敌人阵地照射，据说实行后效果并不太好。

进攻柏林的第一天，有130万发炮弹落到德军阵地上，创造了二

战史上的火力密度最强纪录。苏联航空兵也创造了一天在战场上飞行了1.7万架次的纪录，以德国人恐惧的"黑死神"伊尔-2、伊尔-10强击机充当攻击主角。

柏林以东地形平坦，战役开始仅6天即4月22日，苏军已冲到柏林近郊，大炮向市中心腓特烈大街开火。此前两天，纳粹头目在首都为希特勒庆贺了最后一个生日即56岁生日，接着只有宣传部长戈培尔和元首秘书鲍曼陪他留下，其他人都逃离柏林。希特勒躲进柏林总理府的地下室内，直至自杀都没有再出来。

★链接

德国企业界最后同希特勒决裂

德国生产军需部长施佩尔在纽伦堡受审的照片，他认罪态度较好，得到提前释放。

据希特勒多年的私人朋友，时任生产军需部长施佩尔说，自己已认定元首多活一天德国就会多付出一些可怕的损失。他在4月间到柏林总理府地下掩蔽部时携带了毒气罐，想从地面通气口向里灌，只是因发现通气口正在改造并有卫兵警戒才作罢。施佩尔离开柏林后，访问了国内有声望的企业家，要他们不执行希特勒破坏工厂、道路和设施的命令，得到一致响应。这说明到了最后关头，除自认罪无可赦者还追随希特勒外，德国垄断财团实际上也抛弃了这个元首。

4月25日，朱可夫、科涅夫分别指挥的第一白俄罗斯方面军、第一乌克兰方面军的先头部队在柏林以西会合，完成了合围，20万德军被困守在市内，城外的德军第九集团军20万人也被合围。

柏林在战前是有430万人口的大城市，加上郊区面积为325平方公里，围城时还有200多万居民留下。柏林建筑以欧式中层砖石楼房为主，又修建了大量街垒，不少高楼上构筑了火力点。不过，德军在城中能用的坦克已不足300辆，加上轻型强击炮车约600辆，且油料不足，只好分散到各个防御街区作为火力点。市内公共电车也被装上泥土石头横在马路上，作为反坦克障碍物。

从 4 月 26 日起，苏军突入柏林市区，在逐步摧毁防御阵地后每天能推进几公里。此时在柏林上空，涂着红星机徽的苏军强击机在巷战中不断攻击地面防御目标。据当年的柏林人回忆，其空袭特点同美英飞机的高空轰炸不同，几乎是贴着楼顶飞行，呼啸声刺耳，不仅投弹，还用机枪扫射，特别可怕。

坦克通常不适于巷战，高楼林立的城区使其难以发挥驰骋威力，还易于遭到两旁隐蔽火力的攻击。柏林巷战中，苏军坦克和自行火炮被当成掩护步兵逐楼进攻的机动火力点，抵近射击各个楼上的德国火力点。结果两旁隐蔽的德国火箭筒、轻型反坦克炮和强击炮采取近距离开火，打坏了街道上的不少苏联坦克。

★链接

投入柏林巷战的 3000 多辆苏联坦克，有 70% 被击毁和击伤

苏军在柏林遭毁伤的坦克中，又有 70% 是遭到了"铁拳"火箭筒的打击。对火箭弹提前诱爆后在装甲表面形成的小坑，苏军坦克手往往叫作"女巫之吻"。坦克兵往往从德国居民楼内取来铁床垫挂在车外，以防护装甲免遭火箭弹直接命中。不过苏联后来不允许公开发表这样的照片，因为可能招致抢夺民财的指责。

苏军此时已不顾虑装甲车辆的损失，将 SU–152 这样大口径自行火炮开进市区，因射角大而更适合巷战的 BR–4 型 203 毫米榴弹炮这样的

画中所绘的苏军 T–34 坦克在车体边挂上铁床垫一类屏蔽网，以防火箭弹直接命中装甲。

大家伙也隆隆而至。苏联铁道兵还特别改造了铁轨宽度，通过柏林西里西亚火车站运来356毫米口径的巨型要塞炮，用重达半吨的炮弹摧毁德军工事。当苏军"像辛勤园丁在花园里洒水般"倾泻炮弹的时候，有经验的德军战斗人员则躲到地下室里，炮击一停止又爬到楼房上射击，苏军只好最后以步兵展开逐屋、逐楼的攻击。

在市区建筑内，狭处相逢的两军官兵展开了刺刀见红的白刃战，一个苏联士兵在把德国人掐死以后，才发现自己的肚子也被划开，肠子流了一地。柏林的下水道、地铁、地下管道和排水沟也变成战场，希特勒为防苏军从地下铁道中攻击，还下令向里面放水，结果淹死了在此避难的德国众多市民和伤兵。

德军虽在柏林市区顽抗，仅仅四五天就感到大势已去。城内原有足够30天用的粮食和弹药储备，却因害怕在空袭中毁于一旦，大都分散在郊区，这些地方很快落入红军之手，城内粮食储备随即感到不足。纳粹宣传机构曾以斯大林格勒防御战为例，要求军民长期死守。不过斯大林格勒未被包围并有源源不断的后方支援，柏林被围后却孤立无援，这注定了它必然很快失陷。

不少苏军官兵回忆称，他们向柏林进攻时常见到路边树上和灯杆上到处是党卫队吊死的德军逃兵，胸前木牌上写着"临阵退缩者的下场"。尽管如此，德国官兵投降者仍很多，战俘数相当阵亡者3倍，说明德军士气颓丧已不可能久守。

令苏军惊讶的是，在防卫柏林的战斗中，德军中还有上万名"外籍志愿者"。这些法国、挪威和拉脱维亚等地的亲纳粹分子抵抗更为疯狂，往往死不投降。他们作为本国的叛徒很清楚，自己当不成战俘，就擒后只会被押回以"法奸""挪奸""苏奸"罪受审，有的外籍纳粹军人直到战争结束还带着武器藏匿不降。

国会大厦升起红旗，希特勒自杀于地下室

苏军在此前战争中通过无数鲜血交学费，城市攻防战已有丰富经验，担任柏林主攻任务的第八近卫集团军司令员崔可夫上将便是坚守斯大林格勒的指挥员。他为减少伤亡，巷战中强调以火力掩护小规模强击

群攻击，避开笔直大街专走小巷，利用旁门后院以及在房屋中打穿的豁口穿插，以此节节逼近市中心。

经过市内 5 天逐屋、逐街的激烈争夺战斗，苏军强击群在距离希特勒所在的总理府仅 500 米处，同时抵达作为德国象征的国会大厦前。

1945 年 4 月 30 日，希特勒享用最后一顿午餐时，苏军步兵第七十九军下属的步兵第一五〇师和第一七一师开始夺取国会大厦。这个石质建筑所有门和窗户都已用砖石堵上，只留出小小的发射孔和观察孔。其守军约

苏联攻克柏林的全景。画中表现巷战攻击的场面。

有 1800 人，主要是党卫军、飞行员、军校学员、水兵以及 300 名"法国志愿者"，还具有垂死挣扎的疯狂性。14 时 25 分，苏军两个营冲进了国会大厦，双方在房间内、楼梯上、走廊里展开了激烈的近距离交锋，动用了从匕首、刺刀、手榴弹直到重机枪、火焰喷射器等武器，大厦的墙壁在子弹如雨的扫射下都变成了蜂窝状。

俄罗斯画家克鲁巴耶夫油画《胜利之旗》。

1945 年 4 月 30 日，成为苏联各族人民永远不能忘记的日子，在对面马路上的坦克、自行火炮直接瞄准射击掩护下，步兵第一五〇师的一名俄罗斯籍和一名格鲁吉亚籍的战士在国会大厦主楼圆顶上升起了铁锤镰刀红旗。对面指挥所里用望远镜观看战况的第三突击集团军司令员库

在柏林德国国会大厦上升起红旗的场面，成为不少苏联画家的创作题材。

兹涅佐夫上将抑制不住兴奋，在电话里向方面军司令员朱可夫报告："国会大厦上升起了红旗！元帅同志，乌拉！"

在战后几十年间，每次红场上举行纪念胜利阅兵，在队伍最前面作为先导的，都是这面代表着苏联人民最光辉胜利的第七十九军所属的第一五〇师的军旗。

4月30日这一天，绝望的希特勒在帝国办公厅地下室开枪自杀，他平时最喜欢玩弄的地球仪丢在那里，成为对那个妄图征服世界的狂人的讽刺。

三位苏联画家合作的油画《希特勒的末日》，形象地表现了希特勒等法西斯头目在柏林地下室内最后的绝望情景。

苏军进入希特勒的总理厅，看到这个战争狂人经常玩弄的地球仪照片。

★链接

希特勒是否死亡之谜

希特勒自杀的情况，有死亡和掩埋现场的诸多目击者证实。苏军找到他烧焦的尸体无法辨认，通过检查牙齿再同牙医病历对照确认是正身。朱可夫在记者招待会上曾对这具尸体的真伪表示了怀疑，国际上也有传闻称这个恶魔已潜逃。这些怀疑和传闻有些是过度疑虑，有的是猎奇，有的还是出于警惕法西斯与西方勾结的政治需要。1970年，根据苏联最高领导人密令，希特勒遗骸被驻民主德国的苏军彻底焚毁并倒入流向海洋的河流，以避免为日后的新纳粹分子留下纪念物。

希特勒自杀后，藏在总理府地下室的纳粹头目又产生了争取有条件投降的希望。5月1日，新任总理戈培尔让陆军参谋长克莱勃斯上将打着白旗，来到苏军阵地通知希特勒已死并要求停火，并说让邓尼茨

等新首脑集中到柏林建立政府对
苏联有利。克莱勃斯上将还用流
利的俄语向苏军的崔可夫上将套
近乎说："今天是 5 月 1 日，是我
们两个国家的伟大节日。"崔可夫
只是冷淡地回答："我们这边欢庆
伟大节日，你们那边的情况倒很
难说。"

面对戈培尔、克莱勃斯挑拨
盟国关系并想苟且偷生的要求，
苏军回答称无谈判可言，只能无条件投降。为施加压力，晚间 18 时之
后，苏军炮火继续向德军阵地猛轰，此时国会大厦的下层内残余的德军
也投降当了俘虏。

苏联著名历史油画
《国会大厦前的胜利欢
呼》，歌颂了苏军冲占
柏林德国国会大厦这
一标志性胜利。

纳粹残余此时无法讨价还价，戈培尔畏惧日后的审判和绞架，同妻
子一起服毒自杀，还毒死自己的六个孩子。随后朱可夫和苏军将领们进
入地下室巡视，有部下询问是否看一下这些孩子的尸体时，朱可夫马上
离去。他说自己看过那么多死亡，却没有勇气看到父母杀死亲生儿女的
场面，法西斯的残暴真是无与伦比。

苏联画家克里沃诺戈
夫的作品《无条件投
降》，表现了柏林守军
最后缴械的场面。

到苏军指挥所想谈判不成而返回总理府的克莱勃斯上将，自感也不
会有好下场，同主管德军人事而杀人如麻的布格道夫（逼迫隆美尔自杀
也是此人所为）一同自尽。希特勒的秘书鲍曼
和总理府其他人乘着黑暗，离开地下室分路突
围。鲍曼在通过一个路口时被击毙，当时列为
"失踪"并长期被盟国通缉，至 20 世纪 80 年代，
柏林城内修路时才找到此人遗骸而确认了死亡。

柏林投降后7天，卫国战争宣告结束

1945 年 5 月 2 日早上 7 点，柏林德军城防
司令魏德林炮兵上将，打着白旗来到崔可夫的
指挥所。根据苏军的要求，他在广播喇叭中向

表现柏林战役期间苏军与美军会师的油画，这一场景反映了双方官兵的喜悦。

柏林城防部队说明，过去宣誓效忠的对象希特勒"已经用自杀方式抛弃了我们"，再抵抗已无意义。此时德军在柏林城内控制的地区只有四分之一，接到命令后一个个楼房的窗户内都陆续伸出了用床单做的白旗，当时苏军嘲笑"柏林的床单恐怕都挂出来了"。

5月2日下午，柏林城内尚有战斗力的7万城防部队放下武器，城区和郊外还遗下了20万伤兵被苏军收容。城外的德国第九集团军突围向西溃逃，途中多数人被苏军击毙或俘虏，只剩3万多人逃到西面向美军投降。

从1945年4月16日至5月2日，柏林战役经过16天全部结束，市内仅抵抗了一周。战役期间苏军阵亡8.1万人、负伤28万人，声称击毙德军15万人、俘虏48万人（内含20万伤兵）。据两德统一后的政府统计，苏军宣布的战果基本属实。向坚固防御城市发起攻击时，苏军在纯伤亡与德军基本相当的情况下能迅速攻克柏林并俘获大量顽敌，表明陆战水平已居当时世界最高峰。

柏林战役期间，4月25日，苏军在易北河边同东进的美军会合，"易北河会师"成为美苏两国在战时欢聚的难得场面。此时美国还需要苏军协助对日作战，表面还保持着友好姿态，直至日本投降后双方的矛盾才开始激化。

易北河会师在军事上的意义，是将德国一刀切成两段。根据希特勒的遗嘱，北方总司令邓尼茨在他死后第二天即5月1日继任了第三帝国总统兼军队总司令。希特勒的这一安排，还含有想保存德国元气的深意。邓尼茨虽忠于"元首"，却毕竟未正式加入纳粹党（只得到"荣誉党证"），美英有可能同他谈判。

德国海军总司令邓尼茨元帅肖像照。希特勒自杀前选此人为继承者，因他非纳粹党员，被认为有可能同英美谈判，以改变德国的命运。

邓尼茨上任后，马上命令在西线对美英军单独投降，却要求东线部队继续抵抗，试图以此挑拨盟国关系。盟国却在 1942 年已议定哪一国都不能单独对德国讲和，美英明确告诉德国方面，投降必须在各战场全面生效。

此时在南方的德军分为三股，在意大利的 30 多万部队已向美英军投降，在南斯拉夫的部队尽力想撤到西线，最大一股又是盘踞于捷克的德军（以中央集团军群为主）约 90 万人，司令官舍尔纳元帅也下令西撤向美军投降。为解决在捷克的德军，苏军于 5 月 6 日至 11 日发起卫国战争最后一次战役——布拉格战役。

★ 链接

德国投降后有两个集团军群拖延拒降

苏军进行的布拉格战役是追击战，在德国宣布投降后还持续了 3 天。驻捷克的德军向苏军射出了几乎所有炮弹后，全力西逃，德国头号王牌飞行员哈特曼也在停战后起飞偷袭击落了捷克境内欢庆胜利而放松

1945 年 5 月 9 日，进行解放捷克战役的苏联红军开进了布拉格。

警惕的苏机（此人被苏军当作战犯判刑关押了 10 年）。他们逃到捷克西部边境时遇到美军拦阻，因斯大林同罗斯福早已议定捷克属于苏联受降区，86 万德军不得不向追来的苏军缴械就俘。苏联叛徒弗拉索夫的部队，也在这条路上被截住抓获。

被苏军截断在库尔兰半岛（在拉脱维亚和立陶宛北部）的德军在本国宣布投降后也拖延了 3 天不降。此前邓尼茨命令集中德国舰船将"库尔兰集团军群"抢运到西线，并运出了 10 万余人。投降协议生效后，德国海军被禁止海运，这支因封锁过列宁格勒而害怕受报复的德军拖到 5 月 11 日，剩下的 20 余万人才被迫缴械。战后西方一些人还称这支败退的被困部队"永不言败"，实在是可悲的吹牛。

邓尼茨继任元首后，在德国北部的弗伦斯堡建立了新政府，战时经济界负责人施佩尔赶到那里成为助手。5 月 4 日英军进抵此地，却暂时保留这个政府，目的是让他们履行投降签字手续并向各支德军下发降令。邓尼茨、施佩尔却想入非非，认为盟军还要留用他们作为德国的代表维持秩序，半个月内还正常上下班。

1945 年 5 月 7 日晚，邓尼茨派出的代表、德军副总参谋长约德尔上将到达法国兰斯的美军总部，签署了无条件投降书，这含有只向西方屈服之意，美英法等国由此宣布 5 月 8 日为胜利日。斯大林对此很不满意，认为苏军是打败德国的主力，声称兰斯签字仪式不过是预演，正式投降书必须在苏军占领下的柏林签订。

苏联提出强烈要求后，美英法也只好同意并派代表到柏林，第二天，德国总参谋长凯特尔元帅为首的代表团又来到柏林重新签约。签字结束时，时间已到了 5 月 9 日 0 点。从此，5 月 9 日被苏联宣布为战胜德国的胜利日。

在柏林签署德国降约，体现了历史的公正。世界上有二十多个国家对德作战，其中苏联贡献最大。按两德统一后于 1999 年公布的统计数字，战争中丧命的 480 万德军（不含被俘后死亡）中有 380 多万战死于苏德战场。尊重历史事实的人应该承认，苏联才是战胜德国法西斯的主力军。

尾声

苏联解体后，5月9日这一胜利日仍然被俄联邦等独联体国家隆重庆祝，而且称为最重要的节日。如果这场战争失败，希特勒能实现其「东方计划」，乌拉尔山以西的斯拉夫人土地都将成为德意志民族新「开拓」的「生存空间」，当地居民除少数留下为奴外，多数人不是被驱逐就是要遭到肉体消灭。伟大的卫国战争取得胜利，才消除了整个俄罗斯民族的灭族灭种危机，因而其后人一代代怀念这个有最大历史意义的胜利，进步人类也要感念苏联在消灭最邪恶的法西斯时的最大贡献。

苏联油画《解放》显示苏军从铁路下解救了本国和其他东欧国家的人民。

尾声

　　世界反法西斯战争结束后，人类迎来了和平与发展成为主旋律的历史阶段，我们这个星球上已经是沧桑巨变。旧日的功勋与失误，梦想与现实，均在无情的历史裁判席上接受着后人评说。苏德战争作为人类战争史上交战人员伤亡最多的战争，自然引起关心战史的人长久的重视。尽管苏联已经不存在，但尊重历史的人必须承认卫国战争胜利对保障人类社会健康发展的巨大作用，今天的中俄领导人在共同声明中也强调双方对二战的看法一致。当然，颂扬功绩时也不能回避光辉下的阴影，因为"历史没有垃圾箱"，成就和教训都要供后人裁判并从中汲取教益。

　　纳粹德国，其邪恶的反人类的种族灭绝罪恶为人所公认，却不能简单地采取脸谱化描写。西方一些人将法西斯势力兴起及其暴行只归咎于希特勒，而忽略德国社会的责任，也是对历史的不公正。西方资本主义

德国 1942 年创作的渲染希特勒视察东线的油画《元首和他的士兵》，纳粹能鼓动德军狂热地为法西斯战斗是值得反思的历史现象。

发展到20世纪前期，出现了一个怪胎——法西斯主义。在其驱使下，德国军队的战斗力曾相当凶悍，也是一段值得深入思考的历史现象。战后有些人出于对苏联的偏见，在谴责纳粹时还正面描写德国国防军的战绩，这是典型的善恶不辨，难道那些德军"王牌"不是为最邪恶的战争机器效力吗？他们若是获胜会给人类造成多大的灾难？

苏联用2000多万军人的鲜血学会打仗

　　苏联，这个以苏维埃制度命名的国度一度在全球上放射出耀眼的光芒，成为世界被压迫民族包括当年苦难的中国人民的希望。苏联模式在历史上有过优点，否则世界上不会有那么多国家曾加以模仿，包括爱因斯坦、罗曼·罗兰、奥里约·居里等世界知名的科学家、文学家都曾对其发出过真情颂扬。这样的体制能集中全国力量办大事，但是也存在弱点，卫国战争的胜利以及代价之大恰恰都反映出这两点。

　　过去看苏联的卫国战争史，尽是颂扬本国的英勇和战果，却几乎不谈自己的损失。这种言胜忌败的作品，不是严格的科研资料，只能当作

英国女画家哈罗德·劳拉所画的油画《审判纳粹》，其寓意是人类应清算法西斯主义的罪行。

战争末期的苏联宣传画，反映了斯大林打倒希特勒的事实，不过苏联当年只强调胜利却不讲代价。

片面的政治宣传品，还容易促成思想僵化。搞战史研究的人都知道，有比较才能有鉴别，想全面了解交战两军作战效能，必须对比各自投入的兵力、兵器和损失数。

苏联解体前提倡"公开化"，随后俄罗斯公开历史档案，两德统一后的德国政府经过重新调查又于1999年公布了详细的战时损失，才使这场人类战争史上战斗伤亡最大的战争的许多真相清晰地展现在世人面前。通过对比战损数字，就能印证苏军是通过以无数鲜血做学费，同德军长期持续交战才逐步提升了作战效能。

年份	苏军损失	德军损失
1941	阵亡失踪299万人，伤131万人	死亡失踪35万人（死30万人），伤100万人
1942	阵亡失踪399万人，伤408万人	死亡失踪58万人（死50万人），伤150万人
1943	阵亡失踪198万人，伤550万人	死亡失踪95万人（死70万人），伤200万人
1944	阵亡失踪141万人，伤509万人	死亡失踪190万人（死123万人），伤300万人
1945	阵亡失踪63万人，伤219万人	死亡失踪270万人（死110万人），伤150万人
合计	阵亡失踪1001万人，伤1818万人	死亡失踪630万人（死380万人），伤900万人

卫国战争末期任总参谋长的安东诺夫大将回忆，一次最高统帅突然问他："当初为什么老打败仗？"安东诺夫先讲了一句"我们的作战方式还是老一套"，接着又按照习惯讲起空军和坦克使用不当等具体原因。斯大林马上打断说："您一开头讲得很对，后来又讲起了细枝末节。"接着，这位最高统帅露出微笑，讲了一句对战争初期的中肯分析——"简而言之，我们还不太会打仗。"

这个"不太会打仗"的表述，既包括上层也包括下层。朱可夫元帅写的《回忆与思考》，在1969年出版前被要求删去大量当时的苏联领导人认为不宜讲的败仗。事后朱可夫曾对作家西蒙诺夫说过："我们是在战争进程中学习并学会了战争，于是开始打击德军，然而这个过程是漫长的。""具体地说，战争初期我们不仅上边打得不好，下边也打得不好。"

若客观看待历史，要肯定纳粹德国有着野蛮邪恶性，军事水平却一度领先于世界，"闪击"西欧时已显示了全新的机械化、摩托化作战方式。苏联虽有多于德国的坦克和飞机，作战指导思想却停留在多少年前，再加上备战不充分等问题，在战争初期竟然有1个方面军、19个集团军、250个师成建制被歼。

1995年，俄罗斯出版朱可夫的《回忆与思考》，恢复了1969年初版时被删的部分记录，在开战一年又五个月间，"我们损失了4.3万门火炮、3.2万辆坦克和将近2.3万架飞机。大量的坦克和飞机由于故障在我军匆忙撤退时留在了当地"。

卫国战争的实践证明，不惜高投入、大损失的低效益式作战，对于苏联这样一个大国也难以长期承受，战争后期斯大林也注意减少损失。据朱可夫回忆，柏林战役原定在五一节前结束。德军的顽抗却比预想要强一些，至4月30日仍有部分市区未攻克。朱可夫只好打电话向斯大林报告："我们还需要两天时间才能拿下柏林。"

此时朱可夫以为最高统帅会表示不满，听筒中传来的是平静和蔼的声音："没什么可着急的。要爱护人，不需要无谓的牺牲。"

苏联人学会了打现代化战争，才赢得了战争。承认失败是成功之

✐ 俄罗斯画家特卡乔夫创作的油画《无名高地》，显现卫国战争中苏军付出巨大牺牲的场面。

母，这才是唯物主义的态度。纳粹当政时的德国将希特勒神化，在战争后期一味掩饰惨败，走下坡路的德军便无法总结和纠正失误，这也是最终滑向溃败的原因之一。

苏联时代只言胜而忌败的封闭性"正面教育"，实际上只能导致人民思想僵化而经不起冲击。20世纪80年代后期，戈尔巴乔夫提倡"新思维"和要求"消除历史的空白点"后，苏联的弊病包括卫国战争中的惨败都被曝光，结果产生的冲击几乎带有颠覆性，社会上舆论导向从一个极端又跑到另一个极端，这种现象也值得反思。

历史证明，掩饰以往的错误只会犯更多的错误，胜利的军队同样要正视自己的失败才能保持辉煌。

黩武主义不可持续，获得人民拥护才是长久之计

苏德战争的最后胜利者是苏联，不过其战争总结长期存在偏差。20世纪80年代任苏军总参谋长的谢·费·阿赫罗梅耶夫元帅曾有一句概括性总结："苏联军事思想的核心，就是不使1941年的悲剧重演。"造成这一悲剧的根本原因是什么呢？这位元帅与本国传统观念一样，只强调战前军事准备不足，为此苏联在战后40多年和平时期保持世界上最庞大的军事力量。当1991年的"8·19"行动失败后，这位元帅觉得比1941年更严重的悲剧已无法扭转，在绝望中竟上吊自杀。

若全面总结1941年苏联险些被德国的"闪击战"打垮的教训，应该看到其原因远不只是战备不足，还有此前国内错误政策造成部分人心动摇的政治因素，这恰恰是苏联当局几十年间不肯正视的。残酷的对外战争虽可以锻炼人，却也会掩盖内部矛盾。战后的苏联遇到劳动生产率落后和人民日用品匮乏，都推诿于战争破坏，以至不少人抱怨说："德国当年的入侵成了我们的垃圾箱。"

20世纪80年代我国理论界有人提出一个观点，即认为斯大林模式是只适合于战争的体制。这句话既有对的地方，也有不对之处。卫国战争的胜利，证明斯大林所创立的高度集中的军事化体制最终还赢得了战争（代价也大得惊人），不过若是认定一个政治上、经济上有严重弊病的体制在军事上是完善的，这本身就不合乎逻辑。苏军在卫国战争初期

的惨败，恰恰说明当年的政治经济体制存在一些问题。

　　从世界范围看，苏联拥有所有国家不可比拟的丰富工农业资源，科技水平也属一流，若实行正确政策无疑应该让人民物质生活水平赶上西方。苏联在经济总量只及美国三分之一至一半的情况下与对手展开几十年军备竞赛，只有延缓民用工业发展来维持，长此以往必然形成恶性循环。

　　战后苏联人民生活水平长期提升缓慢，老百姓甚至买不到足够的鞋袜，著名作家西蒙诺夫对此不反省，还在作品中嘲笑法国人："我们的鞋子袜子破，你们的衣服确实好，但是德国兵能到巴黎大街上溜达，却进不了莫斯科！"此话在战时讲起来有自豪感，和平年代让人民常年陷入"袜子破"的境地却会有灾难性后果。

　　1961 年苏联和民主德国修建"柏林墙"，就是东西阵营对峙的一个转折点，表现在政治上要靠自我封闭措施采取守势，并不允许本国人民了解外部世界。当戈尔巴乔夫等人一旦按照过激的"新思维"打开国门，让老百姓看到西方的生活实情，过去片面的政治宣传维系的思想信条便会从根本上动摇，尽管苏联阵营有常规及核武器数量的优势，却挽救不了国家解体。后来俄罗斯的民意测验也证明，绝大多数人认为苏联

战后苏联仍保持着欧洲规模最大的军队，画中是苏军的 JS-3 坦克在训练。

解体是"最大的历史悲剧"，这一国家政权虽有弊病却可以用改革方式解决，因而他们中有许多人羡慕中国所走的道路。

苏德战争中出现的一个值得深思的现象，即美国、英国援助了意识形态的对手苏联。希特勒将极端民族主义和鼓吹"弱肉强食"的社会达尔文主义发展到极端，威胁到以等价交易为核心的西方自由主义。纳粹狂徒们合唱的歌词"今天属于我们的只是德国，而明天将是整个世界"，也令美英等国惊恐。当年反法西斯联盟的建立也说明，意识形态有差异，有国家在反对最邪恶的法西斯时也能找到政治共同点。

当欧洲惨受德国法西斯祸害时，亚洲也被纳粹思想的孪生兄弟、自诩"大和民族至上"的日本军国主义蹂躏，这些惨剧使全世界有良知的人都看清了种族主义的极端危害。第二次世界大战结束前夕，1945 年 6 月间，有 50 个联合国创始会员国的代表在旧金山签署了《联合国宪章》，上面规定了各国家、各民族平等的原则。这是进步人类对德、日、意法西斯种族主义罪行的清算，也是倒在苏德战场上的上

千万牺牲者换来的最宝贵的思想成果。

如今的世界同苏德战争时相比，已经发生了天翻地覆慨而慷的变化，全球多极化使人类所处的环境更显得五彩斑斓。昔日被消灭的法西斯主义已难死灰复燃，西方社会那种传统的唯我独霸的单边主义却仍在有的大国身上显现出来，如任其膨胀，很难保证不会再造成人类的新悲剧。

反对侵略战争，珍爱世界和平，这才是回顾苏德战争历史所应得到的结论。

✐
1936 年 11 月，德日签订《反共产国际协定》后希特勒穿和服的照片，显得古里古怪，滑稽可笑，却是德日两个邪恶侵略者合伙的象征。

✐
冷战结束后，俄德已建立了全新关系，这是俄罗斯总统普京和德国总理默克尔在 2015 年 5 月 10 日一同向苏军卫国战争烈士献花。